国立景観訴訟

自治が裁かれる

五十嵐敬喜
上原　公子【編著】

公人の友社

はじめに

上原公子という元国立市長が、国立市から訴えられているというのを聞いたときはちょっとびっくりした。上原が国立景観論争で獅子奮迅の活躍をしたことはもちろん知っていたが、その裏で、国立市に損害賠償が命じられ、さらにそれが「進化」して、上原に約３０００万円の損害賠償が請求されるとは一体どういうことなのだろう。損害賠償というからには上原が国立市に損害をかけたということであるが、上原はもちろんこの騒動で一銭も自己の利益を図ったことはない。またこの事業者だけを狙い撃ちにしたわけではなく市長になる以前から国立の景観を守るために、国立市に対する景観条例の直接請求や裁判を行ってきた。そして市長退陣後の現在もそのような活動を続けてきている。この上原の活動を見て国立市民は国立の景観を守るために上原を市長に選び、景観論争の際は国立市の全人口をはるかに上回る署名を何度も集めて上原を支援し、また市民自ら事業者に対して裁判を起こし、東京地方裁判所の「建物の20メートルを超える部分を撤去せよ」という画期的な判決を勝ち取ったのである。このように市長が先頭に立って頑張ると損害賠償を命じられるとしたら、現在過激な言動でしられる大阪市長等はそれこそ何十億の損害賠償を命じられてもおかしくないし、第一、こんなことで訴えられるのなら、だれも政治家になりたいなどと思わないであろう。

なぜ上原は訴えられなければならなかったのか。本書はこの疑問を解くべく上原個人や裁判の弁護団を招いて行った法政大学大学院の五十嵐・都市政策講座での検討会（2012年3月。今回の執筆者は全員がその出席者であり発言者である）をきっかけにその原因を総合的に分析・検討しようとしたものである。その結果、いろいろなことが判明したが、まだ不可解な部分も多い。

最初に指摘しなければならないのは、本論でみるように裁判所のまさに180度というぐらい正反対の結論が出る混乱ぶりである。差し止め裁判では先のように撤去という極めて強固に権利を認める判断からほとんど権利とは認めないというような消極判断があり、損害賠償請求では4億円を国立市が払えというものから、約3000万円を上原が払えというものまである。また今回は詳細には触れなかったが行政訴訟という極めて厄介な裁判もある。なぜこのような混迷が起こるのか、それは端的に根本的な司法界の『美しい都市』に対する無感動に起因している。日本の司法界は景観を極めて高い価値と考える世界の潮流にほど遠く、景観法を制定した国（行政・立法）に立ち遅れ、そして広島地方裁判所の「鞆の浦裁判」で逆転された。第二はなぜ議会は無答責か、ということである。行政の長といえども議会の議決がなければ条例は執行できない。上原は議会の議決に基づいて地区計画条例を執行した。しかし、行政あるいは上原個人は責任が問われるがそれを可決した議会が無罪放免というのはどうしてだろうか。日本ではこの議会の責任に関する研究はいかにも少ない。とりわけ地方分権あるいは市民の政府が言われる今日、無能力・無責任集団とすら言われる「議会」について、このような法的責任を含めて、その内実を検討することは不可避といわなければならない。

今回本書の執筆・編集にあたって、あの騒動以来何年かぶりに国立を訪ねた。確かに駅前から一直線に伸びる広い道路と濃い緑の並木のもと子供や老人が遊んだり、憩ったりしているのを見ると国立は今でも日本の近代都市では圧倒的な美を誇っている。しかし、今回のマンションをはじめとしていくつもの綻びが見えてきたのも事実である。この美は今後誰が守るのであろうか。言うまでもなく、それは国でも国立市でも企業でもなく、過去も未来も市民以外に存在しない。しかしこの市民の存在・期待と今回の損害賠償請求はいかにもちぐはぐではないか。もしこのような裁判が認められるのなら日本から美しい都市は消滅してしまうだろう。この論点を追求していく中で、私たちは、はたして「裁かれるのは誰か」？という問いを発することにした。

本書はこのようにして企画され緊急に出版されることになったが、正直言うと実はこのような市民を含めて、「本」の購買者がほんとに少なくなったというのも日本のもう一つの厳然たる事実である。このような出版不況の中、勇をふるって出版を引き受けてくれた公人の友社武内英晴氏に、市民とともに感謝したい。

２０１２年７月

執筆者を代表して　五十嵐敬喜

もくじ

【各論】

【総論】

国立の景観とは何であったのか

五十嵐敬喜（法政大学法学部教授）

一　はじめに

２０１２年春、国立市を訪ねると、かっての美しかった国立とはかなり様相が違っていた。まず「駅」。かっての国立駅は木造三角形の瀟洒なもので、鉄道マニアだけでなく一般市民にもいかにも都市近郊のおしゃれな感じの駅として親しまれてきたものだが、中央線の高架化に伴う工事のため、今は解体され、現在は何かアルミの安っぽいファサードを持つ長方形の仮設駅舎になっていて、いかにも貧相であった。工事終了後、この木造三角形の駅舎は再建される予定になっているが、ＪＲ用地との関係や費用問題などがあって、再建はいつになるか今のところはっきりしないという。

驚くのは駅周辺の高層ビルである。駅をはさんで「広い道路」の反対側には大きな高層マンションがそびえ立ち、視野を塞ぐ。広い道路の起点である駅の左右にもこれまた大きな雑居ビルが建ち、人々を睥睨している。ここだけを見ればいまや日本中どこにでもある、混乱し無秩序で無粋な駅前という印象だ。しかし駅を背にしてこの広い道路の方向を見ると、一転してやはり国立、さすが国立というべきか、「国立の美」が目に飛び込んでくる。

大きな幅員の道路の両側にたっぷりとした緑道がとられ、この緑道には桜、銀杏などの大木が植えられ、地面には市民の手によって植えられた四季折々の花が咲き乱れる。老人はここで休息し、コーフィーを飲みながらゆっくり本を読む。若いカップルはベンチを占領しいつまでもいつまでも話している。子供たちが無邪気に遊びまわる。一橋大学の関係で外国人も多い。聞くとどの国の留学生もこの並木が自慢という。この緑道の外側には歩道を挟んでさらに古くからの店が立ち並ぶ。ある店は一橋大学とも深い関係を持つ洋書専門店で、そこに入ると日常の喧騒や最近流行の本が所狭しと並べられる大型書店とは全くかけ離れた、いかにも「学問」という音が聞こえるような雰囲気がある。さらに最近進出してきたこじゃれたパン屋さんや花屋さんなど、それぞれの店には国立に店を構えるプライドがみられた。

これらの店の間に今も残る路地に入ると、ここもまたおしゃれなレストランが立ち並び、市民はこぢんまりとした店で一流の味を楽しむことができる。おそらく多くの人がこれらの店の馴染みとなって互いに支えあっているのだろう。元に戻りどんどん道を進んでいくと、やがて自転車が整然と並べられた一橋大学の入口に至る。正門をくぐると、煉瓦づくりの古い建物が立ち並び、一瞬どこの国かと思われるような異空間となっている。真ん中は大きな広場となっており、建物の背後には「森」がある。ここで学ぶ学生は幸せだと誰もが思うような学問の場だ。

そしてその先にこの町とは全くそぐわない茶色の大きなマンションがそびえ立つ。聞くとここには新住民が住み始めており、表面的には前からの市民と何も変わることない「日常」があるという。大人はこのマンションから出勤し、主婦は近所で買い物をし、子供も前からの市民の子供と同じように付近の学校に通う。このマンションが、何年か前、全国的なニュースとなり日本中を驚かせたマンションである。確かにこのマンションは駅からの並木通り沿いの建物、あるいはそれが作り出す町の雰囲気、おしゃれな商店街、高さが統一されている町並み、そして何よりもこの並木の調和とかけ離れている。この違和感を巡って世間は大騒ぎとなった。中でも裁判は大きく揺れ動き、そのたびごとに国立市民はもちろん日本中がハラハラしながらその動向を見つめるようになった。

焦点は、このマンションが国立の「景観」を破っているのではないか、ということである。言い換えれば、日本ではこの美しい町を破壊するマンションについて、一人一人が「景観権」という権利を持ち、その建築をやめさせることができるか、ということである。そしてこの権利を巡って裁判所ははっきりと「明と暗」の二つに大きく分かれる判決を行った。市民サイドから見て、すでに完成してしまった戸数353（住戸は343）、高さ約44メートル、地上14階地下1階建ての建物のうち、並木と同じ高さの20メートルを超える部分を「撤去」せよという判決は、それこそ新聞各紙の夕刊一面トップを飾る快挙であり、報道各社は「撤去」建物を撮るべくこぞってヘリコプターを飛ばした。これは歴史に残る「明」である。後にくわしく見るように、この判決は後に高裁、最高裁で否定されるが、それでも景観権への手掛かりを残したという点では画期的なものであった。そしてこれは後に「景観法」の制定に向かっていく。

しかし一方、このような革命的な判決を生む原動力となった国立市、特に元市長には今なお「暗」が残された。国立市は景観を守るためにこの地域で建物の高さを20メートルに制限する地区計画条例を制定したのだが、これに関連する市長の一連の言動が事業主である明和地所株式会社に損害を与えたとして訴えられ、一審判決では「4億円」の損害賠償を命じられ、控訴審判決ではそれが「2500万円」になり、市が事業主に対して遅延損害金と併せて3123万9726円を支払うことで一度は決着したのである。しかし今度は国立市の支払いを巡って、そのような損害賠償の原因を作ったのは元市長でこの景観運動の立役者でもあった上原公子であり、国立市は明和に対して支払ったと同額を上原に請求すべきだという住民訴訟が起こされたのである。そしてこれが第一審裁判所によって認められてしまったのである。

この判決に基づいて上原は現在国立市から訴えられているのであるが、公金を横領したなどという破廉恥な事件を起こした市長ならともかく、景観を守るために頑張った市長が、個人として損害賠償をしなければならないとはどういうことか。ほとんどの人が首をかしげるような事態となった。これはまさしく「暗」というべき事態である。このようにして国立市の景観は明確な明と暗を抱え、これは全体として複雑で重苦しい様相を呈している。駅と駅前の風景はそれを象徴しているのであろう。これが『国立景観訴訟　自治が裁かれる』という本書を執筆する動機となった。

このような「明と暗」をもたらした最大の要因は「裁判」にある。このマンションをめぐる裁判は、景観権を争った裁判と、損害賠償を争った裁判の二つに大きく分かれ、さらに市民が訴えた行政訴訟が中間にある。そこでまず最初に前者について、次に後者について分析（但し法曹界特有の細かな法律論には入らない。これを見たい人は巻末の参考文献を参照されたい）し、さらになぜこのような明と暗が生まれたかを、日本社会全体の文脈にひきつけて検討するという方法で分析することにしたい。

二　景観権訴訟

いわゆる国立景観権訴訟は、まず住民らが事業者を相手に建築禁止の仮処分を申立てたが却下され、さらに抗告したがこれも棄却された（但し、本件マンションは高さ20メートルを超える範囲で建築基準法に適合しない建物に当たると認定した）ため、住民らが建物の違法とされた部分の撤去請求を行った本格的なものとなった。ここでは仮処分申立事件については省略し、この撤去請求裁判の東京地裁から東京高裁、そして最高裁までの三つの判決についてみることにしよう。

「景観」について裁判を行うということはどういうことか。これは人が予想するよりはるかに複雑で大きな議論があり、しかもそれぞれについてことごとく意見が違ってきている。そこでこれらの判決の法的な景観論をまず大きく、別表1のように「景観とは何か」「景観の権利性」「大学通りの景観」「景観形成の在り方」「本件建物の違法性」「原告の被害の内容及び程度」「被告明和地所の対応」「原告・市民の救済」に分けてみていく。

1　景観の意義

景観とは何か。これを正確に定義するのは意外に難しい。辞書などを見ても、「風景、景色、すばらしいながめ」などといって、これをさらに風景とは何かと突き詰めていくと答えが見えなくなってきて、これだというのはなかなか見当たらない。また都市の景観と農村の景観は異なり、人工的な景観もあれば自然の景観もある。あるいは近景、中景、遠景というような分析視角もある。

三つの判決の中でこの景観の定義に最もこだわりおよそ独特なアプローチをとったのが東京高裁である。この訴訟と前後して制定された「景観法」にも実は景観の定義はないと指摘しながら、「一般には、…審美的要素を含む場合とこれを含まない場合とがあるが、ここでは審美的評価はひとまず捨象し、客観的な形象としての対象という意味で『景観』という用語を用いる」とした。「客観的な形象としての対象」というのは一体何を意味するのか、

別表Ｉ　国立市建築物撤去等請求事件の地裁判決、高裁判決、最高裁判決の対比

	景観とは何か
第一審判決（東京地判平成14年（２００２年）12月18日）	
控訴審判決（東京高判平成16年（２００４年）10月27日）	景観は、ドイツ語のラントシャフトの訳語だとされており（平凡社世界大百科事典）、植物学においては植物相からとらえられた、あるいは、地理学においては地形等多様な観点からとらえられた、個々人の感覚を超えた客観的な形象であるとされている。しかし一般には、「風景外観。けしき。ながめ。また、その美しさ」という意味で用いられており（広辞苑）、審美的要素を含む場合とこれを含まない場合とがあるが、ここでは審美的評価はひとまず捨象し、客観的な形象としての対象という意味で「景観」という用語を用いる。 景観は、環境の一部であることもあり、環境には良否があるが、環境権という主張がされる場合は、良好な環境の享受に関する権利とされている。景観にも良否があるが、景観権ないし景観利益という主張がされる場合も、良好な景観を享受する権利・利益として主張されているものと解される。 景観法にも国立市の景観条例にも「景観」の定義規定はない。 日照は特定の場所におけるものであり、眺望は特定の場所からのものであるから、定量的・固定的な評価が可能であり、特定の場所との関連において日照や眺望が社会通念上客観的に価値を有するものとして認めることができる場合がある。
上告審判決（最一小判平成18年（２００６年）3月30日）	都市の景観は、良好な風景として、人々の歴史的又は文化的環境を形作り、豊かな生活環境を構成する場合には、客観的価値を有するものというべきである。

ある特定の地域や区画において、当該地域内の地権者らが、同地域内に建築する建築物の高さや色調、デザイン等に一定の基準を設け、互いにこれを遵守することを積み重ねた結果として、当該地域に独特の街並み（都市景観）が形成され、かつ、その特定の都市景観が、当該地域内に生活する

これに対して景観は、対象としては客観的な存在であっても、これを観望する主体は限定されておらず、その視点も固定的なものではなく、広がりのあるものである。また、景観の対象のとらえ方にも広狭があり得るし、景観としての評価にも差異がある。さらに都市景観は、国立市の景観、東京都の景観というように広がりのあるものとして把握することもできる。対象としての景観には時間的、歴史的に変化する要素もある。

都市景観といってもそれ自体多義的なものであり、その形成要因も、地域によって多様なものがあると考えられ、一定地域の地権者らが相互に自己の土地所有権に制限を加えて形成していくことが一般的な特質であるとはいえない。

景観は、当該地域の自然、歴史、文化、人々の生活等と密接な関係があり、景観の良否についての判断は、個々人によって異なる優れて主観的で多様性のあるものであり、これを裁判所が判断することは必ずしも適当とは思われない。

良好な景観が社会的に価値のあるものであることは法的にも承認されている。しかし個人について良好な景観を享受する権利等を認めた法令はなく、景観法でも同様である。

良好な景観を享受する利益は、その景観を良好なものとして観望する全ての人々が

良好な景観に近接する地域内に居住し、その恵沢を日常的に享受している者は、良好な景観が有する客観的な価値の侵害に対して密接な利害関係を有するものというべきであり、これらの者が有する良好な景観の恵沢を享受する利益（景観利益）は、法律上保護に値する。

景観の権利性

者らの間のみならず、広く一般社会においても良好な景観であると認められることにより、前記の地権者らの所有する土地に付加価値を生み出している場合がある。

このような都市景観による付加価値は、自然の山並みや海岸線等といったもともとそこに存在する自然的景観を享受したり、あるいは寺社仏閣のようなもっぱらその所有者の負担のもとに維持されている歴史的建造物による利益を他人が享受するのとは異なり、特定の地域内の地権者らが、地権者相互の十分な理解と結束及び自己犠牲を伴う長期間の継続的な努力によって自ら作り出し、自らこれを享受するところにその特殊性がある。そして、このような都市景観による付加価値を維持するためには、当該地域内の地権者全員が前記の基準を遵守する必要があり、仮に、地権者らのうち1人でもその基準を逸脱した建築物を建築して自己の利益を追求する土地利用に走ったならば、それまで統一的に構成されてきた当該景観は直ちに破壊され、他の全ての地権者らの前記の付加価値が奪われかねないという関係にあるから、当該地域内の地権者らは、自らの財産権の自由な行使を自制する負担を負う反面、他の地権者らに対して、同様の負担を求めることができなくてはならない。

地域地権者の自己規制によってもたらされた都市景観の由来と特殊性に鑑みると、いわゆる抽象的な環境権や景観権といったその感興に応じて共に感得し得るものであり、これを特定の個人が享受する利益として理解すべきものではない。これは、海や山等の純粋な自然景観であっても、また人の手が加わった景観であっても変わりはない。良好な景観の近隣に土地を所有していても、景観との関わりはそれぞれの生活状況によることであり、また、その景観をどの程度価値あるものと判断するかは、個々人の関心の程度や感性によって左右されるものであって、土地の所有権の有無やその属性とは本来的に関わりないことであり、これをその人個人についての固有の人格的利益として承認することもできない。

良好な景観とされるものは存在するが、景観についての個々人の評価は極めて多様であり、かつ、主観的であることを免れない性質のものである。

一定の価値・利益の要求が、不法行為制度における法律上の保護に値するものとして承認され、あるいは新しい権利（私権）として承認されるためには、その要求が、主体、内容及び範囲において明確性、具体性があり、第三者にも予測、判定することが可能なものでなければならないと解される。

良好な景観は、我が国の国土や地域の豊かな生活環境等を形成し、国民及び地域住民全体に対して多大の恩恵を与える共通の資産であり、それが現在及び将来にわたって整備、保全されるべきことはいうまでも

景観利益の内容は、景観の性質、態様等によって異なり得るものであるし、社会の変化に伴って変化する可能性のあるものでもあるところ、現時点においては、私法上の権利といい得るような明確な実体を有するものとは認められず、景観利益を超えて「景観権」という権利性を有するものを認めることはできない。

民法上の不法行為は、法律上保護される利益が侵害された場合にも成立し得るが、建物の建築が第三者に対する関係において景観利益の違法な侵害となるかどうかは、被侵害利益である景観利益の性質と内容、当該景観の所在地の地域環境、侵害行為の態様、程度、侵害の経過等を総合的に考察して判断すべきである。そして、景観利益は、これが侵害された場合に被侵害者の生活妨害や健康被害を生じさせるという性質のものではないこと、景観利益の保護は、一方において当該地域における土地・建物の財産権に制限を加えることとなり、その範囲・内容等をめぐって周辺の住民相互間や財産権者との間で意見の対立が生ずることも予想されるのであるから、景観利益の保護とこれに伴う財産権等の規制は、第一次的には、民主的手続により定められた行政法規や当該地域の条例等によってなされることが予定されているということができることなどからすれば、ある行為が景観利益に対する違法な侵害に当たるといえるためには、少なくともその侵害行為が刑罰法規

	大学通りの景観
ものが直ちに法律上の権利として認められないとしても、前記のように、特定の地域内において、当該地域内の地権者らによる土地利用の自己規制の継続により、相当の期間、ある特定の人工的な景観が保持され、社会通念上もその特定の景観が良好なものと認められ、地権者らの所有する土地に付加価値を生み出した場合には、地権者らは、その土地所有権から派生するものとして、形成された良好な景観を自ら維持する義務を負うとともにその維持を相互に求める利益（景観利益）を有するに至ったと解すべきであり、この景観利益は法的保護に値し、これを侵害する行為は、一定の場合には不法行為に該当すると解するべきである。	土地の地権者らが、大学通りの景観を維持しようとして、自ら高さ20メートルを超える建築物を建設しないという土地利用上の犠牲を払いながら、広幅かつ直線の道路と、直線道路の沿道に沿う並木、そして、直線道路の両側少なくとも20メートルの範囲に存在する建築物が20メートルの高さの並木を超えないものであることという3つを要素とする特定の人工的な景観を70年以上もの長期にわたって保持し、社会通念上もその特定の景観が良好なものとして承認され、その所有する土地に付加価値を生み出した場合であると認められる（本件景観という）から、当該地権者らは、従来の土地所有権から派生するものとして、本件景観を自ら維持する義務を負うととも
ないところであって、この良好な景観は適切な行政施策によって十分に保護されなければならない。しかし、翻って個々の国民又は個々の地域住民が、独自に私法上の個別具体的な毛刈り・利益としてこのような良好な景観を享受するものと解することはできない。もっとも、特定の場所からの眺望が格別に重要な価値を有し、その眺望利益が社会通念上客観的に生活利益として承認されるべきものと認められる場合には法的保護の対象となり得る。	大学通りの景観は、大正14年の箱根土地株式会社の開発構想を基本として、昭和9年ころからの住民の活動、国立町会等による街路樹の植栽等の住民の活動、公道の舗装、歩道の整備及び都市計画法に基づく用途地域の指定による沿道の建築物の高さ制限等によって形成されてきたものである。大学通りの沿道の地権者らがその形成、維持に協力したことはあっても、もっぱら地権者らによって自主的に形成、維持されてきたものとは認められない。 　一橋大学以南においては低層の住宅が続いていることから、歩道の内側にある並木ではなくその外側の住宅に目をやりながら徒歩で通行した場合、大学通りの南端付近に至ると、本件建物は、高さにおいても
や行政法規の規制に違反するものであったり、公序良俗違反や権利の濫用に該当するものであるなど、侵害行為の態様や程度の面において社会的に容認された行為としての相当性を欠くことが求められる。	大学通り周辺の景観は、教育施設を中心とした閑静な住宅地を目指して地域の整備が行われたとの歴史的経緯があり、環境や景観の保護に対する住民の意識が高いこと、本件建物を除き街路樹と周囲の建物とが高さにおいて連続性を有し、調和がとれた景観を呈していることなどからすると、良好な風景として、人々の歴史的又は文化的環境を形作り、豊かな生活環境を構成するものであって、少なくともこの景観に近接する地域内の居住者は、景観の恵沢を日常的に享受しており、景観利益を有する。

	景観形成の在り方	
にその維持を相互に求める利益（景観利益）を有するに至ったと認めることができる。		本件土地は、低層住居専用地域でこそないものの、14階という周辺地域に類するもののない高層建築物の建築が許容ないし推奨されている土地でないことは明らかである。
また規模においても相当に目立つ存在であり、それまでの風景から受けた印象にそぐわない一種の違和感を抱く人は少なくないと思われるが、大学通りの通行の仕方として、そのような通行がどれだけ一般的であるかについては疑問がある。	良好な景観の形成は、行政が主体となり、地域の自然、歴史、文化等と人々の生活、経済活動等との調和を図りながら、組織的に整備されるべきものであり、住民は、その手続過程において積極的な参画が期待されている。 良好な景観の形成及び保全等は、我が国の国土及び地域の自然、歴史、文化、生活環境及び経済活動等と密接な関連があるから、行政が住民参加のもとに、専門的、総合的な見地に立脚して調和のとれた施策を推進することによって行われるべきものである。諸制度を有効に活用することなく、特定の景観の評価について意見を同じくする一部の住民に対し、景観に対する個人としての権利性、利益性を承認することは、かえって社会的に調和のとれた良好な景観の形成及び保全を図る上での妨げになることが危惧される。	本件土地は絶対高さ制限のない第二種中高層住居専用地域にあり、本件土地には高さ20メートルを超える建築物は建てられないという法令上の制限は存しなかった。 本件建物は、本件改正条例の施行時点に
		本件建物は建築確認を得て着工されたものであり、国立市の改正条例の施行により本件土地に建築できる建築物の高さが20メートル以下に制限されることになったとしても、その際本件建物はいわゆる根切り

　建築基準法3条2項は、新法適用に関する経過規定であり、新規定の適用又は施行時において「現に建築…の工事中」の建築物については、その建築を許容し、その限度で新規定による行政目的の達成を一部後退させて、建築主の期待を保護することとしたが、その反面において、この要件を満たさないものについては、適法に建築確認を受けた建築物であっても、新規定を適用し、建築主に一定の不利益が生じることをやむを得ないものとして、新規定による行政目的の達成を優先することとしている。新規定は、より現状にふさわしいものとして立法者により定められるものであるから、この行政目的の達成のためには、新規定が全ての建築物に適用されることが望ましい。他方、一般に、建築物の完成には高額な費用、相当の準備及び相当な工事期間を要するものであるため、建築の工事途中であっても、建築物の完成に対する建築主の期待や経済的な利益を保護すべき要請が強い。そこで、建築基準法3条2項は、これらの調整を図り、「現に建築…の工事中」の建物について新法の適用を除外する一方、「建築…の工事中」の段階に至っていない建築物については新法を適用することとしたものである。

本件建物の違法性

　このような趣旨からすると、建築物の完成を直接の目的とする工事が開始され、建築主の建築意思が外部から客観的に認識できる状態に達しており、かつ、その工事が

おいていわゆる根切り工事が行われており、建築基準法3条2項の「現に建築の工事中の建築物」に当たり、改正条例は適用されない。

　建築物の建築によってもたらされる生活被害が、社会生活上受忍すべき限度の範囲内であると判断される場合であっても、それが周辺住民等に対する加害目的でされたり、建築物の形状等が権利行使として著しく合理性を欠くと認められるなど社会的に相当性を欠くと判断されるときには、不法行為を構成する場合があり得るが、本件建物の仕様について明和地所の対応に不十分な点があったとしても、本件建物の建築が社会的相当性を欠く違法なものであるということはできない。

工事が行われている段階にあり、建築基準法3条2項の「現に建築の工事中の建築物」に当たり、改正条例の高さ制限の規制は本件建物には及ばない。本件建物は行政法規や東京都条例等にも違反しておらず、違法な建築物であるということもできない。相当の容積と高さを有する建築物であるが、その点を除けば外観に周囲の景観の調和を乱すような点はない。その他刑罰法規・行政法規違反、公序良俗違反や権利濫用などの事情もない。本件建物の建築は、行為の態様その他の面において社会的に容認された行為としての相当性を欠くものとは認め難く、景観利益を違法に侵害する行為には当たらない。

継続して実施されていることを要するが、建築物の一部が構築される程度に達していることを不可欠の要件とするものではないと解するのが相当である。 　根切り工事は建築物の完成を直接の目的とする工事であり、一般的には外部から客観的に建築主の建築意思を把握し得る建築意思の具現化としての工事に該当するというべきである。 　本件建物は、本件改正条例が施行された時点において建築基準法3条2項の「現に建築…の工事中の建築物」に該当していたから、本件建築条例が規定する高さ20メートルの制限に適合しない建物ではあるが、建築基準法に違反する建物ではない。しかしながら、建築基準法は国民の生命、健康及び財産を保護するための建築物の構造等に関する「最低の基準」（1条）にすぎないから、本件建物が同法上の違法建築物に当たらないからといって、その適法性から直ちに私法上の適法性が導かれるものではなく、本件建物の建築により他人に与える被害と権利侵害の程度が大きく、これが受忍限度を超えるものであれば、建築基準法上適法とされる財産権の行使であっても、私法上違法と評価されることがある。	原告らの景観利益は、70年以上という長期にわたり、一橋大学から江戸街道までの両側約20メートルの範囲内の地権者らが、相互の十分な理解と結束及び自己犠牲を伴う継続的な努力によって自ら作り出した付
	一審原告らが主張する大学通りについての景観権ないし景観利益は、特定の場所から大学通りを眺望する利益をいうものではなく、大学通りの景観について個別具体的な権利・利益を有する旨主張しているもの

原告らの被害の内容及び程度	被告明和地所の対応
加価値である。このような付加価値を維持するためには、当該地域内の地権者全員がそのための基準を遵守する必要があり、仮に、地権者らのうち1人でもその基準を逸脱した建築物を建築して自己の利益を追求する土地利用に走ったならば、それまで統一的に構成されてきた当該景観は直ちに破壊され、他の全ての地権者らの付加価値が奪われかねないという関係にある。 　本件建物は、並木の高さである20メートルを遥かに超える43・65メートルという高さを有するばかりでなく、巨大な、地上14階建ての共同住宅である。特に、大学通りに面した本件棟は、並木並び周囲の低層住宅と著しく調和を欠き、本件景観を直接的に、かつ、大きく破壊していることが明らかであり、原告らの景観利益を大きく減殺するものといえる。	大学通りの景観を守ろうとする行政や住民らを敵視する姿勢をとり続ける一方で、本件土地に高層建築物を建てることによりそれまで保持されてきた本件景観が破壊されることを十分認識しながら、自らは、本件景観の美しさを最大限にアピールし、本件景観を前面に押し出したパンフレットを用いるなどしてマンションを販売したことは、いかに私企業といえども、その社会的使命を忘れて自己の利益の追求のみに走る行為であるとの非難を免れないといわざるを得ない。
と解されるところ、このような権利・利益があるものとは認められないから、本件建物による景観被害を認めることはできない。 　景観被害以外の被害についても、本件建物の建築により、社会生活上受忍すべき限度を超える権利・利益の被害が生じているとは認められない。	本件土地の取得の経緯は、いずれも企業の取引行為としてその社会的相当性及び合理性に疑いを抱かせるようなものではない。 　本件建物のパンフレットにおいて、大学通りの景観をセールスポイントの一つとし、本件建物を大学通りとともに撮影した写真を掲載し、本件建物の大学通りの景観と調和するものであって、景観を破壊するものではないという認識であった。 　高額で取得した本件土地を企業として最大限活用し経済的利益を得ようとしたものであって、企業の経済活動としてはやむを得

ない側面があったといわざるを得ない。

原告らの救済

不法行為による被害の救済は、金銭賠償の方法により行われるのが原則である。しかしながら、原告３名は本件建物のうち20メートルを超える部分の撤去を求めているところ、本件景観は同原告らを含む関係地権者らが地域住民や行政と連携しつつ長年にわたる努力の結果創り上げたものであり、その形成及び維持について複数の地権者らによる十分な理解と結束及びそれに基づく継続的な努力が要求されるという景観利益の特殊性と、本件建物による景観利益破壊の程度を総合考慮すると、本件建物のうち、少なくとも、大学通りに面した本件棟について高さ20メートルを超える部分を撤去しない限り、同原告らを含む関係地権者らがこれまで形成し維持してきた景観利益に対して受忍限度を超える侵害が継続することになり、金銭賠償の方法によりその被害を救済することはできないというべきである。

よって、本件棟のうち、地盤面から高さ20メートルを超える部分については、その撤去を命じる必要がある。

この定義自体が何か実はよくわからない。しかし、この定義が建物の20メートルを超える部分を撤去せよと命じた東京地裁の判決を覆す大きな要因となっていることははっきりと確認しておきたい。

これに対して最高裁の「都市の景観は、良好な風景として、人々の歴史的又は文化的環境を形作り、豊かな生活環境を構成する場合には、客観的な価値を有するものというべきである」というのはわかりやすい。また「景観」、あるいはそれに良く似た「美」というとすぐにこれは主観的なもので皆それぞれ感じ方が異なるという日本人に根強い感覚に対し、「客観的」という指標を与えたものとして、この部分は極めて高い評価が与えられる。そもそもそれが主観的なものであるとすればこれを権利として把握することはできず、権利として構成できなければそもそも裁判は成り立たないからである。

2　景観利益と景観権

この部分は法曹界独特のレトリックに彩られる場面であり、専門的には大論争が生まれているが、市民にはほとんど理解できない部分といえよう。しかし日本では「権利」はこのような論理を踏まえなければ生成できないので、ここでもできるだけわかりやすく解説していこう。別表1に見るように、この部分は地裁から最高裁まで大きく判断が分かれた。何故、裁判所によってこのように大きく見解が分かれてしまうのか。それは法曹界のいう景観権（ないし景観利益）を認めることは、ただよい景色を享受する権利を認めるというにとどまらず、その結果、これを侵害する事態が生じた場合には、事前の場合は建設中止（差し止め）、建設後は本件のように撤去ないし損害賠償といういわば強烈な制裁を与える。特に本件の地裁判決のように「撤去」というような場合には、すでに支払った工事費、あるいはこれを撤去する費用、さらにはすでにこの部分を購入した入居者（賃借した人を含む）に対する損害賠償などを考慮すると莫大な費用が掛かり、それこそ企業の命取りになるからである。そこでこの部分に対する司法の判断は慎重でなければならず、またこのような権利を行使するにあたって多くの国民を納得させるものでなければならないと要請される。

さて司法判断では、このような撤去を認めるために、まず「景観利益」というものがあるか否か、そしてその存在が確認されたのちに、その利益がどの程度侵害されたときに権利として主張できるか、という二段階の構成になっている。しかしこの二段階論はややわかりにくいので、ここでは一緒にしてこの三つの判決の相違を見ていくことにしたい。なお、ここはすべて司法的な判断のプロセスを見るための抽象的な思弁であり、明和マンションをどうするかという具体的な部分は3の大学通りの景観の部分から始まる。

地裁は結論として「20メートルを超える部分の撤去」という、いわば衝撃的な判決を行ったのであるが、さすがにこの部分は丁寧であり説得力がある。原告ら住民からいえば、この部分こそ自分たちの主張の核心というものである。判決を要約すると、国立のような地域では土地所有者らが「建築物の高さや色調、デザインなどに一定の基準を設け、互いに遵守することにより、広く一般的に良好な景観と認められるに至った場合は、土地に特別な『付加価値』が生み出される場合がある」。そのような地域で一人でも「自己の利益を追求する土地利用に走ったならば、それまで統一的に構成されてきた景観は直ちに破壊され、他の土地所有者らの付加価値も奪われかねない」という関係にあるので、これらの土地所有者らは「自らの財産権の自由な行使を自制する負担を負う反面、他の土地所有者らに対しても同様の負担を求めることができなくてはならない」。このような「土地利用の自己規制の継続により、相当の期間、ある特定の人工的な景観が保持され、それが社会通念上も良好なものと認められ、土地に付加価値を生み出した場合には、その土地所有権から派生するものとして、形成された良好な景観を維持する義務を負うとともにその維持を相互に求める利益（これを「景観利益」という）を有するに至ったというべきであり、この景観利益は法的保護に値し、これを侵害する行為は一定の場合には不法行為となる」としたのである。

もう少しこれをわかりやすくいうと、日本では土地所有権は自由、つまりどのように利用しても良い（もちろん、建築基準法や都市計画法の範囲内で。そしてそれが実は統一的な町づくりを阻む最大の原因になっている）とされているが、そのような法的ルールとは全く別に、本来何十メートルの建物でも建築できるのに、それをしないで自分たちが協力し合って建物の高さやデザインを統一し、良い景観の町を作った場合には、土地所有権の内容が変わってくる。そしてこれが長期間継続した場合には、後からここに入ってくる人も、このルールに従わなければならないというのである。

これとまさに対照的な認定がこの一審判決をひっくり返した高裁判決である。地裁判決が景観を客観的に特定できるとしているのに対し、高裁判決は、景観との関わりはそれぞれの生活状況により、どの程度価値あるものと判断するかは、個々人の関心の程度や感性によって左右されるものであって、土地の所有権の有無やその属性とは本来的に関わりないことであり、これをその人個人についての固有の人格的利益として承認することもできない。良好な景観とされるものは存在するが、人それぞれの評価は多様であり、主観的なものである、とした。しかし、景観は主観であるという判断はともかく、「景観と土地所有権は本来的には関わりがない」という部分には驚かされる。外国には美しい都市がたくさんある。そこに共通しているのは、この美しい都市はみんなが土地利用について合意すること、すなわち土地所有権があるからといって勝手な利用はしないということに合意しているという一点によって成立していることである。この一点について、人間同士の契約とみるか、あるいは土地所有権に内在しているとみるか、については議論があってよいが、そもそも人間同士の契約はありえない（これが主観ということであろう）とか、本来土地の利用は勝手で良いという判断に対しては、多分世界中の人々が「どうかしている」というであろう。

さらに「一定の価値・利益の要求が不法行為制度における法律上の保護に値するものとして承認されるためには、その要求の主体、内容、範囲が明確で具体性があり、第三者にも予測、判定することが可能なものでなければならない」とし、そして「良好な景観の形成は、行政が主体となるべきもので、住民は、その手続過程において積極的な参画が期待されている」と付け加えたのである。これは、結論はともかく、日本語としてほとんど理解しにくいのではなかろうか。第一、良好な景観というものは存在するが、これをどう思うかは各人の勝手だというのは、文脈が異なっている。裁判あるいは権利論というのは、良好な景観を壊そうとする行為があるときに、それは各人の勝手だといえるかどうかを問題としているのであり、いわば外側から自由に論評するというのとは完全に異なっているのである。

例えば、世界遺産に登録されている場所の周辺にその遺産の価値を壊す建築物が建築されると想定してみよう。ドイツのケルン大聖堂（1996年に世界文化遺産に登録されたものの、周辺の高層建築物計画による景観破壊の危機にさらされたため2004年には危機遺産に指定された。しかしケルン市が条例で建造物の高さを規制するなどして状況が改善されたため2006年に指定は解除された）やドレスデンのエルベ渓谷（2004年に世界文化遺産に登録されたが、2009年6月、景観を損ねる橋が建設されたため世界遺産リストから削除された）、あるいは日本の広島の原爆ドーム（1996年、負の遺産として世界文化遺産に登録されたが、2006年に周辺の緩衝地帯で高層マンション建設計画が進んだため危機遺産リストに登録されてしまうのではないかと問題になった）などでこのような事態が現出するようになった。

この場合、世界遺産の管理者であるユネスコはまず遺産の周囲にバッファーゾンを指定してこのような建物が建築されないようにするとともに、もし万が一建設された場合にはこの世界遺産の登録を取り消すという措置をとる。これは遺産が客観的に高い価値を持つことを認めると同時に、これを侵害する行為は「不法行為」ととらえてこれを禁止するのである。この高裁判決のようにそれぞれがどう思うかも自由であり、従って禁止することはできないというような判断をしたとしたら、おそらく世界中の笑いものになるだろう。

もう一つ、この判決は景観の重要性を認めながら、その保護は「行政」が行うべきだとしている点にある。このレトリックもなんとももどかしい。それは、国立市は他のどの自治体よりも早くからこの景観を守るべく条例を制定するなどしてきたという事実にある。にもかかわらず、どうしても本件のような建築を抑えることができない。それは最終的には「建築の自由＝土地所有権の自由」の名のもと、自治体が宅地開発指導要綱や条例などによってこれを規制するには限界があるからであり、それ故本件のような紛争が起こり、それが裁判の原因になっているのである。それをこの訴訟自身が示している。これをさらに「行政」に転嫁するというのはいったいどういうことなのだろうか。これではある種のタライまわしであり、この国ではだれも判断する人がいないということになる。

これに対して最高裁は、「良好な景観に近接して居住し、その恵沢を日常的に享受している者は、良好な景観が有する客観的な価値の侵害に対して密接な利害関係があり、良好な景観の恵沢を享受する利益（景観利益）は法律上保護に値する」として実にあっさりと景観利益を認めた。ここまでは屈折した高裁判決の論理とは異なって、論の運びとしては順調である。しかし、そこでこのまま高裁判決を覆して景観権を認めるかというと、これが再び逆転するのである。すなわち最高裁は権利論に入ると、建築物の建築が景観利益の違法な侵害（不法行為）になるか否かは、「景観利益の性質と内容、地域環境、侵害行為の態様、程度、経過」などを「総合的に判断」すべきだという。ただ、この総合的判断をすると、「景観利益の保護は、土地・建物という財産権に制限を加えることとなり、その範囲・内容などをめぐって住民相互間での意見対立が予想される」ので、景観の保全は高裁判決と同じように、第一次的には法律や条例などによって行うべきである。また景観利益に対する違法な侵害というためには、「侵害行為が刑罰法規や行政法規に違反したり、公序良俗違反や権利の濫用にあたるなど態様や程度が社会的相当性を欠くような場合」に限られるとしたのである。これは一体どういう意味であろうか。最高裁のこの判決は法律家から見るといかにももっともらしく見えるが、良く見ると何かとてつもないシナリオを想定しているのである。というのは、「刑罰法規や行政法規に違反したり、公序良俗違反や権利の濫用」になるような建物・建築行為とは、具体的にどのような建物あるいは場面を想定しているのかとても不可解だからである。実際上、このような建物・建築行為は日本ではほとんどあり得ないからである。実際にはあり得ないものを想定して事を論じることを絵物語という。実際ここまでみてきたように、法の論理には、リアリティに欠けるものが出てくることがあるのである。

3　大学通りの景観と景観の形成

冒頭に記したように、国立駅から広い道路の方向を見ると誰しも目を奪われる。春は梅と桜。夏は濃い緑、秋は紅葉、冬は雪景色。日本に特有の季節感を表し、この並木の下で人はそれぞれの人生を送る。多分このような人工的に作られた美しい景観は日本にはほとんどなく、奈良、京都、鎌倉などの古都、あるいはいくつかの城下町、そして木曽路、川越などの旧街道沿いの町を除いて、明治以降つくられた近代都市で比較すれば、ここは多分文句なしに美しい都市である。

裁判所はこれをどう見たか。裁判はここまで見てきたようにあくまで「論理的」である。裁判はあくまで価値中立的な法曹という専門家による判断であり、そこに感情や思想が入る余地はない、あるいは少なくとも目立たないと思うであろう。しかし実は筆者は、論理的思考はあくまで事後的に直観を正当化するためにつくられるのであり、どの論理を選択していくかは、裁判の事案を見たときの最初の「直観」が大いに左右するのではないか、と思っているのである。端的に言えば、事案(民事でいえば訴状、刑事でいえば起訴状)を見て、裁判官には直観的に勝訴か敗訴かあるいは有罪か無罪かがわかり、審理を進めていくうちにこの最初の直観が正しいか、間違っていたか、徐々に心証が形成され、その結論が最終的に判決という形で論理的に示される。それでは大学通りについての三者それぞれの直観はどんなものであったのか？

地裁　地権者らは70年以上にわたって、景観を維持しようとして、20メートルの高さの並木を超える建物を建てないという土地利用上の犠牲を払ってきた。この並木通りは社会通念上も良好な景観と承認され、土地に付加価値を生み出している。

高裁　本件建物は高さにおいても規模においても相当に目立つ存在であり、それまでの風景から受けた印象にそぐわない一種の違和感を抱く人は少なくないと思われるが、大学通りの通行の仕方として、そのような通行がどれだけ一般的であるかについては疑問がある。

最高裁　閑静な住宅地を整備してきた歴史的経緯があり、環境や景観の保護に対する住民の意識も高いこと、本件建物を除き調和のとれた景観を呈している。

このように地裁と最高裁の直観はいわば常識的なものだ。ここでも特異なのは高裁判決である。多分この裁判官の直観は「都市の美醜」など何も気にかけないで生きていられる人のそれなのであろう。平たくいうと、景観、景観というが、ここを通る人にとってそんなのはほとんど意識されていない。言いかえれば、景観などというのは、それを主張する人々の「共同幻想」、つまり主観だというのである。多分世の中には都市の美醜など何も関係ないと考える人もいるのであろうが、このような人は今はほとんど少数となっている。特に国レベルで景観法が制定されたこと、自治体レベルで景観条例が定められ、この条例に基づく沢山の景観政策（緑化、公園の設置、土木のデザイン、看板の規制などなど）などが実施されていることを見れば、それは一目瞭然である。もっと大きく言えば、文化財保護法が改正されて美しい景観を文化の観点から保護することにしたこと、さらに世界的には世界遺産の登録という手法によって美しきものを永遠に保存していこうとしているのは「美」を守ることが決して少数ではない何よりの証拠なのである。ヨーロッパなどの外国では、都市の美はいわば一般的であるからこそ美しい都市は成立しているのである。また、日本でも高度経済成長期以前は美しい都市が客観的に存在していたことは多くの外国人が指摘している通りである。

先に指摘したように、裁判官個人が美醜に無関心であってもよいが、まさに美しきものが壊されようとしているときにも無関心であってよいかどうかが、裁判官としても問われているということを忘れてはならないのではないか。ちょっと局面は異なるが、この無関心さはいじめにあっている子供を見て他人の子供だからといって見ぬふりでよいか、ということにも通じるものがある、と私は考えているのである。

4 建物の違法性

3によって国立の景観は相当に良好なものであることが確認された。しかし、ここでもまだ裁判は終わらない。それは裁判では本件建物が普通の人の感覚で良いか悪いかを判断するのではなく、まさに建物が景観を破壊し「撤去」に値するほどのものか否かが問われているからである。比喩的に言えば、それは少し悪い奴だけでは足りず、極悪人でなければならない。それでは少し悪い奴と極悪人を判断する基準は何か。これが「違法性」という判断基準である。私はこのことをずっと以前から「当」「不当」という問題と、「合法」「違法」という問題は別けて考えなければならない、と主張してきた。一般的に、世論はともすると「当」と「不当」のレヴェルで構成されるが、裁判ではそれを超えた別のレヴェルすなわち法（但し建築基準法のような法律に限らず、正義なども含む最も広義のもの）からみて違法かどうかというレヴェルで判断されるのである。そして合法かどうかを市民らが受ける損害の内容と程度、それと反対に本件建物を建てようと考えた明和の動機などを比較考量して決めるという方法をとるのである。

言い換えれば、この建物が20メートルをちょっと超える7階建てくらいであった場合、あるいは緊急の治療などを行う救急病院であった場合など、さらにはこの並木をもっと引き立てる秀抜なデザインの建物であった場合などなど、仮に周辺住民が多少の迷惑をこうむったとしても我慢しなければならないものがある、ということである。この方法論は法の世界ではまことに揺ぎがたい伝統的で確固たる手法である。

地裁　景観の付加価値は地権者全員で守る必要がある。本件土地は低層住居専用地域でこそないものの、14階という周辺地域に類するものがない高層建築物の建築が許容ないし推奨される土地でないことは明らかである。明和地所は近隣住民の反対を十分に予期し、その上で反対があっても法的に建築計画が否定されることはないと考えて本件土地を購入したものである。また、自らは景観の美しさを最大限アピールし、本件景観を前面に押し出したパンフレットを用いるなどしてマンションの販売をしたことは、いかに私企業といえども、その社会的使命を忘れて、自己の利益の追求のみに走る行為であるとの非難を免れない。

高裁　本件建物の建築により、住民に社会生活上受忍すべき限度を超える被害は生じていない。高額で取得した土地を企業として最大限有効活用し経済的利益を得ようとするのは企業の経済活動としてやむを得ない。パンフレットで景観をセールスポイントの一つとし、本件建物を大学通りとともに撮影した写真を掲載したのは、本件建物は大学通りの景観と調和するものである、という認識から出たものである。

最高裁　本件建物は相当の容積と高さを有するが、その点を除けば外観に周囲の景観の調和を乱す点はなく、刑罰・行政法規、公序良俗違反、権利濫用などの事情もない。したがって本件建物の建築は住民らの景観利益を違法に侵害する行為には当たらない。

ここで、それぞれの直観と結論とが直結する判断が示された。端的に言って、このマンションは大学通りの景観と調和しているかどうか。高裁と最高裁は調和を「乱してはいない」とし、地裁は「乱している」としている。これが私の言う直観であり、これまで見てきた司法の論理は、逆算してこの直観の正当性を証明するものであったということがわかるであろう。それにしても、このマンションが真実「景観の調和を乱していない」と感じる裁判官の神経とは一体どんなものなのだろうか。

ただただ「信じられない」という多数の国民の悲鳴が聞こえてくるようである。他方で、明和地所に対する評価についても、「企業として当然の経済行為」といわれると、私はあの公害時代の水俣病を思い出す。チッソの水銀を海に垂れ流す行為は当時企業活動に付随する方法として不可避なものであるといわれ、水銀と水俣病の因果関係はありとあらゆる方法で隠蔽された。そして今回の東日本大震災における原発事故を見られたい。東電は日本のエネルギーを供給する公共的使命を持つ企業である。この公的な使命は原子力村といわれる政治・官僚・財界のトライアングルに加えて学界、さらに裁判所によって庇護されてきた。同様の論理によって東電は立派に経済的・社会的な行為を行ってきたのであり、何ら咎められるようなことはない。今回の事故はたまたま1000年に一回といわれるような大津波があったために起きた例外であり、予測不能であり、したがって法的に何等の責任も負うことがない、という論理と深いところで共通しているように思えるのは、果たして私だけなのであろうか。

損害賠償請求事件―国立市が元国立市長上原公子に三千万円支払えと訴える

このような裁判官たちの直観と論理、そしてそれを醸成する社会的な風潮をみると、これに打ち勝つには、裁判所内部に閉じ込められた論理で対抗するだけでなく、社会全体の世直しと結びつかないといかにも難しいというのが私の実感である。そしてこれをさらに決定的に知らしめたのが、国立の景観を指導してきた元市長上原公子個人に対する損害賠償請求訴訟である（なお、以下は、雑誌「世界」２０１２年７月号の私の『政治家の不法行為責任』とは―国立市損害賠償請求裁判をめぐって―」を若干修正の上で転用したものである）。

国立市といえばだれでもこの町の美しさを思い浮かべる。

しかし1980年代後半からこの町にもバブルの波が押し寄せ、20メートルの並木を超える中高層マンションなどが計画されたため、あちこちで住民との間に紛争が起こるようになった。これに危機感を抱いた一人の国立市の女性議員がいた。上原公子である。

上原は早くから用途地域の変更など都市問題に取り組んできた**（注1）**が、このような状態を見て「町づくり」を「公約」に1999年の市長選に立候補し、見事当選した。そして、その直後から、上原はこの町づくりの公約に真っ向から反する本件の明和地所株式会社の開発を巡って悪戦苦闘を強いられながら、裁判所、議会、そして建築行政と闘ってきた。闘いは「明」と「暗」を含むが、建物撤去請求裁判の一審判決を「明」とすれば、以下に見る損害賠償請求裁判はまさに「暗」の象徴である。

（注1） 別掲「上原公子・インタビュー　わたしの市民自治」及び「わたしは『市民自治の政治家』である」参照。

「暗」の発端 – その後の国立マンション訴訟

この裁判は、明和地所がマンション建設を阻止しようとした国立市と国立市長を相手に条例の無効確認と損害賠償を請求したものである（以下これを別表Ⅱ「第一次損害賠償請求裁判」という）。別表Ⅱのように国立市は損害賠償金2500万円と遅延損害金623万9726円の合計金3123万9726円を支払えという判決（条例の無効確認請求は却下された）が確定し、事の当否はともかく、国立市の金員の支払いをもってすべて終了するはずであった。明和地所もこのように国立市から損害賠償を受けてその目的を達しただけでなく、その後、実は損害賠償を求めるのは本心ではなかったとしてその同額を国立市に寄付したというようなこともあって、双方にとっていわばめでたしめでたしという状況となったのである。

別表Ⅱ　第一次損害賠償請求裁判

裁判所	原告	被告	判決年月日	判決内容	理由
東京地裁	明和地所	国立市・国立市長	平成14年（２００２年）２月14日	・条例の無効確認又は取消しを求める訴えは却下 ・被告国立市は原告に４億円及びうち３億５０００万円に対する平成12年（２０００年）２月１日から、うち５０００万円に対する平成13年（２００１年）３月６日からいずれも支払済みまで年５分の割合による金員を支払え	・条例の無効確認又は取消しを求める訴えは、いずれも具体的争訟性を欠き、不適法である。また、将来の不利益処分を防止するためとしても、原告に不利益処分を待って争ったのでは回復し難い重大な損害を被るおそれがある等の特段の事情はなく、訴えの利益がない。 ・景観保持の観点から新たな法的規制をする際には、その内容が適正なものか否かに加えて、その規制が既存の権利者にいかなる影響を及ぼすものかを慎重に検討することが必要である。本件地区計画の決定及び本件条例の制定は本件土地についての既存の権利者である原告の行動を積極的に妨げようとしている点において、景観の保持の必要性を過大視するあまり、既存の権利者の利益を違法に侵害したものというほかない。
東京高裁	控訴人 明和地所、 国立市	被控訴人 国立市・国立市長、 明和地所	平成17年（２００５年）12月19日	国立市は第１審原告に対し２５００万円及びこれに対する平成15年（２００３年）４月１日から支払済みまで年５分の割合による金員を支払え。	・条例自体は適法でも、その制定主体である地方自治体ないし首長が、私人の適法な営業活動を妨害する目的を有していることが明らかで、かつ他の事情とあいまって中立性・公平性を逸脱し、社会通念上許されない程度に私人の営業活動を妨害した場合、行為全体として不法行為が成立することがある。

別表Ⅲ　第二次損害賠償請求裁判

裁判所	原告	被告	判決年月日	判決内容	理由
東京地裁	住民	国立市長・被告補助参加人上原公子	平成22年（２０１０年）12月22日	被告は被告補助参加人に対し３１２３万９７２６円及びこれに対する２００８年（平成20年）3月28日から支払済みまで年５分の割合による金員の支払を請求せよ。	上原前市長による一連の行為は、全体的に観察すれば、適法建築物である本件建物の建築・販売を阻止することを目的として適法な営業行為を妨害するものというべきであり、かつその態様は普通地方公共団体の長として要請される中立性・公平性を逸脱し、行政の継続性の視点を欠如した急激かつ強引な行政施策の変更であり、また異例かつ執拗な目的達成行為であって、これによって害される私人の権利に対して相応の配慮もされなかったのであるから社会通念上許容される限度を逸脱しているというべきである。一連の行為は、上原前市長が明和地所に対して負う職務上の法的義務に違反したものと認められるから、国家賠償法1条1項にいう違法があるというべきである。

※国立市は控訴したが、２０１１年（平成23年）年4月、市長が交代した後に取り下げた。

しかしその後「暗」、すなわちそれを超えた「異変」とでもいう事態が起こり、暗の部分はさらに延長拡大される。それは同じく国立市民が、国立市が賠償した金額は国立市が不法行為を行ったのではなく、上原個人の不法行為によって発生したのだからその賠償をすべきであるとして、国立市は明和に支払ったのと同じ金額を上原に請求せよという住民訴訟を起こしたのである。

この訴訟は２００２年に改正された地方自治法２４２条の２第１項第４号に基づく「新４号訴訟」**（注２）**といわれるもので、市民・原告は（監査請求は却下）まず国立市に対して上原個人にその損害を求償せよという訴えを起こし（上原はこの裁判に補助参加する）、後に詳しく見るように一審の東京地方裁判所はこの訴えを認めた（国立市、上原とも控訴したが、その後の市長選挙で市長が交代し、国立市は控訴を取り下げたので一審判決が確定した）ため、今度は国立市が上原個人に対して３１２３万９７２６円の支払を求めるという何とも複雑で奇怪な裁判となり、これが現在係争中となっているのである。つまり国立市を巡る損害賠償請求裁判は、当初は明和地所対国立市という構図で争われていたが、今度は国立市対上原個人で争われることになった（以下これを別表Ⅲ「第二次損害賠償請求裁判」という）のである。

（注２）新４号訴訟とは、２００２年（平成14年）に改正された地方自治法２４２条の２第１項第４号に基づく訴訟のことである。それまでは、住民は一定の要件の下、自治体及びその首長が不法行為を行った場合には、この双方を一緒にして被告にすることができた。しかしその結果、自治体はともかく首長個人も自費で弁護士に委任し、証拠を集め弁論しなければならないなど、負担が極めて大きい。そこで、改正法では住民はとりあえず自治体のみを訴え（首長は補助参加する。これを「第一段階裁判」という）、この判決で自治体の敗訴が確定した場合のみ、今度は自治体が原告となって首長を被告として裁判を提起するという方法に変更した（これを「第二段階裁判」という）。このような場合、第一に、このような首長個人に対する自治体側の請求権を議会が議決によって放棄できるかという問題がある。これについては２０１２年4月20日、最高裁判所は、基本的には議会の裁量に委ねられるが、裁量権の逸脱や濫用があれば議決は無効という判断を示した。第二に、訴訟技術論として、第一

段階裁判が確定した場合、その「既判力」が第二段階の裁判に及ぶかという問題がある。通説では及ぶとされているが、今回のように途中で首長交代により自治体側だけが控訴を取り下げた場合、その控訴取り下げの効力は補助参加人である首長個人にも及ぶが、内容について第一段階の判決とは別に争うことはできると解されている。上原の第二段階裁判はそうした前提で進められている。

三　政策の変更と損害賠償

この第二次損害賠償請求裁判を検討すると、まず、市長個人を相手とする裁判について簡単に見ておきたい。市民が自治体だけでなく首長個人に損害賠償を求めた裁判はこれまでもたくさんある。中には首長個人が約26億円の賠償を命じられるというような極めて異常な事例（京都市長が被告となった京都ポンポン山訴訟）も発生している。その意味では今回の事件もそう珍しいものではない。しかしこれまでのそれは、永年勤続職員に18万円分の旅行券を条例で定めないで支給していた「神戸旅行券訴訟」（４８２７万４５００円の損害賠償が認められ住民勝訴確定）やＯＢ議員に市営地下鉄・バスの無料パスを支給する優遇措置が問われた「神戸ＯＢ議員訴訟」（３６３万１７４０円の損害賠償が認められ住民勝訴が確定）、兵庫県川西市長が廃棄物処理を随意契約で無資格の業者に委託したとして委託料の一部６３００万円の損害賠償を命じられたケース（大阪高裁２０１１年（平成23年）10月20日判決）、京都市長が教育長だった当時、市の教育委員会が研究費の名目で教員に各５～１５万円、総額1億3千万円を支給していたが、それは特定の教員に限られる不公平なものだったとして、７１６８万円の賠償を命じられたケース（京都地裁２０１１年（平成23年）11月30日判決）などのように、いわば誰から見てもやや首長個人の「スキャンダルに近い」（この場合でも従来の行政慣行に基づいていたり、議会の議決を得たりしていて、誰がどこまでその責任を分担するのか疑問が多い。これについては後述する）というようなものであった。

これに対し、上原の事件は勿論上原が個人的に利益を得たというようなスキャンダルではなく、景観を守るという純粋な「政策変更」の過程で生じたものであり、従来の事件とは全く異なっていることにまず注目されたい。今回の景観保護のような政策変更の結果、ある特定の人に「不利益＝損害」が発生するというケースは過去何回も発生している。本件と同じような景観に関して言えば、例えば京都市が「市街地景観整備条例」を制定して高さを規制した結果、すでに建築されている多くのマンションが既存不適格建築物となり、建設計画を持っていた地権者もこれまで通りの高さの建物を建てられなくなっている。同じように、最近東京を中心に見られる高度制限による高さ規制も、京都市と同じように高い建物を建てようとしている多くの人に対して具体的に不利益をもたらした。これら都市に関わる問題だけでなく、例えば石原都政のディーゼル規制や銀行への外形標準課税、さらには今最も注目されている大阪市の橋下市長の教育条例の変更や労働組合に対する措置、その他さまざまな補助金のカットなど、多くの人や業界に対してそれぞれ不利益を与えているのである。このように政策の変更とは絶えずなにがしかの既得権益を損なうものであり、しかもそれが抜本的であればあるほど既得権益に対する侵害が大きくなるのは必然といえよう。

さらに、この政策変更を現在の日本の状況との関係でコメントすれば、今や政治の不透明や経済不況、あるいは少子・高齢化の時代の到来によって、国民・自治体はもちろん国もこのままでは日本はダメになるという危機感を抱き、自らも不利益を受けることを覚悟の上で、「ゼロクリアー」（これまでのすべての政策を一旦中止してゼロからやり直す）を求めているということを直視したい。勿論「ゼロクリアー」といっても、良いものと悪いものがあるが、それを判断するのは最終的には主権者（最も本質的なものが選挙）であり、政治家はその結果について選挙（リコール）

などによって責任を負うというのが近代政治の筋道なのである。
そしてこのような主張や行動に対して個人として法的な責任を追及されるとしたら、およそ政治は成り立たないし、誰も政治家になりたくなくなる。このいわば「自明の理」といったものに根本的に反する国立市が上原個人に損害賠償請求をせよというような判決がなぜ出たのか。これが本稿のテーマである。

1　裁判所が認定した上原個人の「不法行為」とは何か

早速この一連の損害賠償請求裁判を見てみよう。なお、この損害賠償請求裁判は国立市に賠償を命じた別表Ⅱの第一次損害賠償請求事件と、国立市は上原個人に求償せよと命じた別表Ⅲの第二次損害賠償請求事件の二つがあるが、双方は同じような事実認定と判断を行っているので、ここでは上原個人への求償を命じたという点においてその内容がよりクリアになっている第二次損害賠償請求事件を見ていくことにする。

さて、上原が個人として損害賠償義務を負うには、上原の行動が、国家賠償法第1条（「①国又は公共団体の公権力の行使に当る公務員が、その職務を行うについて、故意又は過失によって違法に他人に損害を加えたときは、国又は公共団体が、これを賠償する責に任ずる。②前項の場合において、公務員に故意又は重大な過失があったときは、国又は公共団体は、その公務員に対して求償権を有する」）に該当しなければならない。次頁は左側に上原の行為、右側にそれに対する裁判所の判断をみたものである。

要するに裁判所は、上原の4つの行為（以下これを「類型」と呼ぶ）はこれを「全体的に観察すれば、建築基準法に違反しない適法建築物である本件建物の建築・販売を阻止することを目的として、明和地所に許されている適法

裁判所が認定した不法行為

上原の行為	裁判所の判断
1 「三井不動産マンション懇談会での発言により建築反対運動が広がった」（第１類型）	① 別のマンションに関する懇談会に参加した際、殊更本件建物の建築計画と行政における建設阻止の困難性を述べ、本件建物の建築反対運動を広げた。
2 国立市をして「自主的対応を期待する」から条例制定の方策に変更させ、条例を成立させた（第２類型）	② 明和地所が行政指導に応じないとみるや、強い意向を示して、国立市をして本件地区計画及び条例の制定という方策に変更させるとともに、本件建物の工事着工前の制定を目指してみずから積極的にその準備行為をした。
3 「違法建築物である」旨の議会答弁（第３類型）	③ 市議会において複数回にわたって留保を付することなく、判決が確定していないのに、これを引用しながら本件建物が違法建築物である旨答弁した。
4 「都知事に対する電気、ガス及び水道の供給留保の働きかけ、さらに本件建物の検査済証の交付に抗議したことが広く報道された」（第４類型）	④ 行政側において本件建物の建築計画そのものにはその中止を求め得るだけの法令違反が存在しないことを十分に知悉しながら、建築指導事務所長に本件建物が違反建築物であることを前提に建築確認申請の判断をするよう求めたり、本件建物の一部につき電気、ガス等の供給承諾を留保するよう東京都知事に働き掛けたりするだけでなく、本件建物の完成後においても、自ら率先して、建築指導事務所長に対して本件建物に係る検査済証を交付したことに抗議し、国立市としては本件建物が違法建築物であると判断している旨の報道を繰り返させた。 ⑤ これらの行動について誤りを訂正したり、市民が抱く誤解を払拭する言動をしたりしたことはうかがわれない。

な営業行為すなわち本件建物の建築及び販売等を妨害するものというべきであり、かつ、その態様は普通地方公共団体の長として要請される中立性・公平性を逸脱し、行政の継続性の視点を欠如した急激かつ強引な行政施策の変更であり、また、異例かつ執拗な目的達成行為であって、これにより害される私人の権利に対して相応の配慮がされた形跡もうかがわれないのであるから、社会通念上許容される限度を逸脱している」というのである。

2　政治家上原公子の政策実現のプロセスを検証する

近代国家＝法治国家、そして、日本のようにマスコミや市民参加（まだまだ足りないという声も強い）の発達している国では、従来の政策を変更して新しい政策を作ることは容易ではない（小泉政権以降、安倍政権から野田政権まで政策らしい政策がほとんど実現していないことを想起せよ）。それはいくつものプロセスを経過しなければならず、またその政策が抜本的であればあるほど、既得権益者による抵抗が強くなるからである。上原はどのようにして政策を実現しようとしたか、先の「個人的不法行為」を織り込みながら見ていきたい。

政治家にとって政策実現のための第一の関門はもちろん選挙である。選挙で勝たなければ政治家は何もできない。上原は「市民参加の町づくり」を公約し勝利した。公約に掲げるということはその時点で従来からの政策が十分ではないことが前提となる。本件に即して言えば、それは日本の中央集権的な建築確認というシステムであった。すなわち自治体には一切の自由裁量がなく国の定めた基準に従って行動しなければならない（2000年（平成12年）の地方分権一括法によって都市行政もそれまでの機関委任事務から自治事務に変更されたが、これは地方自治法の範囲内であり、都市計画法や建築基準法の中では自治は今でもほとんど許されていない）。当時「景観」はこの建築確認システムには入れられていなかった。上原はこれを変えたいと決意したのであるが、そのための第一歩はこのような法律の欠陥の認識を市民、議会、行政等と共有することであり、上原が市民の集会、議会その他マスコミなどを通じて第1類型のように「行政だけでは町は守れない」と発言するのは当然のことであり、正確かつまた必然であった。

さて、当選直後に発生した明和事件に対してまず上原が行ったのは、当然のことながら改めて当時の法律・条例などでこの件が解決できるか否かを検討するということである。しかし、当時存在していた国立市都市景観形成条例（1998年（平成10年））や開発行為等指導要綱（1984年（昭和59年））は、市と事業者の間の協議、協議がまとまらない場合には市が事業者に対して助言や勧告をするという程度にとどまり、事業者に対する強制力がなく、マンションは規制できなかった**（注3）**。

第二の関門は、それでは新たにどう対処するかということで、上原はこのマンションの取り扱いについて、景観審議会や都市計画審議会という主として学者などの専門家で構成され、市の政策を外部から客観的に検討する専門委員会に検討してもらうことにした。これは政策の正当性や合法性を考える場合にはとりわけ重要な手続きである。近代国家では、首長といえどもまずこの手続きを踏まなければ議会に対して提案ができない。審議会では、諮問された内容が時代や市民のニーズに叶うか、実効性があるかなど、上原の諮問の必要性、正当性、妥当性などをほとんどが公開された席上で専門的な観点から審議する。

ちなみにこのような外部機関の決定（答申）に対して行政や議会が反対する場合には、程度の差（骨抜きなどもある）はあれ大きな政治問題が発生する可能性がある。議会と異なって審議会には政策の決定権限はないが、専門的な検討というその一点で行政や議会に対して「権威」を有する（それゆえ政権担当者、あるいは官僚はこの人事に重大な関心を寄せ、政権交代した場合にはこの人事をどうするかが政治の最大関心事になる）のである。本件の場合、景観審議会はこのマンションを「是正」対象とし、都市計画審議会は全員一致で地区計画を決定した。

また、これらの動きを促進するものとして市民の運動を挙げておかなければならない。市長の提案する政策が真に妥当なものかどうかは最終的には主権者である市民の動向によって決定される。本書の「上原公子・インタビューわたしの市民自治」にみられるように、国立市ではこの市民の運動が極めて活発であり、マンションの規制を求める署名を見てもその都度、5万人、7万人、11万人が集まる（国立市の人口は7万人弱である）というくらいに強固かつ普遍的なものであった。本件の争点である地区計画（地権者自らのイニシアティブによって、当時の明和地所の土地における第二種中高層住居専用地域、200％という容積率規制を、高さ20メートルに抑えようとするもの）は関係する地権者の82％の賛同（明和地所は賛同しなかった）を得た。そこで上原はこれらの動向を見ながら、早期条例化を求める7万人の署名に応えこの住民合意に法的拘束力を与えるために、議会に対して地区計画条例を提案した。

第二次損害賠償請求事件（別表Ⅲ）の第一審判決では、この行為を「中立性・公平性を逸脱し、急激かつ強引な行政施策の変更又は異例かつ執拗な目的達成行為である」としているが、これはおよそ政治のイロハをわきまえない観念的・形式論といえよう。政治は時にこのように急激かつダイナミックに動くのである。もしこの時点で地区計画条例を制定していなかったなら、本件マンションははるかに容易に建設された。その後裁判で景観利益が認められたり、国が景観法を制定したかどうかも怪しい。そしてそれよりも上原は国立市民に対して、さらには全国民に対して公約を裏切る政治家として「政治に対する絶望感」を与えたであろう。

最後の関門が議会である。自治体は周知のように二元代表制をとっており、首長は直接市民が選び、議会もこれまた市民が選ぶ。国立市では上原は安定的な議会多数派ではなく、しばしば議会との間に厳しい対立を生んだ。ここを突破しなければいかなる政策も実施できない。地区計画条例の議決は後掲「『議会』～国立市議会の責任について～」にみられるようにかなりきわどい経過も含んでいるが、ともかく合法性を勝ち取ったといえよう。この間、上原は何度もこの地区計画条例の必要性や正当性を議会の内外で説明しており、その説明の資料のひとつとして第3類型のように裁判所の判決などを引用したことは事実である。

司法は三権分立の一翼として、議会が制定した条例やその執行の合法性を判断することができる。国立市では実はこの条例やその執行の合法性を巡って、沢山の裁判（先にみた住民の明和地所を相手とする建築禁止仮処分申立と建築物撤去等請求訴訟、明和地所が国立市と市長をを相手に損害賠償と条例の無効確認などを求めた行政訴訟、そして住民らによる東京都多摩西部建築指導事務所長が建物の除却命令を出さないことが違法であることの確認を求めた行政訴訟）が争われた。

これら裁判の中には上原側から見て有利なものと不利なものが入り混じっている。その中から適宜判決を選択し、市民や議会、あるいはマスコミなどの求めに応じて上原がコメントすることは当然であり、判決がすべて確定しなければ意見を言うことが出来ないというような論理は、ほとんど病理に近いものといえるであろう。人は誰でも、またどの段階でも、さらにどのような意見であれ、判決を批判したり評価したりすることができるというのは「言論・表現の自由」の最たるものである。

上原はこのようにして政策変更に必要な一切の法的手続をすべて瑕疵なく行った。ちなみに明和地所は国立市に対して損害賠償を求めるだけでなく、この地区計画条例についても「無効」だという主張を行ったが、裁判所は明快にこれを退けているのである（第一次損害賠償裁判）。なお、不法行為の最後の第4類型について言えば、裁判所が違法（建築禁止仮処分申立事件の抗告審が、仮処分は認めなかったものの、本件建物は地区計画条例制定時、「着工」していたとはいえないので本件条例が適用され、本件建物は高さ20メートルを超える範囲で違法であるとした）と判断した時点で、建物工事を継続させてさらなる混乱を引き起こさないように、関係機関にそれぞれ注意を促すのも当然といえば当然であった。

（注3） 国立市都市景観形成条例は、「市長は、重点的に都市景観の形成を図る必要があると認める地区を都市景観形成重点地区として指定し、当該重点地区の都市景観の形成を進めるための計画を定めることができる」（10条2項）とし、「重点地区基準」として、①建築物等の規模、敷地内における位置、形態、意匠、色彩、素材及び敷地の緑化に関する事項、②広告物に関する事項、③土地の形質に関する事項、④土石類の採取に関する事項、⑤木竹の態様に関する事項、⑥屋外における物品の集積及び貯蔵に関する事項、⑦その他必要な事項について定められる。そして重点地区において、①建築物等の新築、増築、改築、移転、除去又は外観の大規模な修繕、模様替え若しくは色彩の変更、広告物の表示、移転若しくはその内容の変更又は広告物を掲出する物件の設置、改造、移転、修繕若しくは色彩の変更、②広告物の表示等、③土地の形質の変更、④土石類の採取、⑤木竹の伐採、⑥屋外における物品の集積又は貯蔵などの行為を行おうとする者は、当該行為のため必要とされる法令に基づく手続

を行う前に、規則で定めるところにより、あらかじめ、その内容を市長に届け出なければならない（15条1項）が、市長は「当該届出に係る行為が重点地区基準に適合しないと認めるときは、当該届出をした者に対し、必要な措置を講ずるよう助言し、又は指導することができる」（17条1項）。市長は、「指導を受けた者が当該指導に従わないときは、当該指導に従うよう勧告することができる」（同条2項）が、「勧告を受けた者が当該勧告に従わないときは、その旨を公表することができる」（18条）としているだけである。国立市はこの条例にもとづいてその「公表」を行ったが、事業者はこの「公表」によって工事を中止することは一切なかった。

3　M．ウェーバーの「職業としての政治」

裁判所はこのようにして上原個人の不法行為を認定したが、その判断のもっとも中核的な視点となっているのが、上原は市長、つまり行政の長として「中立・公平」でなければならないという一点である。もちろん行政の長は中立・公平でなければならない。しかし、その前に上原は選挙で選ばれた「政治家」である。政治家である上原は自らの公約を守るために政策を変更しようとした。政策を変更するためには、特定の価値観を持ち、またこれを遂行していかなければならない。そのためにはこれに反対する勢力（議会や司法を含む）と戦わなければならないのである。その意味では政治家とは「中立・公平」などというものとは無縁な存在なのである。消費税増税を唱える野田総理大臣は決して中立・公平ではない。同じく大阪都構想を掲げる橋下大阪市長も政治家であり、同じように中立・公平ではないのである。

それでは政治家とはどのような仕事をする人間なのか。いささか古典的だが、今でもしばしば引用される、１００年近く前の第一次世界大戦後の荒廃したドイツでの講演をもとにしたマックス・ウェーバーの『職業としての政治』（脇圭平訳・岩波文庫１９８０年）を見てみよう。

周知のようにウェーバーは、「すべての国家は暴力の上に基礎づけられている」とした上で、これを担当する政治家について、政治家の資質として「情熱、責任感、判断力」が重要であること、政治と倫理について、政治家には「絶対倫理」は求められないこと、他方、政治家には時に悪魔との契約が必要であるとして「政治にタッチする人間、すなわち手段としての権力と暴力性とに関係をもった者は悪魔の力と契約を結ぶものであること。さらに善からは善のみが、悪からは悪のみが生まれるというのは、人間の行為にとって決して真実ではなく、しばしばその逆が真実であること。これが見抜けないような人間は、政治のイロハもわきまえない未熟児である」とした上で、最後に、「政治とは、情熱と判断力の二つを駆使しながら、堅い板に力をこめてじわっじわっと穴をくり貫いていく作業である。もしこの世の中で不可能事を目指して粘り強くアタックしないようでは、およそ可能なことの達成も覚束ないというのはまったく正しく、あらゆる歴史上の経験がこれを証明している」。「自分が世間に対して捧げようとするものに比べて、現実の世の中が――自分の立場からみて――どんなに愚かであり卑俗であっても、断じて挫けない人間。どんな事態に直面しても『それにもかかわらず！』と言い切る自信のある人間。そういう人間だけが政治への『天職』を持つ」と定式化したのである。

上原の一連の行為は、このウェーバー流に言えば、「それにもかかわらず」あるいは「そうだからこそ」行った政治的行為である。そしてそこには個人的な欲望や不正が入り込む余地は一切ありえなかった。この上原の政策に対する責任追及は、議会での反論あるいはマスコミその他での批判、そして最終的には市長のリコールもしくは選挙によって行われるべきものであり、裁判所によって個人の不法行為などとして裁かれることではないのである。

4 政治家上原公子は損害賠償責任を負わない

政治家の言動は原則すべて自由である。むしろ政治家はどんなに抵抗があっても自分の信念（ウェーバーは政策の選択はほとんど信仰に近いとも言っている）を貫かなくてはならない。その上で個人として不法行為（収賄などの刑事犯は勿論、個人の犯罪を除き政策の遂行にかかわるもの）に問われる可能性があるのは、

政策の内容について

・政策の変更が選挙民の信託を得ていないこと
・議会の議決はもとより、審議会などの第三者機関による検討など政策実現のたの適正手続を怠っていること
・そのようなプロセスが情報公開はもとより住民参加あるいはマスコミなどによる報道がなされていないこと
・その政策が、学術的な検討、諸外国との比較、当該地域のおかれた状況、立法や司法の動向などと比較して極めて異様であること、またその異様な政策の失敗について、変更が許されないとなっていること
・不利益を受ける当事者にとってもその変更がまったく予見できないこと又その変更に対して様々な方法による異議申し立てが不可能であること

などが指標（複合的なもの）となる。

本件の場合、基本的に明和地所はこの地域が景観を重視してきており、景観条例や開発指導要綱を定めていること、当時の市長は景観保護を公約にしていることなどを事前に知り得たのであり、かつ建築物撤去等請求事件の一審判決がいうように、明和地所は「大学通りの景観を守ろうとする行政や住民らを敵視する姿勢をとり続ける一方で、本件土地に高層建築物を建てることによりそれまで保持されてきた本件景観が破壊されることを十分認識しながら、自らは、本件景観の美しさを最大限にアピールし、本件景観を前面に押し出したパンフレットを用いるなどしてマンションを販売した」のである。このような場合、政策変更によって不利益を受けたとしてもそれはやむを得ないものである。仮にそうでないとしても、その責任は審議会や議会を含めてその政策を遂行してきた国立市に

とどまるものであり、個人に及ぶことはない。従って上原公子に損害賠償の責任はない。

日本で一番美しい学園都市「国立市」には、JR国立駅の北口にへばりつくように高層マンションが聳えている。風の通り抜ける駅舎もいつの間にか高層化が進んでいた。堤康次郎が理想とした美しい学園都市を今後どのように守り、創りあげていくか、上原公子の政治を受け継ぐ勇気と実行力のある政治家の登場を期待したい。

5　その他の行政裁判について

これまでみてきた国立市のマンション裁判は、建築物撤去等請求裁判は市民と明和地所、損害賠償請求裁判は、明和地所と国立市及び国立市長（さらに国立市と上原公子）との間で争われているが、その他にもう一つの類型として、別表Ⅳのような市民と行政（東京都多摩西部建築指導事務所長ら）が争った行政裁判がある。

この裁判は、建築禁止仮処分申立事件の抗告審で、東京高裁が抗告は棄却したものの、本件マンションの建築工事を始めるにあたり、「根切り工事」だけでは着工したとはいえず、このマンションは建築基準法3条2項にいう「現に建築中の建物」にはあたらないので、高さを20メートルに制限した地区計画条例が適用され、本件建物は違法建築物であると判断したことを前提に、東京都多摩西部建築指導事務所長が本件建物の違法部分の建築禁止ないし除却命令をしないことが違法であることの確認を求めて市民が訴えたものである。

ここでも、地裁と高裁の判断は大きく分かれた。端的に言うと、地裁は「本件建築条例改正が施行された2000年（平成12年）2月1日当時において、根切り工事が進行し、山留めの工事を継続中であったことは認められるが、本件建物の敷地において、将来建築物となる人工の構造物が何ら存在していなかったものと認められる。本件建物は建築基準法3条2項にいう『現に建築の工事中の建築物』に該当しないといわざるを得ず、本件建築条例が適用されず高さ20メートルを超える部分は建築基準法に違反する違法建築物であるというほかない」。「本件建物は、本件建築条例の制限する高さ20メートルをはるかに越える高さ約44メートルの建築物であり、違反の程度は極めて著しい」。「本件建物は、本件建築条例による制限高さの20メートルをはるかに超えて約44メートルもの高さを有する巨大な鉄筋コンクリート造の建築物であり、これが概ね高さ20メートルの並木を中心として連なる大学通りの景観を、客観的に定められた基準値に反し、大きく破壊することは明らかであるから、大学通りの景観を維持し、都市環境を維持、保全するという本件建築条例、建築基準法の行政目的を著しく阻害していると認められる」ので、「建築指導事務所長が建築基準法9条1項に基づく是正命令権限を全く行使しないことは、裁量権の逸脱にあたり違法というべきであり、違反状態を解消するために是正命令権限を行使すべきことは一義的に明白な義務というべきである」とした。これに対し高裁は「本件建物は、本件建築条例に係る改正条例が施行された時点において建築基準法3条2項のいう『現に建築…の工事中の建築物』に該当するのであるから、本件建築条例に係る改正条例の適用を受けず、したがって、本件建築条例の規定する高さ20メートルの制限に適合しない建物ではあるが、建築基準法に違反する建物ではない」ので、「本件建物について建築基準法9条に基づく是正命令を発令すべきことが一義的に明白であるとはいえ」ず、本件不作為違法確認請求及び義務付け請求に係る訴えは要件を満たしておらず、不適法である」として、ここでも全く正反対となっている。

さて読者は、この地裁判決と高裁判決を比較して、率直にどう思うだろうか。焦点は、「根切り工事」とは何か、ということであるが、これはそれ以前に旧法で合法とされていた行為が、「新法」によって違法となる場合に、どこまでを救済し、どこまでを切り捨てるかということである。「根切り」論争は、この問いを「建築工事の進行具合」というある局面でこれを判断しようというものであるが、私にはそれ以前に法律が切り替わるということを事業者が事前に知っていたかどうかが焦点であり、事前に知っていたとすれば、いわば脱法的な駆け込みであり、知らなければ善意の第三者であるという大きな価値判断が必要になると思われるのである。

判決の分析にはこれ以上立ち入らないことにするが、ここでは次の2点だけ指摘しておきたい。

第一は、損害賠償裁判で、上原公子個人の不法行為にかかる部分について、判決は、「市議会において複数回にわたって留保をつけることなく、確立した判例・実務がないのに、仮処分申立事件の東京高裁決定の判断を引用して、本件建物が違法建築物である旨答弁した」としていることである。

しかし、市長が市議会及び市民に対して自己の価値判断を判決に即して説明することは、仮にその判断が後に逆転されたとしても正当かつ必要なことであると思われるのである。裁判も議会もすべて社会に問われている。それは裁判が始まる前から、また最高裁で確定した後でも何ら変わることはない。少なくとも「裁判が確定するまでその評価をしてはいけない」というような認識は、まるで現代社会や法（裁判所の在り方）をほとんど理解できない暴論にしか思えないのである。

もう一つは、本件と直接の関係はないが、このような裁判所の認識を正すためには、刑事裁判における裁判員裁判と同じように、行政裁判にこそ市民の良識を反映させるための裁判員裁判を導入すべきではないか、ということである。

行政裁判には、市民の常識では信じられないような「行政権の自由裁量」が認められ、まことに不合理な行政が行われたまま正されないでいる。これは公共事業裁判に典型である。何十年も前の政策の結果である埋立てやダム、あるいは道路の建設等について、当時は「行政として正当性があった」として、市民のチェックを認めない判決は、もう中止しなければこの国は立ち直れない。そのチェックマンとして市民が裁判に加わるのは必要不可欠であることを、国立の行政裁判も知らしめているのではないか。

別表Ⅳ　建築物除却命令等請求事件（住民らが、「1．東京都多摩西部建築指導事務所長が、本件建物について、⑴本件建物の高さ20メートルを超える部分の建築を禁止する、⑵本件建物の高さ20メートルを超える部分を除却せよ、との命令をしないことが違法であることの確認（不作為違法確認請求）、及び2．東京都多摩西部建築指導事務所長は、本件建物について、⑴本件建物の高さ20メートルを超える部分の建築を禁止する、⑵本件建物の高さ20メートルを超える部分を除却せよ、との命令をせよ（義務付け請求）、3．東京都建築主事は本件建物の検査済証を交付してはならない（予防的不作為請求）」との判決を求めた裁判）の第一審判決及び控訴審判決の対比

論点	**建築物除却命令等請求事件第一審** （東京地判平成13年（2001年）12月4日）	**建築物除却命令等請求事件控訴審** （東京高判平成14年（2002年）6月7日）
いわゆる義務付け訴訟としての性質を有する無名抗告訴訟の適法要件	三権分立の原則からして、行政権の行使不行使については行政庁の第一次的判断権が尊重されるべきこと、行政事件訴訟法3条が法定抗告訴訟として4つの訴訟類型を定めているのは原則として法定訴訟によって国民の権利救済が図られるべきことなどからすれば、①行政庁が当該行政権を行使すべきこと又はすべきでないことが一義的に明白であって、行政庁の第一次的判断権を尊重することが重要でない場合（一義的明白性の要件）、②事前審査を認めないと、行政庁の作為又は不作為によって受ける損害が大きく、事前救済の必要性があること（緊急性の要件）、③他に適切な救済方法がないこと（補充性の要件）を充足することが必要である。	無名抗告訴訟が許容されるためには、①行政庁が当該行政権を行使すべきこと又はすべきでないことが一義的に明白であって、行政庁の第一次的判断権を尊重することが重要でないこと（一義的明白性の要件）、②事前審査を認めないと、行政庁の作為又は不作為によって受ける損害が大きく、事前救済の必要性があること（緊急性の要件）、③他に適切な救済方法がないこと（補充性の要件）の三要件をいずれも満たしていることが必要である。
一義的明白性の要件	建築基準法9条1項の規定に基づく是正命令は、特定行政庁において、行政目的達成のために、同法に違反する建築物又は建築物の敷地について、①違反の有無、内容及び程度、②違反によって阻害される行政目的の内容及び程度、③違反により近隣住民の受ける被害の内容及び程度、④是正命令により建築主の受ける不利益の程度、⑤建築主による自発的な違反解消措置のとられる見込み、⑥建築主に対する指導など他の手段による違反解消の見込みなどの諸般の事情を考慮した上で、その合理的な判	建築基準法9条1項の規定に基づく是正命令は、特定行政庁において、行政目的達成のために、同法に違反する建築物又は建築物の敷地について、①違反の有無、②違反によって阻害される行政目的の内容及び程度、③違反により周辺住民の受ける被害の内容及び程度、④是正命令により建築主の受ける不利益の程度、⑤建築主による自発的な違反解消の見込みなどの諸般の事情を考慮した上で、その合理的判断に基づいて、誰に対し、どのような内容の是正命令をいつどのような手続を経て発令するか等を決して発するものであり、これらの各判断は特定行政

	本件建物が建築基準法に違反するか否か（建築基準法3条2項にいう「現に建築の工事中の建築物」の解釈）
断に基づいて発せられるものであり、是正命令権限を行使する場合は、誰に対し、どのような内容の是正命令をいつどのような手続を経て発令するか等を決した上で行使されるものであり、これらの各判断は特定行政庁の裁量に委ねられていると解される。しかし具体的事情の下に当該権限の趣旨・目的に照らし、当該権限を行使しないことが著しく不合理であり、裁量権の濫用・逸脱と認められるような特段の事情がある場合は、行使すべき一義的に明白な義務があるというべきであり、この場合にはその第一次的判断権を尊重することは重要でないというべきである。	建築基準法3条2項は、新規定の適用又は施行時において「現に建築の工事中」であった建築物についてはその建築を許容し、結果的に新規定に適合しなくなった建築物を容認することとして、新たな規定による行政目的の達成を一部後退させて、建築主の期待を保護することとしたが、その反面、新規定の適用又は施行時において「現に建築の工事中」でなかった建築物については新規定を適用し、その結果、適法に建築確認を受けた建築物であっても、同法7条3項の検査済証の交付は受けられず、同法9条の是正命令の対象となるなど、建築主に一定の不利益が生じることをやむを得ないものとして、新たな規定による行政目的の達成を優先することを明らかにしている。 このような趣旨に照らすと、「現に建築の工事中の建築物」か否かは、当該建築物が保護されるか否かの重要な基準であるから、文理に則して客観的に明確な基準となるよう解釈する必要がある。そこで、建築物の建築の工事が行われていることが外部から客観的に認識できる程度に継続して実施されていることを要すると解するのが相当である。根切り工事は、建築物の建築を前提とする工
庁の裁量に委ねられているが、具体的事情の下に当該権限の趣旨・目的に照らし、当該権限を行使しないことが著しく不合理であり、裁量権の濫用・逸脱と認められるような特段の事情がある場合には、行政庁には当該権限を行使すべき一義的に明白な義務があるというべきであり、この場合にはその第一次的判断権を尊重することは重要でないというべきである。	建築基準法3条2項は、新法適用についての経過規定であり、新規定の適用又は施行時において「現に建築…の工事中」であった建築物については、その建築を許容し、結果的に新規定に適合しなくなった建築物を容認することとして、新規定による行政目的の達成を一部後退させて、建築主の期待を保護することとしたが、その反面、新規定の適用又は施行時において「現に建築…の工事中」でなかった建築物については、適法に建築確認を受けた建築物であっても、新規定を適用し、建築主に一定の不利益が生じることもやむを得ないものとして、新規定による行政目的の達成を優先することとしている。 このような趣旨からすると、「現に建築…の工事中」の建築物に該当するというためには、建築物の実現を直接の目的とする工事が開始され、建築主の建築意思が外部から客観的に認識できる状態に達しており、かつ、その工事が継続して実施されていることを要すると解するのが相当である。「現に存在する建築物」とは別に「現に建築…工事中の建築物」について新法の適用を除外していることからすると、建築物の実現を直接の目的とする工事が継続されているが建築物の実現には至っていない状態をいい、「建築物」自体が存在することは要件とされていないものと解される。

	事ではあるが、人工の構造物は全く存在せず、建築確認を得ていない場合、建築工事が行われていることが外部から客観的に認識できるとはいえない。結局、「現に建築の工事中」といい得るためには、敷地において、計画された建築物の基礎又はこれを支える杭等の人工の構造物を設置する工事が開始され、外部から認識できる程度に継続して実施されていることを要すると解すべきである。	根切り工事は、建築物を支持しうる地盤が確保されたことに引き続き、建築物の基礎躯体や地下室部分を容れる空間を作り出すために、地盤面以下の土地を掘削する工事であり、地盤面の高さを精密に測定して空間の形状を作るものである。 建築確認を得ている場合には、根切り工事又は杭打ち工事を開始した段階で建築主の建築意思は明確である。そして、工事が根切り工事から開始されるか、杭打ち工事から開始されるかは、敷地の地盤の良否等の偶然の事情によって決まる。根切り工事は建築物の実現を直接の目的とする工事であるというべきであり、個々の建築物の具体的建築工事状況によっては、根切り工事が外部から客観的に建築主の建築意思を把握し得る建築意思の具現化としての工事に該当する場合もあるというべきである。
本件建物の違法性	本件建築条例改正が施行された平成12年2月1日当時に根切り工事が進行し、山留めの工事を継続中であったことは認められるが、本件建物の敷地において、将来建築物となる人工の構造物が何ら存在していなかったものと認められる。 本件建物は「現に建築の工事中の建築物」に該当しないといわざるを得ず、本件建築条例が適用され、高さ20メートルを超える部分は違法建築物であるというほかない。	本件建物の、本件建築条例が施行された時点における根切り工事の状態は、外部から客観的に建築主の建築意思を把握できる工事が継続中であると評価できる状態にあったというべきであり、建築基準法3条2項のいう「現に建築…の工事中の建築物」に該当するから本件建築条例に係る改正条例の適用を受けず、したがって、本件建築条例の規定する高さ20メートルの制限に適合しない建物ではあるが、建築基準法に違反する建物ではない。
本件建物の違反の内容及び程度	本件建物は、本件建築条例の制限する高さ20メートルをはるかに越える高さ約44メートルの建築物であり、高さ制限という明確な内容の規制について、その規制値を2倍を超えるほど大幅に上回るもので、違反の程度は極めて著しい。	
違反によって阻害される行政目的の内容及び程度	本件建物は、本件建築条例の制限する高さ20メートルをはるかに超える高さ約44メートルの巨大な鉄筋コンクリート造の建築物であり、これが概ね高さ20メートルの	

	並木を中心として連なる大学通りの景観を維持し、都市環境を維持、保全するという本件建築条例、建築基準法の行政目的を著しく阻害していると認められる。
是正命令権限行使の裁量判断において考慮すべき近隣住民の被害	是正命令権限の行使によって保護されることが法律上予定されている利益、すなわち建築基準法が定める各種の規制によって法律上保護されていると解される利益に係る被害に限られる。
建築基準法により法律上保護された利益	日照：本件建物の違法な部分により害される周辺住民の日照に対する利益は、建築基準法によって法律上保護された利益である。 景観：本件建築条例は、大学通りという特定の景観を維持・保全するという具体的な目的を実現するために、是正命令という行政目的実現を担保する規定のある建築基準法に基づく規制として、建築物の高さを具体的に制限したものである。従って、並木通りの高さである20メートルを超えない高さの建築物で構成される景観という、客観的な基準によってその美しさの維持が法的に図られた大学通りという特定の景観を享受する具体的、客観的な利益である。本件高さ制限地区の地権者の大学通りの景観に対する利益は、本件建築条例及び建築基準法によって保護された法律上の利益に該当する。 環境：本件建築条例及び建築基準法68条の2は、良好な都市環境を享受するという個別的利益を保護する趣旨を含まない。 その他：プライバシーや交通事故の増える危険などは、建物の建築そのものによって生じる被害ではない。
是正命令権限を行使することによって予想される建築主の不利益	本件違法部分の除却によって生じる不利益を建築主に受忍させることが相当でないと認められるような特段の事情はなく、建築主の不利益を過度に考慮するのは相当でない。

	本件建物の高さ20メートルを超える部分は、本来違法であるにもかかわらず、建築を続行したことによって完成したにすぎない。	
建築主による自発的違反解消の見込み	全くない。	
建築主に対する指導など、他の手段による違反解消の見込み	強制的でない手段による違反解消の見込みもない。	
建築基準法9条1項に基づく是正命令をしないことの違法性	建築指導事務所長が建築基準法9条1項に基づく是正命令権限を全く行使しないことは、裁量権の逸脱にあたり違法というべきであり、違反状態を解消するために是正命令権限を行使すべきことは一義的に明白な義務というべきである。 しかし、是正命令を発するには原則として相手方に対する告知、聴聞の機会を付与するなどの手続きが法律上要求され、建築主側に必要以上の不利益を生じさせないよう配慮する必要があること、違反解消に最も効果的な権限を行使すべきであるということはできるものの、どの範囲の者に対しどのような種類の命令を発するべきかという点についてまで一義的に明白とは言えない。是正命令の行使の方法及び内容として、いかなる命令を発すべきかについてはなお建築指導事務所長の裁量の範囲内にあるものというべきである。 従って本件各是正命令を発令することを求める本件義務付け請求に係る訴えは要件に欠けるが、是正命令を発令しないことが違法であることの確認を求める本件不作為請求に係る訴えには違法確認請求も含まれると解されるから、その請求部分に限っては要件を満たしているとい	本件建物は建築基準法に違反する建物ではないのであるから、本件建物について建築基準法9条に基づく是正命令を発令すべきことが一義的に明白であるとはいえない。したがって、本件不作為違法確認請求及び義務付け請求に係る訴えは、一義的明白性の要件を満たしておらず不適法である。

緊急性	うべきである。 いわゆる義務付け訴訟が適法とされるためには、行政庁が行政権限を発動しないことにより、事後的な救済によっては回復しがたい損害を被るおそれがあることが必要であると解されるが、当該行政権限の行使によって保護されることが予定されている利益に係る損害でなければ行政庁の行政権限を発動しないことによる損害とはいえないから、損害とは法律上保護された利益に係るものでなければならないと解すべきである。そして、かかる損害があるか否かは権利救済の必要性の有無の判断要素である。景観は非常に破壊されやすいものであって、しかもいったん破壊された景観は容易には回復しえないものであり、既成事実が積み重ねられると被害の回復は事実上不可能となるため、本件高さ制限地区の地権者は景観について重大な被害を被るおそれがあり、緊急性の要件を満たしていると認められる。	
補充性	本件においては、義務付け訴訟を提起するより他に適切な救済手段はない。当事者間において、建築基準法3条2項の解釈に相違があることが紛争の主たる原因になっているにもかかわらず、これを適切に解決する手段はほかに見出せない。 この種の訴訟を認めないと、是正命令権限を行使する行政庁が都道府県にある場合、市町村が建築基準法68条の2に基づく条例を設けて市町村独自の行政目的を実効的に達成しようとしても、担保する手段が全くないこととなり、立法趣旨が損なわれる事態も予想される。	
原告適格	緊急性の要件を満たしていると認められる原告らはいずれも原告適格を認めることができる。	
検査済証の交付についての予防的不作為請求（ないし	検査済証が交付されて本件建物が使用されるようになると生ずる日照や景観などの建築基準法によって保護された利益に係る損害は、本件建物が使用されることによる	東京都建築審査委員会の裁決を経ていない本件検査済証交付処分の取消しの訴えは、不適法である。本件建物は建築基準法に違反する建物ではないから行政事件訴訟法8条2項の「緊急の

交付処分の取消し）に係る訴えの適法性及びその請求の当否	損害ではなく、本件建物が存在することによる損害であるから、検査済証不交付を求める法律上の利益はないというべきであり、本件予防的不作為請求に係る訴えは不適法である。	必要」ないし「正当な理由」があるとも認められず、不適法なものとして却下すべきである。
判決内容	東京都多摩西部建築指導事務所長が建築基準法68条の2、国立市地区計画の区域内における建築物の制限に関する条例7条に違反する部分を是正するために、建築基準法9条1項に基づく是正命令権限を行使しないことが違法であることを確認する。	一審原告らの控訴を棄却、東京都建築主事に対する検査済証交付処分の取消しの訴えは却下。東京都多摩建築指導事務所長の一審敗訴部分を取り消す。

四　景観法へ

これらの判決と前後して景観は大きく様変わりするようになった。その中で最も大きな動きは国による景観法の制定である。そのきっかけとなったのは国土交通省の「美しい国づくり政策大綱」（２００３年（平成15年）７月）であり、景観法（２００４年（平成16年））はこの構えで制定されている。まず、景観法の制定はここまでみてきた国立の一連の判決と同時並行的に進められた（建築物撤去等請求事件の地裁判決は平成14年、高裁判決は同16年、最高裁判決は同18年）ということに着目されたい。景観法には裁判が国の行政や立法に対して及ぼす直接あるいは間接的な影響、判決に対する世論の動向、自治体の条例の策定準備や学説の動向、さらには直接の主管官庁である国土交通省や文化庁の「意思」といったものが混交しながら姿をあらわしてきた。

これまで都市イコール市場、建築イコール経済という観点から、全国どこでも大きな建物を建てるという目的だけで規制の緩和に緩和を続けてきた国交省。また、いやというほど無粋で傍若無人な方法でつくられたコンクリートだらけのダム、道路、そして埋立てなどなどを見せつけられてきた私たちにとって、これが同じ国交省かと思うほど格調高い精神性を持つ政策大綱からそれは始まった。引用が長くなるが、まずこの前文を見ていただきたい。

「戦後、我が国はすばらしい経済発展を成し遂げ、今やEU、米国と並ぶ3極のうちの1つに数えられるに至った。戦後の荒廃した国土や焼け野原となった都市を思い起こすとき、まさに奇蹟である。

国土交通省及びその前身である運輸省、建設省、北海道開発庁、国土庁は、交通政策、社会資本整備、国土政策等を担当し、この経済発展の基盤づくりに邁進してきた。

その結果、社会資本はある程度量的には充足されたが、我が国土は、国民一人一人にとって、本当に魅力あるものとなったのであろうか？

都市には電線がはりめぐらされ、緑が少なく、家々はブロック塀で囲まれ、ビルの高さは不揃いであり、看板、標識が雑然と立ち並び、美しさとはほど遠い風景となっている。四季折々に美しい変化を見せる我が国の自然に較べて、都市や田園、海岸における人工景観は著しく見劣りがする。

美しさは心のあり様とも深く結びついている。私達は、社会資本の整備を目的でなく手段であることをはっきり認識していたか？　量的充足を追求するあまり、質の面でおろそかな部分がなかったか？　等々率直に自らを省みる必要がある」。

「国土交通省は、この国を魅力ある国にするために、まず、自ら襟を正し、その上で官民挙げての取り組みのきっかけを作るよう努力すべきと認識するに至った。そして、この国土を国民一人一人の資産として、我が国の美しい自然との調和を図りつつ整備し、次の世代に引き継ぐという理念の下、行政の方向を美しい国づくりに向けて大きく舵を切ることとした」というのである。

ここには明確に日本の都市が醜くなってきていること、それは心の崩壊から始まっていることが的確にとらえられている。美の多様性や主観、つまり人それぞれの勝手という裁判所の判断との間にも大きな質的な差異を感じることができるであろう。「ビルの高さの不揃い」は美しさとはほど遠いのである。国は一連の国立裁判などをみながら、景観というその定義が必ずしも明確ではない価値を法的にとらえ、これに違反する者に対しては「強制力」を働かせるという、まことに目を見開かせるような実験に乗り出したのである。

1　景観法とは

景観法は「我が国の都市、農山漁村等における良好な景観の形成を促進するため、景観計画の策定その他の施策を総合的に講ずることにより、美しく風格のある国土の形成、潤いのある豊かな生活環境の創造及び個性的で活力ある地域社会の実現を図」ることを目的とし（1条）、基本理念として次の5点を挙げた（2条）。まずこの基本理念を裁判所の判断と比較しながらみていただきたい。

①　良好な景観は、美しく風格のある国土の形成と潤いのある豊かな生活環境の創造に不可欠なものであることにかんがみ、国民共通の資産として、現在及び将来の国民がその恵沢を享受できるよう、その整備及び保全が図られなければならない。

②　良好な景観は、地域の自然、歴史、文化等と人々の生活、経済活動等との調和により形成されるものであることにかんがみ、適正な制限の下にこれらが調和した土地利用がなされること等を通じて、その整備及び保全が図られなければならない。

③　良好な景観は、地域の固有の特性と密接に関連するものであることにかんがみ、地域住民の意向を踏まえ、

それぞれの地域の個性及び特色の伸長に資するよう、その多様な形成が図られなければならない。

④ 良好な景観は、観光その他の地域間の交流の促進に大きな役割を担うものであることにかんがみ、地域の活性化に資するよう、地方公共団体、事業者及び住民により、その形成に向けて一体的な取組がなされなければならない。

⑤ 良好な景観の形成は、現にある良好な景観を保全することのみならず、新たに良好な景観を創出することを含むものであることを旨として、行われなければならない。

つまり、良好な景観は客観的に存在し、それを守るためには「土地利用規制」は当然だということである。さらに言えば、これは自治体、事業者、住民により一体的に取り組まなければならないとしていることに注目しよう。ここでは事業者の経済的利益などほとんど眼中にない。

それではこの基本理念はどのようにして担保されるか。第一は景観計画（8条）であり、そこには、

・景観計画の区域（景観計画区域）
・良好な景観の形成のための行為の制限に関する事項
・景観重要建造物又は景観重要樹木の指定の方針
・良好な景観の形成のために必要な、屋外広告物の表示等の制限に関する事項、景観重要公共施設の整備に関する事項及び許可の基準

などが定められる。注意すべきは、景観計画はすでに存在している良好な景観を守るだけでなく、「整備事業が行われるなど新たに良好な景観を創出する必要があると認められる土地の区域」、あるいは「土地利用の動向等からみて不良な景観が形成されるおそれがあると認められる土地の区域」も景観計画の対象としているということである。つまり、これによれば日本国全部が景観計画の対象になる。

別表Ｖ　景観法における景観計画区域と景観地区

	景観計画区域
主体	景観行政団体（指定都市、中核市、都道府県、景観行政事務を処理する市町村）
方法	景観計画で定める
指定できる地域	都市、農山漁村その他市街地又は集落を形成している地域及びこれと一体となって景観を形成している地域で、①現にある良好な景観を保全する必要があると認められる土地の区域、②歴史、文化等からみて、地域の特性にふさわしい良好な景観を形成する必要があると認められる土地の区域、③地域間の交流の拠点となる土地の区域であって、当該交流の促進に資する良好な景観を形成する必要があると認められるもの、④住宅市街地の開発その他建築物若しくはその敷地の整備に関する事業が行われ、又は行われた土地の区域であって、新たに良好な景観を創出する必要があると認められるもの、⑤地域の土地利用の動向等からみて、不良な景観が形成されるおそれがあると認
景観計画に定める良好な景観の形成のための行為の制限に関する事項	①良好な景観の形成に支障を及ぼすおそれのある行為として景観計画に従い条例で定める、届出を要する行為、②規制又は措置の基準として必要な、イ建築物又は工作物の形態又は色彩その他の意匠の制限、ロ建築物又は工作物の高さの最高限度又は最低限度、ハ壁面の位置の制限又は建築物の敷地面積の最低限度、ニその他届出を要する行為ごとの良好な景観の形成のための制限
規制される行為等及び建築等の行為がそれに適合しない場合の措置	建築物の建築等、工作物の建設等、開発行為その他政令で定める行為、その他良好な景観の形成に支障を及ぼすおそれのある行為で条例で定める行為をしようとする者はあらかじめ景観行政団体の長に届出なければならず、景観行政団体の長は当該行為が制限に適合しないと認めるときは、設計の変更その他必要な措置をとることを勧告できる。必要があるときは、建築物の建築等、工作物の建設等で条例で定める行為について制限に適合しないものをしようとする者又はした者に対し設計の変更等を命ずることができ、命令に違反した者には必要な限度で原状回復等を命ずることができる。これらの違反者には刑罰が科される場合がある。

			められる土地の区域		
景観地区	市町村	都市計画に定める	都市計画区域又は準都市計画区域	①建築物の形態意匠の制限 ②イ建築物の高さの最高限度又は最低限度、ロ壁面の位置の制限、ハ建築物の敷地面積の最低限度のうち必要なもの （工作物については、形態意匠の制限、高さの最高限度もしくは最低限度、又は壁面後退区域における設置の制限及び違反工作物に対する是正措置を条例で定めることができる。 また開発行為については条例で必要な規制ができる）	建築物の建築等をしようとする者は、あらかじめ申請書を提出して市町村長の認定を受けなければならない（認定証の交付を受けなければ着工できない）。市町村長は違反建築物の工事主等に対し工事の停止又は是正するため必要な措置を命ずることができる。この命令への違反には刑罰が科される場合もある。

2　規制手法

規制については、景観計画区域とさらに強い規制がかけられる「景観地区」の2種類があり、景観計画区域が「勧告できる」にとどまるのに対し、景観地区では違反する者には建築確認がおろされないという強い規制がなされるのである。

またもう一つの特色として、景観は、地域（つまり当該地域の歴史・文化、あるいは生活の在り方）によってそれぞれに異なっているので、全国画一に決めるのはふさわしくないので、地域ごとに条例によって定めるとされていることにある。これにもとづいて自治体も動き始める。

そして景観法の施行状況（２０１１年（平成23年）９月1日現在）をみると、国土交通省によれば

・景観行政団体　５１１団体
・景観計画策定団体　３０６団体
・景観地区　32地区　準景観地区3
・景観協定の認可　20件
・景観協議会　12組織
・景観重要建造物・景観重要樹木　６１１件
・景観整備機構　延べ87法人

となっている。これをどうみるべきか、まだ少ないとみるか、ここまでよく来たというかは、人それぞれである。しかし、少なくとも今や景観という言葉は日本社会に定着し、このような価値の存在を疑う人はいなくなった。こういう意味では、国立裁判と同時に進められた景観法は、いわば国立景観権訴訟を全体として乗り越え、新たな地平の開拓に乗り出したとみることができよう。

しかしこの法律も景観を完璧に捉えたかというとそうではなく、今でも「動的」である。動的とは、この景観法では本来の意味での景観とはやや異質で狭いものとなっていて、いわば真実の景観を追求しようとする自治体条例との間に強い緊張関係を孕んでいるということである。そしてさらにいえば、この「動き」は、景観価値の高まりと国民的な共有によって条例が法律を喰い破っていくという形で進行しつつあるということを強調しておきたいのである。

まず景観法の限界からみていくことにしよう。

①景観を保護する地域とそうでない地域に分けたために、景観地域に入れられない地域は景観と無縁な地域とみなされがちであること

②景観の保護を形態意匠と色彩だけに限定していて、景観を構成するその他の要因、屋根、窓、壁、門あるいはそれらと道路、駐車場、樹木などの外部環境との関係、さらには建物の用途、利用方法、維持保全のための措置などについての配慮が抜け落ちていること

③形態意匠と色彩についてもいわゆる「数値基準」が用いられており、悪くすると容積率や建蔽率と同じようにその意味を問うことなく、この数値基準さえ満足すればよいと見られがちであること

④さらには景観の具体化を条例にゆだねたのは当然であるが、条例への委任は限定されており、自治体の自由な景観形成政策や住民の参加が充分でないこと

⑤そして決定的には、ここでも景観法は究極的には本来自由な土地利用を景観という観点から「規制」（財産権の侵害）するという観念の残渣がみられること

などを挙げることができるであろう。ヨーロッパの美しい国はもちろん、この国立も、正直言うと、実はあの画期的な地裁判決を導いた論理ともまったく異なった方法で創られた。地裁判決では本来自由に高い建物が建てられるのに自己犠牲によってこの自由を自ら規制してきたので、後から参入した人もこの自己犠牲を見習うべきだというのであるが、当の本人たちは誰も高い建物など建てようとは思っていず、このように土地を利用し、他人と同じように生活していくことが当たり前だと思っているにすぎないのである。もっと本質的に言えば、このようにして生きることが正直で充実しており幸福感を覚える、それゆえそのような生活＝土地利用の在り方を子孫まで伝えていきたいと、考えてきたのだ。これを市民生活というのである。良好な景観は何か特殊な天才による特殊なデザインでできるわけではない。普通の人によるあたり前の生活によって創られ、維持され、将来に委ねられていく。特殊

な空間、寺、寺院、王様の城や館などを拠点にして町が作られる場合もあるが、それを誇りにしながらその美をできるだけ壊さないようにして生活していくことによってはじめて町が継続されていくのである。国立は1923年（大正12年）の関東大震災後の一人のデベロッパーの思い付きから始まり、それがほぼ90年も市民によって継続されてきたからこそ現在の美しい町に到達したのである。

そして、もう一つの「動き」という観点から、坂和章平『眺望・景観をめぐる法と政策』（民事法研究会2012年（平成24年））によって、最近の景観条例の動向を報告しておくと、別表Ⅵのようになる。ここには景観法を上回る様々な特殊な条例がみられるが、その紹介は省略し、ここでは、景観とは何か、さらにこれを自治体で保護するとはどういうことかをみるために、二つの条例をとりあげておきたい。

一つは、この景観法制定以前から「美しい町」に取り組んできた神奈川県真鶴町の「美の条例」であり、もう一つは京都市の「眺望景観創生条例」である。

（1）神奈川県真鶴町は1993年（平成5年）、当時のバブル経済によるマンションラッシュに対抗して「美の条例」（五十嵐ほか『美の条例　いきづく町をつくる　真鶴町1万人の選択』（学芸出版社1996年）参照）を制定した。

美の条例は、土地利用規制、美の基準、そして建築のための適正手続などについて定め、都市計画法や建築基準法とは異なる規制をしている。

建築基準法によれば、自由に建築できる地域でも、真鶴町の「美の基準」では、たとえば屋根については「守りの屋根」、外構については「静かな背戸」や「豊かな植生」、建物の高さについては「眺める場所」や「見つけの高さ」、敷地については「敷地の修復」や「眺める場所」などの基準を充たさなければならない。

美の基準はそもそもこの真鶴町で何百年にもわたっていわば暗黙の慣行として守られてきたものを、新しく外部

別表Ⅵ　景観計画を活用した屋外広告物の規制と条例

自治体名	景観行政団体となった年月	景観計画策定の年月	景観計画区域の範囲	景観計画による屋外広告物等の制限	屋外広告物条例の制定	その内容	その他
金沢市	中核市として自動的に景観行政団体に	平成21年（２００９年）7月	市域全域	風致地区、緑地保全地域、専用住居系の用途地域及び景観地区では屋上広告物は設置禁止。地域の種別に応じ高さや表示面積を定めた。	平成7（１９９５）12月に制定。景観法の制定を受けて平成21年（２００９年）に改正。	屋外広告物の禁止地域を指定し、禁止地域以外の市域内では市長の許可を義務付けた。	沿道景観形成条例の制定（平成17年（２００５）3月）により、沿道景観形成区域を指定し、景観形成基準として建築物の形態・意匠等の基準を定めるとともに屋外広告物についても形状、面積、色彩・意匠等の基準を定めることができる。
小田原市	平成17年（２００５年）2月	平成17年（２００５年）12月	市全域	地域の種別により物件の設置を制限する。具体的基準は条例に規定する。	平成18年（２００６年）に制定し、景観計画重点区域で規制。平成21年（２００９年）に市全域での条例制定権限が神奈川県から移譲され、新条例を制定。	景観計画で定められた規制地域の種別に応じた基準を定める。一定の区域では色彩の基準も定めた。	
尾道市	平成17年（２００５年）8月	平成18年（２００６年）11月	旧尾道市及び向島町の全域（平成22年（２０１０年）4月より市全域）	周囲の景観との調和や建築物との一体性が確保されるよう形態意匠を制限する。	平成19年（２００７年）4月に施行。	景観地区内では屋上広告物を禁止し、市内での屋外広告物の設置・掲出には届出・	

						許可申請を義務付け。	
倉敷市	中核市として自動的に景観行政団体に	平成21年（2009年）9月	市域全域	景観計画区域内では周辺の土地利用に配慮した形態意匠とする。また、①自然的景観、②歴史・文化的景観、③市街地景観の3つの類型に応じて制限する。表示・掲出基準は条例で定める。	平成24年（2012年）度に改正条例の運用予定		
伊丹市	平成17年（2005年）9月	平成18年（2006年）3月	市全域	主要幹線道路沿道では極端に突出した形態・色彩を避ける。重点区域では周辺のまちなみと調和したものとする。	兵庫県屋外広告物条例で制限（条例制定の予定はない）。重点的に景観形成を図る地域については独自の要綱を制定。	要綱ではネオンサイン、点滅、LEDサインを禁止、屋上広告物の高さは建物の高さの1／3までに制限（強制はできない）。	
鎌倉市	平成17年（2005年）5月	平成19年（2007年）1月	市全域	1全市共通事項としてまちなみと調和させる。2土地利用類型別制限事項として21類型9グ	市独自の条例制定に向けて住民説明等の段階。		

				ループに分けて制限。一部の区域では屋上広告物の設置禁止、3特定地区別事項として3つの特定地区に分け、自己用以外の設置禁止等の制限。			
松山市	中核市として自動的に景観行政団体に	平成22年（2010年）3月	歴史的・文化的に重要な景観要素を含む2地区	屋外広告物の種類ごとに周辺のスカイラインを乱さないような配置等の「配慮事項」（制限事項ではない）を定めた。	平成12年（2000年）4月に施行されているが、景観計画に即した改正はしていない。		
東京都	都は自動的に景観行政団体	平成19年（2007年）3月	都全域	1景観計画区域内での屋外広告物の表示に関する共通事項、2景観形成特別地区における基準、3平成21年（2009）4月に景観計画を変更し、小笠原における基準を追加。	昭和24年（1949）8月に制定。地域の景観特性に応じた広告物に関するルールで、景観計画を活用した規制ではない。		
京都市	政令指定都市	平成7年		都市の景観に著	昭和31年（1956年）	京都市全域で	平成19年（2007

	として自動的に景観行政団体に	（2005年）12月。平成19年（2007年）3月の新景観政策により変更。		しい悪影響を及ぼす屋外広告物等の表示等を禁止し、禁止物件、地域、場所を定め、規制区域を9種類から21種類に再編し、種別に応じた基準を条例に定める。	（平成8年（1996年）改正）。平成19年（2007年）3月に新景観政策を策定。眺望景観創生条例の制定などによるデザイン規制の見直し、高度地区による高さ規制の見直しを実施し条例を改正。	屋外広告物の屋上への設置と点滅式、可動式の照明の使用を禁止。	年）3月、新景観政策関連条例6本を制定。1眺望景観創生条例、2京都都市計画高度地区の計画書の規定による特例許可の手続に関する条例、3市街地景観整備条例改正、4風致地区条例改正、5自然風景保全条例、6屋外広告物等に関する条例改正

から参入した者が無視するようになったので、これを外部的明示的に条例として定めたのである。そして重要かつ決定的なことは、この美の基準はいわば日本の法学界の伝統的思考様式である、自由な土地利用をある基準によって制限するという発想でつくられたのではない。もともとの住民はこのような条例が存在しようとしまいと、昔ながらの自主的なルールにもとづいて建物を建てていくと考えているということを率直に、そのまま明示的なルールにしたということである。自由な土地利用を制約するということとは本質的に異なっている。ここでは不自由イコール規制の遵守であり、これを当然と考えているのである。行政はこの土地利用方法について美の基準という名前を与え、これを外部から入ってくる人々に対してもアドバイスするとしているのである。美の基準は規制ルールではなく創造ルールなのである。ここでは美の基準が従来のような数値基準ではなく「言語」によって示されていることとあわせて、従来の発想とは「質」的に異なっていることを強調しておきたい。

（2）京都市は景観法の施行を背景に、平成18年（2006年）11月、建物の高さ、建物等のデザイン、眺望景

別表Ⅶ　真鶴町まちづくり条例・美の基準

基準	美の基準Ⅰ 手がかり	美の基準Ⅰ 基本的精神	美の基準Ⅱ つながり	美の基準Ⅲ キーワード
1. 場所	(場所の尊重) 地勢　輪郭　地味　雰囲気	＊建築は場所を尊重し、風景を支配しないようにしなければならない。	私たちは**場所**を尊重することにより、その歴史、文化、風土を町や建築の各部に**格づけ**し、それらの各部の	○聖なる所 ○豊かな植生 ○眺める場所 ○静かな背戸 ○海と触れる場所 ○斜面地 ○敷地の修復 ○生きている屋外
2. 格づけ	(格づけのすすめ) 歴史　文化　風土　領域	＊建築は私たちの場所の記憶を再現し、私たちの町を表現するものである。		○海の仕事山の仕事 ○見通し ○大きな門口 ○母屋 ○門・玄関 ○転換場所 ○建物の縁 ○壁の感触 ○柱の雰囲気 ○柱と窓の大きさ
3. 尺度	(尺度の考慮) 手のひら　人間　木　森　丘　海	＊すべての物の基準は人間である。建築はまず、人間の大きさと調和した比率をもち、次に周囲の建物を尊重しなければならない。	**尺度**のつながりを持って青い海、火輝く森といった自然、美しい建物の部分、の共演による**調和**の創造を図る。	○斜面に沿う形 ○見つけの高さ ○段階的な外部の大きさ ○跡地とのつながり ○重なる細部 ○部材の接点 ○終わりの所 ○窓の組み子
4. 調和	(調和している	＊建築は青い海と輝く緑の		○舞い降りる屋根

	こと）自然　生態　建物各部　建物どうし	自然に調和し、かつ町全体と調和しなければならない。		○守りの屋根 ○覆う緑 ○ふさわしい色 ○青空階段 ○日の恵 ○北側 ○大きなバルコニー ○少し見える庭 ○ほどよい駐車場 ○木々の印象 ○地場植物 ○実のなる木 ○格子棚の植物 ○歩行路の生態
5．材料	（材料の選択）地場産　自然　非工業生産品	＊建築は町の材料を活かして作らなければならない。	それらは真鶴町の大地、生活が生み出す材料に育まれ	○自然な材料 ○地の生む材料 ○活きている材料
6．装飾と芸術	（豊かな細部）真鶴独自の装飾　芸術	＊建築には装飾が必要であり、私たちは町に独自な装飾を作り出す。芸術は人の心を豊かにする。建築は芸術と一体化しなければならない。	装飾と芸術という、人々に深い慈愛や楽しみをもたらす真鶴町独自の質に支えられ、町共通の誇りとして	○装飾 ○軒先、軒裏 ○屋根飾り ○ほぼ中心の焦点 ○歩く目標 ○森、海、大地、生活の印象
7．コミュニティ	（コミュニティの保全）生活共域　生活環境　生涯学習	＊建築は人々のコミュニティを守り育てるためにある。人々は建築に参加するべきであり、コミュニティを守り育てる権利と義務を有する。	コミュニティを守り育てるための権利、義務、自由を生きづかせる。 これらの全体は真鶴町の人々、町並、自然の美しい眺めに抱擁されるであろう。	○世帯の混合 ○人の気配 ○お年寄り ○店先学校 ○子供の家 ○外廊 ○小さな人だまり ○街路を見下ろすテラス

8. 眺め	（眺めの創造） 真鶴町の眺め 人々が生きづく 眺め	＊建築は人々の眺めの中にあり、美しい眺めを育てるためにあらゆる努力をしなければならない。		○街路に向かう窓 ○座れる階段 ○ふだんの緑 ○さわれる花 ○まつり ○できごと ○賑わい ○いぶき ○懐かしい町並 ○夜光虫 ○眺め

観や借景、屋外広告物、歴史的町並みの5つの柱からなる新しい景観政策の案を策定した。そのうえで平成19年（2007年）3月、京都市眺望景観創生条例を制定した。

この条例では、京都の優れた眺望景観について、

①「先人から受け継いだ京都市民にとってかけがえのない財産であるのみならず、国民にとって貴重な公共の財産」（2条1項）であり、

②「京都の町を取り囲む低くなだらかな山並みと京都の町を流れる川が一体となって山紫水明と形容される優れた自然風景の中で、世界遺産を含む数多くの歴史的資産や趣ある町並みが形成され、地域ごとに特色ある多様な形で生み出されてきたこと及びその基層となった優れた伝統や文化とともに市民生活の中に溶け込み、先人がその豊かな感性の下に、日々の暮らしの中で愛で、今日に継承されてきたもの」（同条2項）

と定義して、歴史性や文化性、そして現在の市民の生活スタイルを強調した。そしてそのような優れた眺望景観は「現在及び将来の市民及び国民がその恵沢を享受できるよう、市民の総意の下に、その創生が図られなければならない」ず

別表Ⅷ　京都市眺望景観創生条例における「眺望景観」の定義

眺望景観（5条4号）	特定の視点場から眺めることができる特定の視対象及び眺望空間から構成される景観で、次のいずれかに該当するもの	
	①境内の眺め	神社、寺院等の境内地及びその背景にある空間によって一体的に構成される景観（5条4号ア）
	②通りの眺め	通りの先にある山並み又は歴史的な建造物及び沿道の建築物等によって一体的に構成される景観（5条4号イ）
	③水辺の眺め	河川、水路等及びその周辺の樹木、建築物等によって一体的に構成される景観（5条4号ウ）
	④庭園からの眺め	神社、寺院等の庭園において、その背景にある自然を当該庭園の一部として一体的に取り込んだ景観（5条4号エ）
	⑤山並みへの眺め	河川及び河川から山並みを見通す空間によって一体的に構成される景観（5条4号オ）
	⑥「しるし」への眺め	日常の市民生活の中で目印となる歴史的な建造物又は自然と一体となった伝統文化を象徴する目印及びこれらを見通す空間によって一体的に構成される景観（5条4号カ）
	⑦見晴らしの眺め	山並み、河川その他の自然が一体となって一定の広がりをもって構成される景観（5条4号キ）
	⑧見下ろしの眺め	山頂、山ろく又は展望所から見下ろす一定の広がりをもった市街地の景観（5条4号ク）
視点場（5条1号）	神社、時点、城、御所その他の歴史的な建造物又は公園、河川、橋りょう、道路その他の公共性の高い場所で、優れた眺望景観を享受することができる場所	
視対象（5条2号）	視点場から眺めることができる対象物で、山並み、河川その他の自然、歴史的な建造物、趣のある町並み、自然と一体となった伝統文化を象徴する目印その他優れた眺望景観の要素となるもの	
眺望空間（5条3号）	特定の視点場から特定の視対象を眺めるときに視界に入る空間	

別表IX　京都市眺望景観創生条例における区域と規制

	区域の内容	規制の内容
眺望空間保全区域	視点場から視対象を眺めるとき、視対象への眺望を遮る建築物等の建築等を禁止する区域（6条1項1号）	建築物等（※2）の各部分の標高（※3）は、視点場から視対象への眺望を遮らないものとして別に定める標高を超えないこと（8条1項1号）
近景デザイン保全区域	視点場から視対象を眺めるとき、眺望空間にある建築物等の形態及び意匠を制限する区域（6条1項2号）	視点場から視認することができる建築物等の形態及び意匠は、優れた眺望景観を阻害しないものとして別に定める基準に適合すること（8条1項2号）
遠景デザイン保全区域	視点場から視対象を眺めるとき、眺望空間にある建築物等の外壁、屋根等の色彩を制限する区域（※1）（6条1項3号）	視点場から視認することができる建築物等の外壁、屋根等の色彩は、優れた眺望景観を阻害しないものとして別に定める基準に適合すること（8条1項3号）

※1近景デザイン保全区域を除く。
※2塔屋その他これに類する物件が屋上に設けられる場合にあっては、当該物件。
※3東京湾の平均海面からの高さをいう。

（同条1項）、「その創生は、自然、歴史的資産、町並み、伝統、文化等との調和を踏まえ、地域ごとの特性に応じた適切な制限の下に行われなければならない（同条2項）」と決断した点に特色がある。特に優れているのは、これを守る方法として「眺望景観」と「規制方法」を採用したことであろう。

さて、「眺望景観」と「規制内容」について整理すると表Ⅷ、Ⅸのようになる。

この二つの条例と国立判決及び景観法を比べると、誰しも大きな差異がみられることを了解するであろう。これ以上詳しく記述することは避けるが、ここには「歴史の進歩」があり、この歴史をつくっていくのは当該地域住民の文化と歴史、及びそれを維持していく生活と未来への確信、さらにはこれを受け止めた自治体の姿勢があるということに留意しておきたい。この事実は、さらに国の新立法及び裁判に引き継がれていく。

国の新立法とは、文化財保護法に新しく取り入れられた「文化的景観」の概念であり、裁判とは、広島地方裁判所の「鞆の浦判決」である。

3　文化財保護法の改正

景観法の制定と連動して、文化財保護の視点から景観を保護するために文化財保護法の改正（平成16年（2004年）によって導入されたのが「文化的景観」**（注4）**である。

文化的景観とは、「人間と自然との相互作用によって生み出された景観であり、既に現存する自然そのもの、あるいは人工の要素の集合体ではなく、自然と人間の営為とが相互に関係し合っている状態、すなわち文化をも表現しているなど歴史的景観と表裏一体のものであり、庭園などのように人間が自然の中に作り出した景色、あるいは田園や牧場のように産業と深く結びついた景観、さらには人工的な手を加えられていなくとも、人間がそこに文化的な意義を付与したもの（宗教上の聖地や信仰の対象とされた山など）」をいう。

文化財保護法では「地域における人々の生活又は生業及び当該地域の風土により形成された景観地で我が国民の生活又は生業の理解のため欠くことのできないもの」（2条1項5号）であり、文部科学大臣は、都道府県又は市町村の申出により、景観計画区域または景観地区内にあって保存のための措置が講じられている文化的景観のうち特に重要なものを重要文化的景観に選定することができる（134条）。文部科学省の「重要文化的景観選定基準」では、それは、地域における人々の生活又は生業及び地域の風土により形成された景観地のうち我が国民の基盤的生

活又は生業の特色を示すもので典型的なもの又は独特のものである、

(1) 水田・畑地などの農耕に関する景観地
(2) 茅野・牧野などの採草・放牧に関する景観地
(3) 用材林・防災林などの森林の利用に関する景観地
(4) 養殖いかだ・海苔ひびなどの漁ろうに関する景観地
(5) ため池・水路・港などの水の利用に関する景観地
(6) 鉱山・採石場・工場群などの採掘・製造に関する景観地
(7) 道・広場などの流通・往来に関する景観地
(8) 垣根・屋敷林などの居住に関する景観地

及びこれらが複合している景観地のうち我が国民の基盤的な生活又は生業の特色を示すもので典型的なもの又は独特なものである。

これは景観が従来の文化と自然といった二つに分類されていたのに対し、新たにその複合したものを対象にするものであり、その領域が飛躍的に拡大されていることを知ることができる。さらにいえば、日本人が景観といった場合に、すぐに思い浮かべる対象はまさにこの「文化的景観」なのかもしれない。

(注4) この文化的景観は一方で日本の国内法である景観法と連動したものであるが、他方で、世界遺産とも連動していることに注目したい。ユネスコの世界遺産委員会は、1992年に「世界遺産条約履行のための作業指針」の中に文化的景観の概念を盛り込んだ。分類上は文化遺産だが、自然的要素に特色がある場合には「複合遺産」(文化遺産と自然遺産の両者の基準に該当するもの)となる。自然と人間との共同作品を示し、文化遺産と自然環境が一体となってみせる特異な景観と定義されている。自然そのものに他に類を見ない普遍的価値があるという必要はなく、自然遺産の登録基準に該当しなくともよい。

文化的景観として登録された世界遺産の第一号は、トンガリロ国立公園（ニュージーランド）である。ここは１９９０年に自然遺産として登録されていたが、あらためてマオリ族の信仰の対象としての側面が評価されたため、１９９３年に複合遺産となった。文化的景観として登録されている物件には、「石見銀山遺跡とその文化的景観」（日本）、「スクルの文化的景観」（ナイジェリア）、「バーミヤン渓谷の文化的景観と古代遺跡群」（アフガニスタン）、「シントラの文化的景観」（ポルトガル）などがある。また、「アルト・ドウロ・ワイン生産地域」（ポルトガル）や「コルディリェーラの棚田群」（フィリピン）などの農業景観、「サンディアゴ・デ・コンポステーラの巡礼道」（フランス）や「紀伊山地の霊場と参詣道」（日本）、あるいは「シンクヴェトリル国立公園」（アイスランド）や「ホルトバージ国立公園」（ハンガリー）なども文化的景観である。

もう一つ、司法の分野での「発展・進歩」をくっきりと印象づけたのが、広島県福山市の鞆の浦の港を埋め立てて道路を架橋する事業に対する広島地裁が行った判決（平成21年（２００９年）10月1日）である。これは、国立の建築物撤去等請求訴訟の第一審判決にも匹敵するだけでなく、「歴史的・文化的景観権」なる概念を権利として認めたという点でこれを凌駕するとも認められる画期的な判決である。

「鞆の浦」は広島県福山市の南側の瀬戸内海に面した地域にあり、万葉集にも詠われた古くからの風光明媚な港町である。海辺には常夜燈（灯台）や焚場（船のドック）、大雁木（船の接岸施設）などの貴重な江戸時代の港湾施設がそのまま残っている。また市街地には江戸時代以来の古い建物（町屋）も多く、歴史的な町のたたずまいをみせている。しかし道が狭く坂が多い。そのため主要道路の渋滞が起きやすく、人口も減ってきている。そこで広島県や福山市の中で海岸沿いを埋め立てて道路を整備し観光客を呼びこもうという計画が考えられた。計画は１９８３年に始まる。反対意見も多かったため、その後一部縮小されたが、公有水面を埋め立てて土地を造成し、道路用地、駐車場用地、フェリーふ頭用地、小型船だまりふ頭用地、港湾管理施設用地及び緑地として整備するとともに、港湾内に橋梁を設置し東西に架橋するという計画が維持され、実施されようとした。

事業者ら（広島県と福山市）は、公有水面の埋立事業者として、免許権者である広島県知事に対し、平成19年（2007年）5月23日、公有水面の埋立ての免許（公有水面（約1万9000平方メートル）のうち約1万3500平方メートルを広島県が、残りの約550０平方メートルを福山市が各施工する）を申請した。

そのため反対住民らは、広島県知事が公有水面埋立法に基づく埋立免許をすることはその裁量権の範囲を超え、若しくはその濫用となると認められるとして、行政事件訴訟法に基づいて埋立免許処分の差止め（義務付け訴訟）を求めたのである。

裁判所はこれに対して、どのように答えたか。少し長くなるが、判決の論理を引用しておきたい。判決はいう。

「鞆港からは、瀬戸内海の穏やかな海とそれに浮かぶ島々を眺望でき、これと港自体の風景、すなわち、弓状になった海岸線、海に突き出た波止、岸壁に設置された雁木、港中央に佇立する常夜燈、高台にある船番所跡と、古い町並みや歴史的な出来事にゆかりのある建造物等とが相俟って、全体として美しい風景を形成している。加えて、上記の港湾施設として各遺構や古い町並み及び建造物等は、鞆が、長年にわたり港町として栄え、歴史的出来事や幾多の人々の経済的、政治的、文化的な営みの舞台となってきたことを物語るものであることからすれば、上記風景は、美しい景観としての価値にとどまらず、全体として、歴史的、文化的価値をも有するものといえる（以下、この全体としての景観を『鞆の景観』という）」。

「この鞆の景観がこれに近接する地域に住む人々の豊かな生活環境を構成していることは明らかであるから、このような客観的な価値を有する良好な鞆の景観に近接する地域内に居住し、その恵沢を日生的に享受している者の景観利益は、私法上の法律関係において、法律上保護に値するものというべきである」。

「公有水面埋立法及びその関連法規の諸規定及び解釈のほか、本件埋立及びこれに伴う架橋によって侵害される鞆の景観の価値及び回復困難性といった被侵害利益の性質並びにその侵害の程度をも総合勘案すると、公有水面埋立法及びその関連法規は、法的保護に値する、鞆の景観を享受する利益をも個別的利益として保護する趣旨を含むものと解するのが相当である。したがって、原告らのうち上記景観利益を有すると認められる者は、本件埋立免許の差止めを求めるについて、行政事件訴訟法所定の法律上の利益を有する者であるといえる」。

「鞆町南部は比較的狭い範囲で成り立っている行政区画であり、その中心に本件湾が存在することからすれば、鞆町南部に居住している者は、鞆の景観による恵沢を日常的に享受している者であると推認されるから、本件埋立免許の差止めを求めるについて、行政事件訴訟法所定の法律上の利益を有する者であるといえる」。

「本件事業における中仕切護岸の本体コンクリート工は、本件公有水面を含む鞆港の景観を変化させ得るものといえるし、中仕切護岸の本体コンクリート工の施工完成後は、その復旧は容易でないものと推認される」。

「本件は争点が多岐にわたり、その判断は容易でないこと、第一審の口頭弁論が既に終結した段階であることなどからすれば、本件埋立免許がなされた後、取消しの訴えを提起した上で執行停止の申立てをしたとしても、直ちに執行停止の判断がなされるとは考え難い」。

「景観利益は、生命・身体等といった権利とはその性質を異にするものの、日々の生活に密接に関連した利益といえること、景観利益は、一度損なわれたならば、金銭賠償によって回復することは困難な性質のものであることなどを総合考慮すれば、景観利益については、本件埋立免許がされることにより重大な損害を生ずるおそれがあると認めるのが相当である」。

「広島県知事は、本件埋立免許が『国土利用上適正且合理的』であるか否かを判断するに当たっては、本件埋立及びこれに伴う架橋を含む本件事業が鞆の景観に及ぼす影響と、本件埋立及びこれに伴う架橋を含む本件事業の必要性及び公共性の高さとを比較衡量の上、瀬戸内海の良好な景観をできるだけ保全するという瀬戸内法の趣旨をふまえつつ、合理的に判断すべきであり、その判断が不合理であるといえる場合には、本件埋立免許をすることは、裁量権を逸脱した違法な行為に当たるというべきである」。

「施工内容や予定されている利用状況に照らせば、上記橋梁等により鞆の景観における眺望が遮られることはもちろん、上記の埋立地、橋梁及び橋脚等の構築物が本件湾内に出現し、これによって建設された本件計画道路には自動車が走行することにより、鞆の景観は大きく様変わりし、その全体としての美しさが損なわれるのはもちろん、それが醸し出す文化的、歴史的価値もまた大きく低減するものと認められる」。

「鞆の景観の価値は、景観利益が法律上の利益といえるか否かの点の判断において説示したところや摘示した法令に照らし、私法上保護されるべき利益であるだけでなく、瀬戸内海における美的景観を構成するものとして、また、文化的、歴史的価値を有する景観として、いわば国民の財産ともいうべき公益である。しかも、本件事業が完成した後にこれを復元することはまず不可能となる性質のものである」。

「これらの点にかんがみれば、本件埋立免許は、合理性を欠くものとして、行政事件訴訟法37条の4第5項にいう裁量権の範囲を超えた場合に当たるというべきである」。

さて、読者はこの鞆の浦判決の引用から何を連想するであろうか。まず第一に、誰しもこの判決の文脈が「景観の定義」から始まって、「景観の利益」と「美しい景観」「全体としての歴史的・文化的景観（権）」、「被害の態様」そして「結論」というように、まさしく「国立景観権訴訟」第一審判決と同じ論理構造を有していることに気がつくであろう。第二に、ここではその高裁判決とは異なって、景観利益は主観的なものでも多様なものでもなく、客観的なものであると認めていることが特筆されるべきであろう。従って、第三に、景観利益を保持している住民は、これを破壊する行為の「差止め」を求めることができる、としている点はきわめて論理的な結論が導かれた。このように国立と鞆の浦が同じ司法の論理構造によりながら、全く相反する結論に到達しているのは、国立の景観（人工的・都市的景観）と鞆の浦の景観（先の文化的景観に近い）といった差異を超えて、およそ景観というものに対する「哲学」の差といったものに起因する。そしてそれはもともと裁判官の資質というものに加えて、国立判決以降の様々な動き、すなわち景観法の制定と景観条例の胎動、さらに景観に対するユネスコを中心とした国際的な動き**（注5）**、及びこれと連動した日本政府による文化財保護法の改正などなどが影響しているのである。

（注5）鞆の浦は、２００１（平成13年）年にワールド・モニュメント・ファンド（世界文化遺産財団）によって「危機に瀕する人類の遺産１００」に選定されている。

五　おわりに

国立にとって「景観」とは何であったのか。このように景観の歴史と内容を分析しながら、まず何と言っても「市民はよく戦った」（石原一子『景観にかける』新評論２００７年）という感慨が強烈に突き上げてくる。「景観」の重要性を言う人は日本でも数多くなってきている。しかし、この重要な景観のためにそれこそ寝食を忘れて日夜奮闘するという人は極めて少ない。日本はしばらく前から、「言う人」と「動く人」が分裂し、言う人は、日常の流れの中で、毎日毎日その言説を時節に合わせて適合させていくようになる。この人たちに敗北はない。しかし動く人は、景観価値の一点について頑固であり、その主張を変えない。そしてその主張は一時的には社会に受け入れられることもあるが、そのほとんどは敗北させられる。国立市民がまさにそうであった。ここで分析した国立裁判の全容がそれを示している。しかしその主張はこの時点の裁判では劣勢であったが、その正当性は瞬く間に全国に波及し、ついには国をも動かし、最終的にはこれまた裁判所までを動かし、逆転させるのである。

当時の国立市長上原公子もそのような市民の運動に力づけられて、国立の景観を守るために奮闘した。上原はこの景観について、もっとも心情的には個人的な確信に基づいて市長に立候補し、時に政治家として、時に行政の長として事態の収拾や解決にあたった。しかし、ようやく「国立の景観」に収束点が見え始めたころ、突如、一転して損害賠償請求事件の「被告」として法廷の場に引き出されることになった。歴史上、偉大な権利が構築されるとき、そのリーダーが獄につながれたり、テロなどさまざまな障害に突き当たってきたことを私たちは知っている。多分上原も現在そのような渦の中に巻き込まれているのであろう。景観及びそれを支えている「市民自治」の流れがどちらを向いているかを検証し、さらに発展させるためには、この裁判も無益なものでも意味のないことでもない。しかしそれを知りながら、これに関心を持とうとしないのは市民の恥である。これが本書を執筆した最大の動機なのである。

わたしは「市民自治の政治家」である

上原　公子（元東京都国立市長）

一　はじめに

２００２（平成14年）年12月18日、「高さ20メートを超える部分の撤去命令！」の文字が各社の新聞を大きく飾った。歴史的判決に日本中が衝撃を受けた。その後、高裁判決（２００４年（平成16年））で逆転敗訴、最高裁判決（２００６年（平成18年））では市民の請求は棄却されたが、「景観利益」という新しい概念が認知された。この国立の判決は、「景観法」という新しい法律のきっかけになり、その後の景観や高層ビル問題で争う市民に大きな希望を与えた。

市民の起こした裁判から始まり同時進行で争われた３つの裁判は、実に８年間に及ぶ長い長い闘いであった。なぜ国立市から元市長である「私」が訴えられなければならないのか。この問題の核心は「市民自治」にある。私はこの市民自治の観点から私の「無罪」を証明していきたい。

二　国立の自治

8年間の裁判という極めて困難で厳しい活動を続けた市民が、首長としての私に要請した「首長の姿」は果たして何だったのか。私はこれを市民自治でまちを育てた運動の歴史と市民自治というキーワードでみていきたい。

国立市は2000年（平成12年）3月、「国立駅周辺プラン報告書」を作成した。この報告書は、大正末期から始まった箱根土地株式会社（現株式会社コクド）による国立の開発が、『環境』『景観』に配慮して計画された都市で、英国のエベネザー・ハワードが提唱した「田園都市構想」と米国の近代都市計画が国内で融合した優れた都市計画の事例である。我が国に積極的に大規模宅地開発を導入した箱根土地株式会社による最も完成度の高いまちである」ことを再度確認することから始まり、特に「駅とまちが一体となった構造や景観を、市民が受け継ぎ、まちづくりの動きの中で今日まで継承して来た点でも貴重な事例である」と結んでいる。

コクド所蔵の史料によれば、現在国立駅前の広場にあるロータリーは、開発当初の計画では、地盤面より6尺上げた「展望台」となっていた。広場の中心から大学町を見渡せるような景観づくりを意図していたのであろう。景観は他に例のない国立の個性なのである。堤康次郎はさらに、駅前だけでなく国立の全体について、「国立大学町が郊外生活者のメッカたりメシナたる以上その外観にも内容にも美しく整備した街でならぬのは勿論のこと」「大学町の建築は商店たると住宅たるとを問はず総て最初より本建築に願います。大学町に建築さるる誰方にもトタン屋根やナマコ張りの粗雑なバラック建その他街の美観を損ずるが如き建物は一切建築せぬ事を条件として頂きます」「次に大学町は学校を中心とした平和にして静かな郊外理想郷ですから工場や風儀を紊る営業は絶対にお断りせねばなりません」としたのである。

１９３０年（昭和５年）から不況に襲われ、箱根土地が苦境に立たされた時も、戦後、日本中が敗戦に打ちひしがれていた時もその姿勢は変わらなかった。そしてその精神を受け継ぎ90年近くにわたり「守り・創り・育て」、日本一に仕立てたのは、絶えざる市民の自治の活動であった。市民の活動は、１９３４年（昭和９年）から１９３５年（昭和10年）にかけて、皇太子誕生を祝って大学通りの両側に桜の樹を植えたことに始まる。その後、桜と交互に銀杏の樹を植え、現在の緑地帯の原型ができた。しかしその後もこの緑地帯が無事であったことは一度もなく、絶えず問題が発生し、そのたびごとに国立市民は全力でことにあたってきた。本書「上原インタビュー」で述べたように、「文教地区指定運動」「歩道橋事件」「用途地域の案を第２種住居専用地域から第１種住居専用地域に戻す」「軍艦マンションから国立ガーデン（テラスハウス）へ」「音高跡地へ障害者スポーツセンター」などがそれらである。これらの問題は駅周辺ではなく、すべて一橋大学以南からさくら通りまでの大学通りの出来事であり、ことごとく大学通りの景観を守る運動であった。

三　市長就任

私は１９９１年（平成３年）にこれらの運動の中から議員となり、これら市民とともに景観条例制定直接請求運動のきっかけとなったEビルの建設や、その後のいくつものビル建設に対して市がまったく動こうとしないことに対し、議会でも何度も追求した。

「ヨーロッパでは、景観を明確に位置づけた都市計画が行なわれ、歴史の厚みと自然と人の営みの調和の取れた個性あるまちづくりが、早くから進められてきました。そのヨーロッパに比べ、景観という視点を失ってきた日本の街作りの中にあって、国立市は開発当初より箱根土地が、自然との調和の中の理想的な学園都市づくりを目指したという、大変恵まれた歴史から始まっております。

しかし、近年、新東京百景、そして新東京街路樹十景に国立の大学通りが選ばれるほどの評価を受けた景観は、歴史的特殊性もさることながら、ここに至るまでの開発より環境を選択してきた先人たちの大変な努力と闘いがあってこそ維持されてきたことを、改めて私たち市民は思い知らされました。たった一つのビル計画でも、誇るべき景観が損なわれ、市民の協調の努力と行政の英断がなければ、たちまち文化と歴史を失ってしまうことを、私たちは今ほど痛烈に感じている時はありません。

国立の議会史の中でも、数えるほどしか例がない、直接請求という、市民にとっては大変重い権利を行使せざるを得なかった今回の請求は、そういった歴史的危機に立ち向かう市民の必死の叫びであり、行政怠慢に対する激しい怒りです。なれないマイクを握って、市民に訴え、寝食を忘れ、仕事も削りながら集めた署名の法定数7倍を超える7000という数の重みを、そして数の裏にある市民の思いを市長は一体どのように受け止められたのでしょうか。市民に選ばれた市長だからこそ、武蔵野市の市長や、真鶴の町長のように、市民の先頭に立って闘って欲しいという市民の切なる願いを込めた直接請求を拙速に条例化すべきではないと、いとも簡単に反対を表明されたことに対しては、怒りを通り越し、今後の国立の行く末に絶望すら覚えます。署名をした7000の市民の思いは条例制定です。私も受任者の一人として市長があえて反対であっても、なんとしても議会では一致して採択して欲しいと願っております。せめて、この市民提案の条例の灯を消さないでいただきたいと御願い申し上げまして、この条例に対しては賛成の立場をとりたいと思います」。景観条例制定直接請求審議の議会での私の意見である。市民の直接請求を市長は反対意見等を出し議会で否決した。

景観条例制定直接請求審議の議会での、私の意見である。市民の直接請求に対し、市長は反対の意見書を提出し、議会は否決した。

しかし、事態は一向に改善しない。私はその後の市長選と同時に行われた市議選には出馬しなかった。私は、生活者ネットワーク出身の議員である。生活者ネットワークには原則として議員は3期で交代するというローテンションのルールがあったので、1期で辞めることには反対が多かった。しかし、市民の陳情をことごとく否決する議会、主権者である市民をますます遠ざける市長を4年間見てきて、このままでは、戦後復興を市民発意で文教地区指定を勝ち取ることから始め、一貫して市民の環境を守り抜く闘いを通した市民自治の灯が消えてしまうと、市民自治復権を呼びかけるために、議員を降りて市民運動に戻ることにしたのである。そして、代わりに二人のネットの議員を誕生させた。以後、私は、「議会傍聴記」を直接請求運動の仲間と作り、市民の目で見た市政の問題を市民に問い続ける役割りを担った。

しかし、その後もマンションラッシュはとどまらない。市民は312人の原告団となっていよいよ裁判闘争に向かった。おそらく都市の中での景観を問うた裁判は日本ではこれが初めてである。しかしそれでも事態は改善しない。

1995年（平成7年）4月の市長選に向け、こうなったら市長を変えるしかないと、市民は市長候補を急遽探し始めるが、1979年（昭和54年）に革新市政が破れて以降、市民側は市長候補選定で難航するのが常であった。市長を変えなければもう国立は救いようがないとのあせりはあったが、あまりにも時間のないこともあって、結局市民からの候補は出せず「せめて無風選挙にしないために」として共産党が候補者を立てるのが精一杯であった。この選挙は直接請求直後ということもあり、二人の候補者の公約は、全面景観保全であった。議会の答弁とは裏腹に、2期目の選挙に臨んだ佐伯市長の公約は、「美しいくにたちの街並は全市民の財産です・市民参加による市民のための都市景観形成条例の制定・国立の風土、景観を子々孫々に引き継ぐのは私たちの責任」であった。直接請求運動を展開してきた市民にとって、佐伯市長の公約は、一方でこれを拒否しながら他方で持ち上げる二枚舌で欺瞞に満ちたものであった。

4年後の1999年（平成11年）の市長選で、私はそれまでこれだけはと固辞してきたが、ここにいたって、また候補者を出せないという事態だけはなんとしても避けなければならず、市長選への決意を固めた。議員辞任後4年ぶりの政治参加となる。ただし条件は、政党、組合の支持はもらっても、あくまで市民自治の出発として選挙を位置づけるために、組織のお金も組織の動員も受けない。つまり、一部の団体の縛りは作らない。あくまで市民一人一人の選挙に徹することにしたのである。

組織に依存しない、市長選らしくない個々人の持ち寄り選挙は、とても勝てる選挙には思えない、貧乏でのんびりしたものであった。当初、マスコミもほとんど注目しない、話題にもならないものであった。しかし、日々代わりゆく景観は市の怠慢によるものであることへの怒りがもう限界に来ていた。選挙戦が終盤に近づくにつれ、町の雰囲気が変わってきた。4月25日の開票日、全マスコミは、ひょっとしたらという可能性に気付き、上原選挙事務所に駆けつけた。日付が変わろうとしたころ、ようやく当選の一報が入った。市民自治復権の始まりの瞬間であった。「東京初の女性市長誕生」、「景観派市長の誕生」とマスコミは全国紙で報道した。

市民が新たな市長に求めたのは、市の「景観」保全の方針は一貫し揺らぐことなく、景観に対する弱腰姿勢から積極姿勢への転換であった。

これが、市民が政治家である私に求めた「市民自治」による「景観」保全の「まちづくり」である。

四　市役所と行政

初登庁は、職員よりはるかに多い市民が玄関先に出迎えてくれた。市民が作ったキルトの大きな幕をバックに、市民が演奏をしてくれるなど、異例尽くめで初日を迎えた。しかし職員はといえば、困惑しきった表情であった。何しろ今まで敵対視してきたリーダーの一人が自分達のボスになるのだから、取り扱いが分からない。慣例でしか仕事をしないのに、とんでもないことになった。おそらくそんな戸惑いが暗い顔に出ていた。市民には近づかないことを長年身に染み込ませたこの職員たちを、「市民参加が当たり前」に切り替えさせるのは至難の業である。

議会も、保守前市長時代には圧倒的多数与党（定数29人中与党18人、野党8人）であったが、私を支持する議員が徐々に増えてきた（定数24人、与党13人、野党11人）。しかし、少数に転じた野党の攻撃はすさまじく、自民党・公明党は、議会提案の事前議案の説明は一切受けない宣言から始まった。職員対策、議員対策に溜息の出るような困難承知の船出であった。

就任後初の施政方針で、私は誓った。

「国立市の歴史を振り返ってみると、国立市民は重要なまちづくりには、まさに主人公として参加していくという市民自治の輝かしい伝統があり、市民はこの伝統を何より誇りにしてきました。私は市長として、この伝統を承継していくことを一番の任務と考えています」

ロビーで待機するほどであった。

市役所の暗雲とは裏腹に、市民の期待は大きく、議会ごとに80席の傍聴席はいつもあふれ、入りきれない市民が市民の勢いは途切れることなく、市民が足しげく市役所を訪ねるようになっていた最中、この明和地所のマンション建設の話が飛び込んできた。

これ以降、裁判所が私個人の不法行為としている「4つの行為」（類型）として認定した事実を中心に市民自治の政治をみていくことにしたい。

1　第1不法行為

上原の行為

「三井不動産マンション懇談会での発言により反対運動が広がった」（第1類型）

裁判所の判断

別のマンションに関する懇談会に参加した際、殊更本件建物の建築計画と行政における建設阻止の困難性を述べ、本件建物の建築反対運動を広げた。

おそらく、就任間もない6月だったと思う。大学通りの緑地帯の終わりの地、桐朋学園の南隣に、かつて東京海上火災（株）の計算センターがあった、広大な空地が残されていた。ここは長い間景観運動をしながら、この場所を市民の開放地にできればと皆であれやこれや夢を描いていた土地であった。国立大学通り沿道では、一番大きなまちづくりの将来の可能性を持った土地である。そこに巨大マンションが建つという。市民から寄せられた情報を慌てて担当職員に確認すると、確かに明和地所が事前相談に来ているという。文教都市にふさわしいものを期待していたから、これは大変なことになったという予感がした。

そんな折、7月3日に、佐伯市長時代からくすぶっていた東4丁目マンションに反対をしている、住民の集会に呼ばれた。集会後の懇談で、明和地所のマンション計画の動きがあることを話すと、その話題はすでに知っている人もいた。運動をしてきた人の噂に上っているとなると、市民は放ってはおかないだろうと感じた。

やがて、突然桐朋学園の山下校長が市長室を訪ねてきた。「マンション計画に対し、国立の環境、学園の環境を守って欲しい」との要望を持ってこられたのである。初対面であったが、情熱に満ちた先生であった。山下校長は直ちに学園内に組織を立ち上げた。教職員組織「マンション問題対策委員会」、そして保護者や卒業生で組織する「専門者協力会」である。保護者もまた「子ども達の環境を守る会」を結成。桐朋学園に3つの組織が動き出した。

学園の3つの組織が市民団体に参加し、8月14日には合計19団体による「東京海上跡地から大学通りの環境を考える会」という大きな市民組織になっていく。学園のそれぞれの組織は、「考える会」の大きな推進力となっていった。

この経緯をして、裁判所は**第1行為**として、上原が市民に情報を漏洩して市民組織を立ちあがらせ、連携しながら結果的に営業を妨害したとしている。裁判所は、当時の各自治体の新しい流れを知らないのであろう。当時、日本では多くの自治体がバブル期から頻発した高層ビル紛争予防のために、情報のできるだけ早い段階での提供を義務付ける条例を制定しつつあった。

国立市をはじめどこでもマンション紛争が起きるのは、現在の建築基準法の建築確認行政が周辺の景観を考慮せず、住民の参加を拒絶しているからである。このままでは「町づくり」ができない。法の不備を埋める努力はすでに地方から始まっていた。阻止と予防は明らかに違う。国立市はさんざんに紛争を経験しているので、住民と事業者の十分な話し合いの時間が必要だった。このような国立市の過去の行政の現実を事業者である明和地所も十分に承知のはずであった。

また角度を変えていえば、「市民運動」というものがどういうものであるか、裁判官はまったくご存知ない。いかにも私が先導して市民組織を作らせたというのは決定的に間違っている。たとえ私が強いリーダーシップをとって市民に声をかけたところで、国立の長い市民運動の歴史がなければこのように素早く市民が動くはずもない。上原市長の誕生までで述べたように、景観条例制定運動、景観裁判を経て、すでに国立市民は「景観」というキーワードで繋がっていた。景観に阻害要因が発生すれば、すわと駆けつける準備は十分に整っていたのである。目覚めている市民のアンテナはいたるところに張り巡らされていた。景観のために送りこんだ市長が存在するのに、しかもその市長誕生直後に、そしていわば景観の拠点となるその地域に、およそ想像もしなかった巨大マンションが建てられるという「市民の怒り」が大きな結束を生み出したのである。

国立は普通の町ではない。国立市民はただ者ではないのである。人から言われて動くのではなく、まちを育ててきたという誇りが怒りとなった時には自ら動き出す。だから、市長に先導されて動いたなどということは、市民自身が拒否するだろう。市民は自らの判断で、自ら正しいと考えた時以外は動かない。これが国立市民の心意気である。東4丁目のマンション運動に関わっていた方を代表に、「考える会」は信じられないほどの勢いで署名を集め始めた。

5万人署名の陳情と議会

9月議会、野党の妨害で三役人事の提案も出来ないでいたが、あまりにも傍聴者の多さと、署名数5万479名（ちなみに当時の国立市の人口は、7万人弱であった）という、国立始まって以来の膨大な数に、宣戦布告した野党もさすがに反対を言える雰囲気ではなくなった。その市民の圧倒的な風を受け、空白だった三役も決まり、議会では市民の「明和地所に対し、『国立市都市景観形成条例』に即し、周辺の環境と調和した計画に変更するよう、働きかけていただきたい」という陳情が採択された。

後に、実質的抵抗勢力になっていく野党議員からも、この時は「市長は市民の前面に立って闘え」のエールが飛んだ。

（議員）「ぜひ、市長のリーダーシップといいますか、ぜひ、政治力を発揮していただいて、これだけの5万人の力の署名もいただいているわけですから、議会の意思表示も当然のことでありますけれども、いろいろ開発行為等指導要綱とか、さまざまな問題があると思いますけれども、やはり市長のさまざまな力をもって、是非お願いしたいというふうに思うんですけれども」

（議員）「5万人以上の署名の結果、こういう陳情が出てきているわけですから、この市民の皆さん方の意見を十分に受け止めて、特に市長は、議員の時代から、あるいは市長になる選挙の中でも、このような問題については、陳情書に書いてあるような立場で、市長は選挙も戦い、御当選なさったというふうに私は理解しております。したがって、この5万人余りの署名の陳情を重く受けとめて、市長としての政治生命をかけるぐらいの決意で、今までるる意見はございましたけれども、ぜひとも、頑張っていただきたいということを特に申し上げて、この陳情の採択といたします。」

（議員）「私は、ある意味では、この陳情につきましては、市長がるる述べてこられました市民参加の一形態だというふうに考えます。5万を超える方々、また国立市民の多くの方々が望んでいる景観を守るということについては、もう市民の合意というのは、ある意味では、まとまっているわけですから、あとは、当局と市長みずからが、先頭に立って、どれだけやれるのかということを、例えばこれから頑張るとか、景観条例云々とか、法令とか、いろいろありますけれども、それはそれとして、じゃあ、具体的に何をして、どうするかということがやっぱり一番大切だというふうに思います」。

かように議会も、市長が先頭に立って政治生命をかける決意で景観を守ることを要求した。私を政治家として行動せよと要求したのはまさに市民と議会すなわち「オール国立」なのである。私はこれが天命であると、当時も今もずっと考え行動してきている。

2　第2不法行為

上原の行為

国立市をして、「自主的対応を期待する」から条例制定の方策に変更させ、条例を成立させた（第2類型）

裁判所の判断

明和地所が行政指導に応じないとみるや、強い意向を示して、国立市をして本件地区計画及び条例の制定という方策に変更させるとともに、本件建物の工事着工前の制定を目指してみずから積極的にその準備行為をした。

明和地所の態度

明和マンション騒動の始まる前に、これも佐伯前市長時代に紛争になっていた富士見台1丁目マンションの住民からもたびたび相談を受けていた。しかし、紛争のときにいつも起こるのが、事前協議が済まないうちに、事業者が市民との話し合いを一方的に打ち切り、都へ飛び越し申請をして建築確認が降りてしまうという事態であった。

これは日本の建築行政の癌とでもいうべき疾患であって、これが市民によるまちづくりを妨げる最大要因である。当時国立市では多発するマンション紛争の解決策の一つとして、それまで市と都の手続が併記されていた看板設置に関する開発行為等指導要綱の改正に着手し、施行は9月1日と決めた。そこに明和問題が降ってきたのである。

明和地所は7月22日に土地を購入すると、「近隣説明書」を近隣住民に配っただけで説明会を開こうとしなかった。説明書を見ると、最初から近隣住民を「原告」と呼び、紛争を前提としたもので、理解を得ようとするものではなかった。

それがどんなものであったか、紹介しておこう。

明和地所の「近隣説明書」

「別冊近隣説明書に対して、どの箇所であるかを明確にせずにただ単に『近隣説明会を開催せよ』との旨の請求は採用できません。それらの部分を指摘するぐらいのことは誰にでもできる筈でありますが、しかるにそれができない（しない）との主張は、坊主（建設計画）憎けりゃ袈裟（その説明方法）まで憎いと同様論法であると解するのが相当である（本末転倒の請求である）ために、因って、これを採用できません」。

「建築主に対して『権利の主張（蒙る損害をどうしてくれるのか、との主張がこれに該当する）』をしても、当該主張は、必ずといってよい程に、却下されます。ところが、原告（近隣住民が）「権利の主張」をしないで、それに代わるものとして、『協力依頼』『気休め料の支払』等を要請（共に、お願いの範疇）した場合には、建築主においても、一定の条件を満たす原告（被害者）に対して限り、これを採用する場合があります。（中略）要するに、『権利の主張』と「お願い（協力要請）」とを取り違えれば、成る話もならなくなる、という話であります」。

また行政に対しても、「建築主が断っているに関わらず、3回を超える要請は、命令（強要）と解するのが相当であります。

「強要は、国家賠償法第１条（国権力行使に基づく損害の賠償責任、求償権）の対象になります」。

「また、地方自治体担当者が「事前協議」を行う上趣旨を逸脱（濫用）して、以て建築主（土地所有者）の所有権の行使に制限を加える結果をもたらす場合には、当該地方自治体の担当官の行為は許されるものではありません。国家賠償法第１条（国権力行使に基づく損害の賠償責任、求償権）の対象になります」

というように初めから挑戦的であったのである。

これでは、穏やかな協議は期待できない。国立市民が景観にこだわり、その果てに市長交代までしたことは事前にリサーチするまでもなく、さんざん報道されていた。明和地所はこのような場所に敢えて建築しようとするのだから、マンション計画の実行の困難さは初めから覚悟の上であったはずである。これでは全面戦争となってしまう。そこで私としては、できるだけ話し合いで両者合意に近づけるよう努力した。その一つがこの指導要綱の運用である。そこで要綱は未だ施行前ではあったが、看板設置については要綱前倒しの協力要請をした。この要綱施行前の協力要請は、国立が初めての事ではなく東京都にも前例があると聞いたので、私もこれに従った。しかし裁判所によれば、これが第二の不法行為と認定されてしまう。市の出した協力要請文を、明和は市につき返してきた。市の再三の指導にもかかわらず、住民説明会を一向に開催せず、ようやくこぎつけた第一回目の説明会は、２ヶ月以上が経過した11月６日であった。私は、議員時代も含めていろんな業者の説明会を経験したが、これほどに市民だけでなく、行政をも無視し続けた業者には会ったことがなかった。どんな業者でも紛争は避けたいものである。市民はなおのことである。しかし相手が武器をちらつかせれば、やむなく市民も防御から攻勢に転じていくというのは物の道理であろう。結局、そんな明和の姿勢は、逆に一挙に市民に火をつけた。

９月22日の議会の陳情採択を受け、明和地所に対し、10月８日、私は以下の行政指導を行なった。

「貴社がマンションを計画している事業地は、国立市都市景観形成条例に基づく景観形成重点地区の候補地内であります。

この重点地区は、都市景観形成条特に重要な地域として方針、基準を定め、景観形成を促進していくべき地域であります。また、当該地は耕地整理事業によって整備された地域の一画であり、現在、住宅地として閑静な街並みが形成されております。

以上の観点から、次の事項について考慮されたい。

1　建物の規模　建物の高さを低くする。

2　建物の位置　ゆとりある歩行空間を確保し、また、既存の植栽帯を保全するため、敷地側（大学通り側）について、さらに壁面後退する」

ところが、指導内容が不明として、またもや市からの要望書はつき返される。

こんなやり取りを繰り返した末、私は11月8日景観条例に基づき、景観審議会に「指導」について諮問した。この手続きは極めて重要である。先の開発指導要綱に基づく看板設置や行政指導は国立市内部での判断であるが、ともするとそのような行政は、主観的で独善的になりやすい。また指導は行政と事業者の二者だけで行われるものであり、ともすれば「密室」行政となる。そこで外部有識者から様々アドバイスを受けるのは有益であるだけでなく、行政の正当性を検証し、さらに透明性や客観性を担保するものとなる。言い換えれば、近代政治では市長といえども独断で行政を行うというようなことはありえず、絶えずこのような第三者や議会の検証を経ながらその政策を実行していくことが求められるのである。このような近代的政治手続をみても、全行政の中で、「私という個人」の欲望や動機などが入る余地がなく全く排除されていることがわかるであろう。ここにも裁判所の「私個人の不法行為」と認定の端的な誤りが認められるのである。

景観審議会では社長の意見聴取を決定した。しかし、事業者は度重なる出席要請にも応じず、ようやく審議会に出席したのは工事を開始した後の翌年1月11日であった。

また、私もひざ詰めで話し合いをして、景観に対する理解をしてもらいたいと、景観重点地区候補地にふさわしい建物の対案の図面と模型を2案用意して、明和地所との会見を要請していたが、明和は一向に応じる様子がなかった。景観審議会も私も、「目的」は建築阻止ではなく、あくまで話し合いによる「景観」に即した計画変更であったが、しかしその話し合いの当事者である事業者はこれに全く応じない。明和が登場するのは、工事を始めてからである。これは何を意味するか。工事を始めてしまえば後は設計変更の方法がない、つまり妥協はないということである。これに対して市民に残された最後の手段は、次にみる「地区計画」であるが、これに対しても事業者は先手を打っていた。

明和地所の石橋常務との初会見で印象的だったのは、「明和マンションの入居者340人が、新たな地区計画を出せば、地権者は多いのだから地区計画は変えられる」と言ったことである。明和は「建築・近隣説明書」のなかで、こう述べている。「『悪法もまた法である』との諺に習って、公になっている法令、基準等の規定を守っていくのが公平・公正であります」。

地区計画の市民案、早期条例化を求める7万人の署名　2000年（平成12年）

万事がかような状態で事態が何ら改善されないまま、物事が動く一つのきっかけがあった。それは市民が、これまでは建築物の「高さ制限」は東京都しかできないとされていたのが、都市計画法改正により、市民の大方の合意と市の条例があれば実現できるとなったことを知ったことである。そこで「中3丁目地区計画案」を作成し、地権者の82%の同意書を添えて、市に地区計画を定めるよう要望してきた。市民案の地区計画は、最高高度を20mとするものであった。

地権者の同意書があれば、市が実行しない理由は何もない。

早速11月24日、マンション建築予定地を含む地域について建築物の高さを20メートル以下に制限することを柱とする地区計画原案の公告・縦覧の手続きに入った。

市民のこの動きの素早さは、明和が説明会で、都への跳び越し申請の可能性を匂わしたことに危機感を持ち、専門家達と一緒になって対策を考えたのであった。

しかし、明和は、開発指導要綱、景観条例の地域ルールの手続きを何も終えないまま、12月3日に都へ確認申請を提出する。

市からは、これまで紛争の激化を避けるために都と連携してきたように、市の手続きが途中であるため市へ差し戻しの指導を都に要請し、13日には明和地所にも確認申請の取り下げを要請した。

年が明け、1月4日に再度、都の指導事務所に出向き確認を降ろさないように要請したが、通常明和マンションの規模だと確認が降りるまで二ヶ月は要するといわれていたものが、翌日5日、申請から一ヶ月で、しかも正月休暇を挟んでいたにも関わらず確認が降りてしまう。明和地所は、確認済証が交付されると同時に、ブルドーザーを入れ工事を始めた。

政治は、緊急事態にこそ躍動する。しかもその質量は、もちろん事態の深刻さに対応するものであり、その手段や手法もその事態の中で決められ、しかも絶えず流動的なのである。

「地区計画」は、条例化して初めて法的に有効となる。続いて「考える会」は、「大学通りの景観を守るため「地区計画」の早期建築条例化を求める要望」の署名活動を開始した。12月13日に「考える会」が2万8553人分の署名の要望書を提出してきた。応接室にうず高く積み上げられた署名用紙を市民の代表から渡された時には、こんなに市民が頑張っている、そして市民の力に支えられているという思いに、私は声が震えるほど感動した。逆に、このようなときに行動をやめたら、私はすぐさまリコールされたであろう。政治家とは「決断」する職業なのであり、それは決断によって不利益を被る人は勿論だが、何よりも政治家、つまり私自身も政治家としての命がかかった勝負であった。

勿論、ここでも私の決断はすぐ実行に移されるわけではない。近代民主主義は、この決断に対しても暴走を招かないように極めて慎重であり、ここでも第三者機関による検証手続を求める。私は市長として、地区計画の決定機関である「都市計画審議会」開催の日程調整を12月の段階で始めた。12日の時点で1人を除き出席可能ということで、1月21日開催を決定した。

ところがその日のうちに5人の委員から欠席という連絡があり、再調整に入った。ここから明らかに大きな抵抗が始まった。日程を決めてもすぐに欠席の通知が返ってくる。一度などは、新年会で同席した委員2人に、目の前で手帳を開いてもらい、あいている日を確認してもらってから開催日を決定しても、翌日は欠席になる始末。このままだと開催が出来なくなる。会長に相談したところ、「過半数の出席者があれば、開催しましょう」と英断していただいた。

開催日は21日と決定した。出席者13人中8人。欠席者は自民党都議会議員・市議会議員、消防署長、商工会、農業関係者5人であった。市民の大変な努力に対し、あまりの理不尽な対応に、このことは議事録に残そうと、委員会挨拶の中に開催に当たっての経緯を詳細に報告した。21日都市計画審議会開催日に追加で署名が出され、合計6万9583人になっていた。これは、国立の人口に匹敵する数である。

都市計画審議会では、以下のような賛成の意見が述べられ、全員賛成で可決された。

「市長の挨拶でも述べられていましたが、いわば行政からの押し付けではなく、ここに住んでいる地元の方達からの発案、要望という形で、いい街を作って欲しいという要望から出発しているという点が一番大事な問題だと思う」。

「本来、まちづくりの基本というのはそこに住んでいる市民であり、そこで商売をなさっている市民の方、いわば生身の市民の方が自分達の住んでいるまちをどう作っていくかを決めることが、第一義の問題だと私は常々思ってきた。そういう意味から今回の「地区計画」の今日に至る一番の発端が、そこに住んでいる方からの提案、それも80％を超える要望にあったということは大いに評価をすべきだと思う。その点でいけばやはり生身の市民の人が決めるということからすれば、そこで利益を追求するということは二の次、三の次ということになると思っている。景観という問題が最近起こった問題ではなく、国立では常にこの問題が市民の大きな注目を集めてきた。景観条例制定にいたる中で、痛感したのは、今現在、建築基準法、その他の法律が基本的には一定条件を示している。その条件に合えばなんでも建てていいのだというのが大変問題である」。

ここに地区計画の本質がある。論点は、都市計画は誰が行うのかということであり、従来それは「お上」であった。地区計画とはこの御上の都市計画と正反対に、住民自らが、そして原則として自由に土地利用を行える権利を自ら制限するという形で、いわば自己犠牲を払いながら都市計画を行うものであり、日本の都市計画はこの制度の導入でようやく欧米並みになったといわれるようになったのである。

その結果発生する事業者の損失は、これら地権者と同じ損失であって、事業者だけの損失ではないという意味で、至極公平・平等なものなのである。

同審議会で可決された地区計画は、24日に告示された。7万人の署名は、「臨時議会を早期に開き、条例化へ向けての市長の最大限のご尽力を御願いいたします」が要望である。そこで直ちに臨時議会開催に向けて準備を始めた。

五　臨時議会の舞台裏

1月31日開催された高さ20ｍの制限の条例を決定した臨時議会は、後の「議会～国立市議会の責任について」に詳しくみるように妨害の嵐の中で行われた。それは「議会召集権」を持つ市長と、「議会開催権」を持つ議長との闘いであった。ちなみに、正副議長はいずれも自民党、公明党である。このようなときに市長としての私はどうするか。裁判所は行政の中立性や公平性を強調し、この観点から私の行動がこの基準から逸脱していると認定したが、この認定にも問題が多い。端的にいって裁判官ならこのような場合にどうするか。方法は止めるか進むか二者択一しかないのである。市民の声は圧倒的に進めというものであり、私は前進することを選んだ。これは政治家としての決断である。もちろん、このような決断は私の場合だけでなく、首長や議員になった人は絶えずこのような決断を迫られる。それは自治体の議会だけでなく、国会での「強行採決」や鋭い対立など日常茶飯事に繰り返されていることをみれば明白であろう。

国立市の場合、政治はどのように繰り広げられたか、この場面を見てみよう。物事はこういう修羅場をくぐらなければ動かないのである。

「1月18日に、21日の都市計画審議会後に臨時議会を開催したいので、準備をするように議長に要請するが、議長は「急施」にあたらないとして、臨時議会を認めなかった。言い分は、3月議会が近いからそこで提案すれば良いというのである。しかし3月議会では決定まで2ケ月かかり、7万人の署名の要求に応えられない。仕方なく私は議会招集権を行使し1月31日臨時議会開催を告示した。

31日、臨時議会開催当日、議員は、全員応集し登庁していた。市民も大勢が議場に詰め掛け、マスコミもカメラを設置、待機をしていた。当日提出された署名数は、7万284名になっていた

しかし、議長は10時になっても開会宣言をしようとせず、野党は会議室にこもってしまった。1時になり、ようやく議長は急施を認めたが、開催を2月3日に延ばすように提案してきた。本日開催できない理由はなく、時間だけが過ぎようとしていた。議会は、5時までに開会しなければ流会になってしまうと判断した与党幹事長は、4時40分に正副議長に議会開会を宣告した。

4時50分、市長と部長達が議場に入ると、待ちかねた傍聴者から大きな拍手がわき起こった。野党である自民・公明議員全員が議場に入らなかったため、正副議長が事故あるとみなし、出席議員の中から臨時議長を選出して開会宣言をした。5時50分、今度は仮議長の下、出席議員全員賛成で条例は可決された。その際、議事録の作成をもって、初めて議会が開催されたことになるが、議長が議会事務局員の議場に入ることを認めず、その上、開会時には号鈴で合図をすることになっているが、その使用、議会内の放送使用も禁止した。このような非常事態をみた行政職員は、庁内からあるだけのテープレコーダーを持ち出して議場に入り、それぞれ発言するときには、テープのスイッチを入れながら記録を残した。政治は私個人だけでなく、このようなほとんど表には見えない裏方の力によって支えられているということも覚えておきたい。市長一人でできることなどほとんどないというのも厳然たる事実なのである。裁判所の上原個人の不法行為論は、ここでも明白に誤っている。

なぜ、自民党が1月中の臨時議会開催を拒んだのか、いまでも謎である。昨年の9月議会での陳情採択までは、全員反対はなかった。むしろ、景観保全は市民合意であることを認め、全力投球を要求していたはずだが。

しかも驚くべきことに、自民党は記者会見して、自分達の審議の機会を奪われたから、議会を開催した13人の議

員と市と上原を提訴すると宣言。それぞれ各自民党議員7人に575万円の損害賠償請求を東京地裁八王子支部に提訴した（2003年・平成15年9月1日　これは当然のことだが、後に棄却される）。

1　第3不法行為

上原の行為

「違法建築物である」旨の議会答弁（第3類型）

裁判所の判断

市議会において複数回にわたって留保を付することなく、判決が確定していないのに、これを引用しながら本件建物が違法建築物である旨答弁した。

裁判闘争へ　江見決定　2000年（平成12年）

議会で、地区計画を巡り、陳腐なドタバタ劇をやっている間、「考える会」は1月24日に建築禁止仮処分の申立を東京地裁八王子支部にしていた。舞台は司法の場に移ったのである。

一方、市の景観審議会は3月9日に明和への勧告を決定。さらに7月10日には、勧告に従わないという理由で「事実の公表」を決定する。公表は景観条例が制定されて初めてのことである。ここまで進むのは事業者にとっても不名誉なものであろう。現に他の高層マンションでは、ほとんどが景観審議会の勧告・公表は避けたいとして協議に応じ、階高を下げた。しかし、明和の場合は市の条例も公表も全く意に介さない。法にさえ合っていれば何が何でも建てるのだという強引さは一貫して変わらなかった。

それどころか勧告のあった9日、明和はこの「地区計画条例の無効確認」を東京地裁に提訴した。

このような明和地所の対応について、２００1年12月4日の判決（本書五十嵐論文別表を参照のこと）は、「明和地所は、これまで、強制力の伴わない事実上の指導に対しては、一切応じてこなかったものであり、指導などの強制的手段による違反解消の見込みもないと認められる」として、行政を無視し続けたことをはっきりと認めている。

6月6日、「考える会」が申し立てていた建築禁止仮処分申立が却下された。そこで市民は19日には高裁へ即時抗告の申立をした。

この時点で、市民、明和、自民党議員のそれぞれが起こした3つの裁判が同時に進行するようになった。このようにそれぞれの裁判が個別に行われるというのは、必ずしも珍しいことではないが、国立のようにこの3つが同時に進むというのは、極めて例外的なことであろう。これはそれだけ国立市内部での争いが厳しいものであることを示すとともに、ある意味で「景観」という言葉や意味、そしてその権利性を明確に争点化させていくのである。

マスコミ報道は景観のことを大きく取り上げ、全国的に「景観」がまちづくりのテーマになっていった。

そして年も押し迫った12月22日、「考える会」の「建築禁止処分抗告申立」に対する決定が出た（江見決定）。

この決定は、建築を中止させてほしいという住民の要望は認めなかったが、この棄却の理由に書かれていた内容は、世間を、そして市民を大きく後押しすることになる。これはある意味で国立市のこれまでの首長やその行動を、司法という観点から擁護したものであった。
（1）環境にしても、景観にしても、その中に居住して生活する住民の多数が長い間にわたって維持し、価値が高いものとして共通の認識の確立したものは、先に居住を開始した住民の単なる主観的な思い入れにとどまるものではなく、新たに住民となるものや関係地域において経済活動をする者においても十分に尊重すべきものである。

しかして、これらの環境や景観は、ここの住民の利益というよりは、時代及び世代を超える、地域社会全体の利益として、国や地方自治体において、その内容を明確にし、これを維持する根拠となる法令を定め、その行政を通じて維持されるべきものであって、私人間に偶発的に発生する紛争の解決を通じては、有効かつ適切に維持されるとは解されない。・・・わが国においては、景観に関する利益、環境のいずれについても、裁判規範となる立法はされていない。

（2）建築制限条例は、相手方明和地所の本件マンション建築計画に対して狙い撃ち的に制定されたとしても、その故に無効となることはない。

（3）当裁判所は、本件建築物制限条例が施行された標記の日時（平成12年2月1日）当時、本件と地上には、「現に建築の工事中の建築物」が存在していたと解することが出来ず、したがって、本件マンションは、本件建築物制限条例に適合しない建物に当たると判断したのである。

（1）については、少なくとも後の景観法を作る後押しになった。

（2）条例は有効とされ、市民の大きな勇気になった。

（3）そしてこの違法建築の判断こそが、「考える会」のその後の裁判の根拠や、違法とされた第3行為の発言や第4項の行動の根拠となっていくのである。

政治の世界では、それぞれの主張や行動は、事態の流動的な状態の中から構築されていく。この決定はある意味で、私及び市民の次の行動を規定し、また次の行動を要請し、これに従って私たちは動いた。しかし裁判所はこのような流れの中の一部だけを切り取って判断するという方法をとっている。しかしそれはいかにも形式的であり、問題の本質からははるかに遠いものといえるであろう。ここでも、もし私たちが次のような行動をとらなかったら、私はまたしても主権者であり、有権者である市民から「裏切り者」「臆病者」と謗られたであろう。市長は市民の要望を受けて行動するものであり、この決定はこの行動を正式に合法と認めたのである。

市は12月27日、江見決定の判断を受け、都の建築指導事務所に「高裁決定を尊重した指導を求める」文書を送付した。

違法建築をめぐっての闘い　市村判決　2001年（平成13年）

「考える会」の市民は、がぜん元気になった。新聞報道も「違法建築」の文字が躍った。「考える会」は、「東京都は直ちに違法建築物の『取り壊し命令』を」と求める署名活動を始めた。そのチラシは1月1日の日付となっている。正月休み返上の活動である。地区計画の署名7万人でももちろん前代未聞であったが、都に対する取り壊しの署名は、さらに4ヶ月弱で11万人に膨れ上がった。これは、マスコミも含め世論の大きな関心事となっていることを示している。署名は3月29日に都知事に届けられた。

1999年の8月から始まった署名は、これで3回目である。わずか1年7ヶ月で合計23万人の署名を集めたことになる。これには驚くべき景観へのこだわりを見ることができる。ここには現在の市民の思いだけでなく、景観を育ててきた先人達の魂を受け継ぐ者の無念さが鬼火のように燃え上がったのだと私には感じられた。

3月29日、ついに本格的裁判が始まった。論点はひとつ、「違法建築」である。市民はこの建物が違法であれば撤去されなければならないとして、「違法である20mを超える部分の撤去を求める」民事訴訟が開始された。

引き続き、5月31日には「東京都が建物の除却命令を出さないのは違法」であることを確認し、東京都に対して「事業者は建物を除却せよ」との命令を求める行政訴訟を提起した。「考える会」は同時に二つの裁判を抱えながら、専門家の知恵も借りてあらゆる資料集めに奔走し、関係機関への要請を繰り返した。それまでは政治的ではないいわゆる普通の市民、普通の専業主婦の人たちであったが、市民も次第に専門的で政治的な人間に成長していく。運動は多様な経験と多種の専門分野の知恵の結集体となった。普通の市民が一旦学び始めると貪欲な知識欲が生まれ、大きな行動力になっていく。国立の景観を財産にまで仕上げていったのは、国立ならではの市民力であり、自らまちを作る「市民自治」の誇りである。

「考える会」が11万人の署名を集めたところ、3月議会で二人の議員から違法建築の見解を求める質問があった。

（議員） 都は適法と判断していますが、市長としても、このマンションに対して、端的にお答えいただきたいと思いますが、適法建築物と判断されているのか、違法建築物と認識されているのか、どちらかですか、端的にお答え下さい。

（市長） 高裁の判決の中で、建築物制限条例に適合しない、違法であるというふうに言われておりますので、司法判断のとおりだというふうに思います。

（議員） 国立市は、あの明和のマンションを違法建築物と判断しているのか、それとも、既存不適格の建築物だと判断しているのか、どちらなのでしょうか。

（市長） 裁判の中でも、明らかに、建築条例に基づき、違法であるということが、20メートル以上は違法であるということが示されております。

（議員） 今の明和のマンションの件ですけれども、簡単に答えていただきたい。国立市としては、あの建築物は違法建築物なのか、それとも、既存不適格の建築物なのか、どちらなのですかということなんです。お答え下さい。

（市長） これにつきましては、今もお答えいたしましたように、判決の、司法の判断があったわけですから、明らかに条例をつくった側としては、違法建築物として、ぜひ、監督の責任がある東京都にお願いしているわけですから、違法という立場に立っております。

ところがなんとも不思議なことに、この議会での私の発言が、「第3の不法行為」とされたのである。

根切り工事を建築中とみなすか否かについて、司法判断、行政判断が分かれているのは、私は百も承知であった。自ら勉強もしたし、専門家の意見も聞いた。その上で議会で議員から、違法建築か適法建築か端的に答えよと迫られた場合、何に依拠して答えるべきか。通常、行政は政府の一般的な見解（通達や行政解釈）や学説そしてできるだけ近い事例の判例を参考にする。したがってこの質問に対する回答は、ただひとつであった。3ヶ月前に出されたばかりの江見決定そのものが明和マンション着工問題に関する初めての司法判断である。であれば、江見決定を参考にするのは当然のことであろう。私はそのように考え、そのように答えた。ところが、明和が市を訴えた「条例の無効確認と損害賠償請求事件」の高裁判決（２００５年12月19日、根本判決）は、江見決定を参考に答えたことを違法とした（第3行為）のである。その理由は、

「根切り工事について建築基準法3条2項所定の工事といえるのか確定した判例・実務が存在しないにもかかわらず、保全事件の下級審決定にすぎない平成12年の東京高裁決定を金科玉条のように引用して、同決定は法的拘束力が弱いなどの留保をつけずに本件建物が違反建築物である旨の認識を述べたものであって、本件答弁自体軽率のそしりを免れない」というものである。

司法の判断を尊重した私の考えに対して、この「軽率のそしり」という判断は、とても裁判所の言い分とは思えない。このような論法によれば、行政の長あるいは議員も、すべて裁判所の判決が確定するまでは法的な問題に対して法的な議論を述べてはならないということになろうか。あるいはさらに最終判断に長時間かかる場合には、それまで行政は一切話してはならないということなのだろうか。さらに最終判断、通常は最高裁判所の判決も永遠に正しいものではなく、それすら変更される場合もあると聞く。とすると行政は永遠に行動できないということになるのだろうか。

私にはこのような判決は、およそ言論・表現の自由が保障されている日本のこととは思えない。根本判決の日、新聞各社が市長応接室で待機していた。ＦＡＸで市役所に送られてきた判決要旨を、記者は私と一緒に見て分析した。そしてこの文章を見た記者達は、一斉に「江見決定の時、見出しで違法建築物と書いた自分達も有罪だなあ」とあきれた声を上げた。

最後にもう一言。私は議会で裁判所の判断を尊重すると言ったのであり無視すると言ったのではない。司法判断を尊重するとも言ってはいけないなら司法は何のために存在するのか。

2　第４不法行為

上原の行為

「都知事に対する電気、ガス及び水道の供給留保、検査済証の交付に抗議したことが広く報道された」（第４類型）

裁判所の判断

行政側において本件建物の建築計画そのものにはその中止を求め得るだけの法令違反が存在しないことを十分に知悉しながら、建築指導事務所長に本件建物が違反建築物であることを前提に建築確認申請の判断をするよう求めたり、本件建物の一部につき電気、ガス等の供給承諾を留保するよう東京都知事に働き掛けたりするだけでなく、本件建物の完成後においても、自ら率先して、建築指導事務所長に対して本件建物に係る検査済証を交付したことに抗議し、国立市としては本件建物が違法建築物であると判断している旨の報道を繰り返させた。

そしてこれら4つの不法行為について誤りを訂正したり、市民が抱く誤解を払拭する言動をしたりしたことはうかがわれない。

その間にも、マンションはだんだん完成に近づいてきた。確かにこの建築を合法とみるか違法とみるか、判断がいろいろ有りうることは理解していた。しかし、違法建築物を争う裁判が2つ進行中であり、もう一つも江見決定と同判断であれば違法建築との判断は確定的となる。その判決が近いうちに出されるとの情報が入った。しかし入居が始まってしまうと大混乱が生じることになる。入居者たちは自分の購入した建物が違法と判断されたら誰にその不満を誰にぶっけたらよいのか。その怒りも見えるようであった。入居者は、国立市民となる人たちである。市は消費者保護という観点から、入居者に迷惑がかからないよう事前の対策をとるよう関係機関に要請することにした。「行政訴訟の判決が出るまで、20m以上の部分の電気、ガス、水道の供給留保」を関係機関に要請した。これが第4行為の不法行為とされたのである。

もちろん都は、裁判で適法建築物と主張して市民と争っているわけであるから、インフラの留保要請を認めることはなかった。

ところが予想し、また期待していたように12月4日に東京都を相手の行政裁判の地裁判決(市村判決)が出された。「建築中の建築物について、国立市地区計画の区域内における建築物に関する条例7条に違反する部分を是正するために、建築基準法9条1項に基づく是正命令権限を行使しないことが違法であることを確認する」とし、高さ20mを超える部分は違法建築であるとしたのである。その上、江見決定を引用しているではないか。

「東京高裁決定により、本件建物に対しては本件建築条例が適用されるという解釈が示され、本件建物が違法建築として除却され得る可能性を一層強く認識しえた状況下において、さらにその建築を続行して現在にいたっているという事情が認められる」。

裁判所が別の裁判の判決の理由部分を引用するのは認められるのに、裁判所以外の者が引用すると軽率で営業妨害に値するといわれるのは私には不可解という以外に答えが見つからない。時にはいささか「冒険」と思われるような判断をしなければならないのが現場の政治であることなど生身の人間を目の前にして仕事をしていない裁判所にはおそらく理解できないのであろう。12月4日に市村判決で、違法建築物の是正命令を出さないことの違法が問われたのにもかかわらず、時をおかず20日には、東京都の指導事務所は明和に検査済証を交付してしまったのであるが、この手続き自体が違法なのである。東京都は裁判所の判断に背いて行政を行った。市民の歓喜は吹っ飛び、怒りが指導事務所に向った。市としても、許されざる行為として都の指導事務所に抗議を行った（第4行為）。これまで、市民とも市ともさんざん交渉を重ね、事情は重々承知の上での都の判断は、信頼関係をすっかり失わせるものである。痛みの分からない都という行政はもうあてにすることはできない。

都のこうした判断に対し21日、議会も緊急に「本判決を尊重する立場から、東京都多摩西部建築指導事務所が本件に関し検査済証を交付せず、本件建築物の違法部分に対し建築基準法第9条項に基づく是正命令を出すように求めるものである」という意見書を採択した。怒りは私個人だけのものではなく、市民は勿論、あくまで市の行政に敵対してきた議会も共有した。すなわち、この行動も「オール国立」のものだったのである。裁判所はこれも私個人の不法行為の対象の一つとしているが、まもなく逆にこのような行動こそ正しいものであったことをはっきりと別の裁判所が認めた。率直に言えば、これは裁判所の分裂でなくて何なのであろう。これが例の国立市民だけでなく日本中の国民を驚喜させた宮岡判決である。

高さ20ｍを超える部分の撤去命令　宮岡判決　２００２年（平成14年）

我等待望のあの「20ｍを超える部分の撤去」を命じた宮岡判決がなされた。この判決については、他で紹介されているのでここでは触れないが、これは「景観」を「権利」として認め、しかも建物の撤去を命ずるというドラスティックなものであったことは、私たちを勇気づけた。

この判決によれば、電気・ガス・水道の供給留保などというレベルの制裁をはるかに超えて、20メートルを超える建物は撤去しなければならない。これを見れば、国立市の供給留保要請の行政などあまりにも手ぬるいといわれても仕方があるまい。

歴史は確かに動いた。

「本件建築物による景観利益破壊の程度を総合考慮すると、本件建物のうち、少なくとも大学通りに面した本件棟について高さ20メートルを超える部分を撤去しないかぎり、同原告らを含む関係地権者らがこれまで形成し維持してきた景観利益に対して受忍限度を超える侵害が継続することになり、金銭賠償の方法によりその損害を救済することは出来ないというべきである。

本件棟のうち、地盤面から高さ20メートルを超える部分について撤去を命じる必要がある」。

こうして市民の力はピークを迎えた。だがその後の経過に触れておかなければ歴史と事実に正直ではない。

またこれに触れなければ、これまでの私の論も自己に有利なものばかりを引用したきわめて独断的な論だとの避難を免れないであろう。また、この判決後の歴史を書くことは、正直、景観権の確立のために全生涯といっては大げさだが、少なくとも、私の力のほとんどを注いできた私にとって辛いものもある。しかし、真実を共有しなければ、事態は動かない。真実とは、この判決をピークにして上級審に移行するにしたがって裁判所は市民の主張を否定し、国立市も損害賠償を命じられるようになったということである。

司法界では景観について大きく判断が分かれた。その内容は前掲五十嵐論文の分析する通りである。しかしそのことによって、つまり司法が景観に対して否定的に判断したからといって、私の主張や行動が一転して不法行為になる、という判断は私には受け入れることはできない。たとえ司法が私の主張と異なってもそれはそれで尊重することは前と同じである。しかしだからといって、私は司法の判断によって景観に関する私の主張を変更することはない。それは「市民自治」についても同様である。

景観権の確立は、裁判所だけで行われるわけではない。また、私ができなくとも国立の市民が、さらにそれにとどまらずこれに共鳴する全国の国民が応援し実現していく。私はそう考え、また信じてきた。そして現に、これも前掲五十嵐論文が活写するように、市民の景観権は裁判では少ししか認められなかったが、市民の力は司法判断の限界を超えて景観法の制定へと結びつけていったのである。

市民の「景観」へのこだわりは、「まちづくり」は本来「市民自治」で行うべきものであるという、地方自治の本旨を体現したものであるからこそ社会に歓迎されついに国をも動かしたのである。

3　逆行する判決

市に対する損害賠償請求事件の結論　根本判決　2005年（平成17年）

詳細は五十嵐論文に譲り、ここでは二つの判決について結論だけを示しておこう。

市に対する4億円の損害賠償請求の控訴審判決は、2005年12月19日に出された。

「仮に、平成12年1月24日に本件地区計画が決定されず、同月31日に本件条例が成立しなかったとしても、その後において、これらと同内容の規制がなされる可能性は十分に存在しかつ、これらの規制は有効・適法であると考えられる。・・・事業展開する場合においては、かかるリスクを甘受しながら対応しなければならない。・・・原告の損害は、理由がないことになる。」として、３億５０００万円部分は認めなかった。ところが、市長の営業妨害行為（第１〜第４行為）については、「個々の行為を単独で取り上げた場合には不法行為を構成しないこともある得るけれども、一連の行為として全体的に観察すれば、被告らは、補助参加人らの妨害行為をも期待しながら、原告に許されている適法な営業行為すなわち本件建築及び販売等を妨害したものと判断せざるを得ない。」として、これが２５００万円とされ、最高裁判所が上告を棄却したため、最終的に確定した。

建物の20メートルを超える部分を撤去せよという歴史的判決を生み出した民事裁判（宮岡判決）も、高裁で覆され、さらに２００６年の最高裁判決で上告が棄却され終了した。

六　おわりに

景観とは何なのか。１９９３年に始まった高層ビル問題から国立市民は考え続けてきた。至極当たり前に享受してきた国立の美しさ。それは、並木道の緑という人工的なものであね。この人工的物はその美しさを保とうとする人びとの努力によって保たれてきたのである。国立の美しさは、正に市民自治の努力なしには存在し得なかったという感謝が、受け継いでいく者の責任を生みだしてきたのである。だから、歴史という時間をかけて育て上げられてきた景観は国立市民全体の誇りになり得たのである。このような国立市民にとって、突然他所からやってきたものに、それも金儲けを目的に食い荒らされることは何としても認めることが出来なかった。その確認が、まちを託す代表として上原を市長として送り込み、共に闘うことになったのである。それぞれの役割り分担してまちを守ることを貫き通した。これが国立の「景観」の持つ意味だった。

人は、自分の暮らす町に豊かさを求め、常に変革を要求する。それに応えるのが政治であり、政治家である。首長の決断はいつも市民の目にさらされている。

市長はその意味で「政治」を行うのである。

そして、これまで見てきたように、私という市長に国立市民が求めたものは、壊れゆく「景観」に対し、これまでの市長に比較して「異例なほど」消極的であった市長から、「異例なほど」積極的に果敢に取り組む市長への転換であった。市民の育てた誇りを食い物にする営業を平然と行うものに対しても、市長は「中立・公平」にふる舞う、つまり何もしない、そんな市長は誰も望まなかった。

今回の、私への損害賠償請求という裁判の原点となった「根本判決」。それをそのまま踏襲した「川神判決」の間違いは、首長は「中立・公平」でなければならないという一点にある。しかし変革を求められた首長=政治家が「中立・公平」でなくてはならないというのは一体どういうことなのだろう。国立の場合も「中立・公平」であるべしというのは、マンションが乱立し、景観が壊されてしまうということであった。これは、私と私を選出した市民の総意と正反対である。そんなことを市民は望まない。望まないから私を選んだのである。これが憲法で言う「地方自治の本旨」に基づいた自治体の運営の正しいあり方であると私は確信している。

裁判所が認定した4つの不法行為は、断じて私個人が事業者に損害を与える目的で行ったものではなく、「景観」という公益を守るために行った正当行為である。もし私の行為を不法行為というのであれば、それは私を支持した議会、あるいは市民など「オール国立」が違法となる。これは司法による「市民自治の破壊」である。歴史はこの裁判を監視し続けると、私は確信する。

景観年表

3	建築審査会	裁判C	裁判D	裁判E	裁判F	裁判G	裁判H	国政、その他の出来事
の建築禁 処分の申	「明和マンション担当建築主事が行った確認処分に対する審査請求と執行停止の申し立て」	「市議会「地区計画可決」の会議無効を求めた」損害賠償請求	「「地区計画条例」等の無効と、市及び市長の行為の違法性の確認を求めた」損害賠償請求	「明和マンションの20m以上は違法であるため撤去」を求めた民事訴訟	「明和マンションの20m以上は違法であり、都による除去命令」を求めた行政訴訟	監査結果を不服とする住民訴訟	左記裁判Hの確定に伴う市から上原氏への損害賠償請求	
は市「地 している」		「2000年(平成12年)1月31日における臨時議会の開催は違法な手続によるもので、審議の機会を奪われた」	「市の「地区計画」等は無効であり、市と市長の行為も違法である」	「明和マンションの20m以上は違法であり、撤去を要求」	「明和マンションの20m以上は違法であり、除去命令を出すよう要求」	市から明和地所への損害賠償の支払については不当なもので上原前市長へ請求すべき	裁判Gが確定したことによる、国立市役所の上原氏に対する損害賠償請求(いわゆる「新4号訴訟」)	
地所	市民→都	自民党市議7人→国立市、上原市長、与党市議13名	明和地所→市及び市長	市民→明和地所	市民→都	(反上原派)市民→市	国立市→上原氏	
								7月:細川連立政権誕生
								10月:大江健三郎ノーベル文学賞受賞
								1月:阪神・淡路大震災 3月:地下鉄サリン事件

	開発側の動き	市民側の動き （反上原派側も含む）	市議会の動き	行政側（市長）の動き		都（含都政全般）の動き	裁判A	裁判
				上原市政（含関口市政）関連	非上原系市政関連		「景観損害賠償請求（駅前及び大学通り周辺）」 「市民がつくり育ててきた固有の都市景観を都市計画の段階で損ねた」 市民→市、都	「明和マンシ 止を求める」 立 「マンション計 区計画」に違 市民→明
	・1951（昭和26年）～1952（昭和27年） いわゆる「文教地区指定」運動 ・1969年（昭和44年）～1970年（昭和45年） いわゆる「歩道橋事件」と環境権裁判 ・1978年（昭和53年） いわゆる「軍艦マンション構想」から「テラスハウス」へ	1991年（平成3年）上原公子氏市議初当選						
1993年 （平成5年）	7月：駅前、かつ大学通りに面する「Eビル」建設計画につき、要綱に基づく市への事前協議手続がなされる。 11月：「Eビル」建設計画公示 （高さ33.6m 12階建て）	12月：国立駅前大学通り商店会、ビル計画者に対し、計画の再考と、「商店会の生き延びる途は、大学通りの自然を活かしたまちづくりしかないこと、将来的には建築協定による町並み保存も考える必要性」があることを要請。	12月：市議会で井上スズ議員、「Eビル」建設問題について質問		10月：佐伯市長（当時）が都市計画見直し案（緩和の方向へ）を提示			
1994年 （平成6年）	9月：「Eビル」開発側、都に対し飛び越し申請 10月：「Eビル」開発側、市に対し事前審査願提出	1月：「大学通りの景観を考える会」発足 2月：「Eビルに関する請願（署名数7,469名）①」を市議会に対し提出 3月：「大学通り公園を愛する市民の会」が発足し、景観条例策定の為の資料収集を開始 4月：「市民の会」市長に景観条例策定を提案、同時に素案作りに着手。また議員に対し、条例に関しての意見を求める。 8月：「市民の会」は景観条例の議員提案を図る。 9月：「市民の会」は実効性の観点から、直接請求の方針をとり「実行委員会」が発足	3月：2月提出の左記請願①を可決 7月：臨時議会で議員提出による「用途地域見直し案に関する決議（3月の請願採択に基づく市長提案の見直しを要求）」につき、議長も採決に加わり否決			5月：「東京都景観マスタープラン」発表 9月：「Eビル」からの申請につき、市に差し戻し		
		11月：直接請求手続（署名数7,523名）開始	12月：市民提案の「都市景観形成条例案」の直接請求を否決		11月：庁内に「都市景観形成施策検討委員会」を設置 12月：市議会での直接請求否決を受け、市開発委員会で「Eビル」建設計画を承認			
1995年 （平成7年）		4月：上原氏市民運動に専念するため議員を辞職		4月：市長選挙 投票率53.09% 投票結果 ・佐伯有行 15,648 ・宮本晋 9,807	1月：「Oビル―、四番館（駅北口）」（最高55m、12階）開発審査会で承認 2月：「A国立ビル（富士見通り入口）」（39.7m、13階）を開発委員会で承認 4月：公約に「景観条例」策定を掲げ佐伯市長再選	2月：「Eビル」の建築確認済証交付		

							2月：長野オリンピック開催
							4月：都知事に石原慎太郎氏当選

		8月：都知事に対し、「超高層マンションの乱立を招いた東京都国立市都市計画(用途地域等)の見直しに関する陳情②」を提出(直接請求実行委員会ほか24団体)			9月：大西隆東大教授を会長とする「国立市都市景観形成審議会(景観審議会)」が発足 10月：市の市民意識調査「美しい景観づくりに積極的に取り組むべき・必要がある計76%) 11月：「C国立ビル(旭通り)」(38.5m、13階)を開発委員会で承認	12月：都都市計画局長からの国立市民からの陳情②について、「規制緩和の要請」、「市と協議済」、「都計審は終了」を理由に見直し不可能と回答		
1996年(平成8年)		4月：「文教都市のまちづくりを進める市民の会」の発起人会を発足。訴訟を目指すことを確認 6月：景観裁判の開始をプレス発表し、「ニュース」、「リポート」の配布と街頭宣伝を開始 8月：「第一次景観訴訟」を東京地裁八王子支部に提訴(都及び市に対し、固有の都市景観を都市計画の段階で損ねたことに対する損害賠償請求)(原告242名)(裁判A)			1月：「MC国立ビル(旭通り)」(34.5m、12階)を開発審査会で承認 2月：市「都市計画審議会」「用途地域の見直し」を承認 3月：景観審議会による「国立市都市景観形成基本計画」の中間答申(「国立らしい都市景観」をうたう) 3月：「HKビル(大学通りEビル横)」(36.5m、9階)を開発審査会で承認 5月：都市計画見直しの告示 9月：景観審議会「都市景観形成基本計画(案)」(大西レポート)最終答申		8月：裁判開始	
1997年(平成9年)					8月：「NAビル(Eビル北側)」(39.8m、12階)計画を開発委員会で承認 11月：景観審議会閉会、「大西レポート(およそ高さ20mまでの高さまでを認めるべきで、周囲との調和を図るべき)」の方針は市都市景観形成条例案には採用されず、会は異例の意見書を市に提出			
1998年(平成10年)	12月：「東4丁目マンション」市へ事前審査願提出	8月：上原氏次期市長選への準備開始 12月：「東4丁目マンション」に対する陳情(署名数約2,000名)			4月：「国立市都市景観形成条例」施行 12月：「東4丁目マンション」を開発審査会で承認 12月：景観審議会にて「大規模行為景観形成基準」策定を1回の審議で決定			
1999年(平成11年)	5月：明和地所担当者建築計画説明のため、初めて市役所と都多摩西部建築事務所を訪問			4月：都内初めての女性市長として上原氏が当選 投票率58.15% ・**上原公子 15,942** ・佐伯有行 14,691	1月：大規模行為景観形成基準施行		5月：原告団幹事の上原氏が市長に当選し、被告が首長となったため、自身の訴えの取り下げを申し立てるが、もう一方の被告の都が同意せず、裁判は継続	

								11月：超党派国会議員有志による「国立の景観を守る国会議員有志の会」設立
	2月：審査開始 3月：多摩西部建築指導事務所担当主事からの弁明書、意見書提出 5月：明和地所の意見書提出 ・市民側は4月と5月の2回にわたり反論書を提出	3月：裁判開始	3月：裁判開始					4月：自民党小泉純一郎政権発足

	7月：大学通り沿い、桐朋学園南隣接地（旧東京海上計算センター）における明和地所による高層マンション計画が公となる	7月：桐朋学園、建設反対表明と予定地の買い上げを市に対し要請。						
	7月：東京海上、明和地所に対し、土地売却							
		8月：近隣住民、桐朋学園、市民団体により「東京海上跡地から大学通りの景観を考える会（会長石原一子氏）」が発足し、陳情のための街頭署名活動を開始						
		8月：明和地所に対し近隣説明会の開催を要求（→明和側拒否）		8月：明和地所に対し、「指導要綱」に基づく近隣説明会開催を要請				
		9月：桐朋学園、マンション反対の看板設置、都建築指導事務所へ明和からの確認申請を受理しないよう要請。保護者からなる「子どもたちの教育環境を守る会」と「専門家協力会議」が発足。	9月：「高層マンション建設見直しの陳情」（署名数50,479名）を自民党を除く賛成多数で採択					
	10月：明和地所、国立市へ事前審査願を提出（国立市は不受理）			10月：明和地所に対し、「景観形成条例」に基づき並木と調和するよう、高さ20m以内に抑えるよう」指導を行い、市長は景観条例を通過しなければ、指導要綱の審査に入らないことを景観審議会で言明。また明和側に2回目の説明会開催要請文書を発出。				
	11月：市民、世論に押される形で最初の住民説明会開催。計画18階建てから14階建てへの変更と、それ以下への計画変更拒否を表明			11月：市景観審議会に対し、指導について諮問、審議会は明和地所社長の意見聴取を決定				
		11月：「高さ20m以下（7階建て相当以下）」に規制する地区計画の要望書を、地権者の82%の同意を得て市に提出		11月：地区計画原案の公告・縦覧開始				
	12月：明和地所、市の「指導要綱」に基づく手続を経ずに、都建築指導事務所へ確認申請	12月：明和地所への建築確認作業中止を都に要請、また明和地所への融資銀行への説明、消防・警察への要請を行う		12月：市長、景観条例と指導要綱に基づく手続が未完了であるとして明和側へ確認申請の取り下げを要請				
2000年（平成12年）	1月5日：都からの確認済証交付を受け、即日工事開始			1月11日：景観審議会、明和側に対し条例に従い話し合いに応じるよう要請		1月5日：都建築指導事務所、明和地所への建築確認済証交付		
		1月19日：地区計画の早期条例化を求める要望書の提出（1月末署名数70,284名）		1月21日：都市計画審議会で全会一致で地区計画が決定				
		1月24日：明和マンションにつき、東京地裁八王子支部に建築禁止仮処分の申し立て［右記裁判B］		1月24日：地区計画の告示、関市議会議長に対し、臨時議会開催の要請（→議長応ぜず→市長権限で1月31日臨時議会開催告示）				1月：裁判開
			1月31日：臨時議会開催「中3丁目地区・地区計画」の条例案を可決					
		2月：東京都建築審査会へ担当建築主事が行った確認処分と執行停止を申し立てる。［右記建築審査会］	1月31日の動静 9:30 議運委員会開催を認めず。議運懇談会とする。開催調整つかず 13:00 市長・正副議長会談、正副議長側2月3日開催提案（市長与党は開会を要求→議長側拒否） 16:00 野党幹事長、市長と面談、2月1日開催案提示、与党側臨時会開会を通告 16:56臨時議長が選出され開会宣言と時間延長を決議 17:00仮議長を選出 野党側は放送設備の使用不可と速記者の入場不可を議会事務局に要請					
	2月：明和地所石橋常務、上原市長と初会見、市より代替案を提示されるが拒否							
	2〜3月：明和地所、国立市と上原市長をを相手取り、地区計画を定めた「建築条例」無効の確認を求め、東京地裁へ提訴		3月：1月31日の臨時議会をボイコットし、会議の無効を求めた自民系市議が、会議は「違法な手続によるもの」とし、与党議員13名と市長を相手に損害賠償請求を求め東京地裁へ提訴［右記裁判C］	3月：景観審議会、明和地所への勧告決定				
				5月：「マンションの高さは20m以内に」という勧告を明和側へ手交（→明和側拒否）				

王子支 禁止仮処 下(いわゆ 市民側は 「建築禁 、しかし 分を違法 と認定 決定)	11月：口頭による審査							
	1月：東京都建築審査会、住民らの審査請求を棄却		4月：明和地所、市及び市長への国家賠償請求を関連して提訴	3月：裁判開始	5月：裁判開始 12月4日：東京地裁「20mを越える部分は違法建築であり、都が是正命令を出さないのは違法」(いわゆる市村判決) 12月14日：都は判決を不服として控訴、18日には住民側も控訴			9月：アメリカ同時多発テロ事件
			2月：東京地裁、明和地所が求めた「地区計画・地区計画改正条例無効確認」を却下し、マンションの違法性を認める。一方で建築確認済証受領後の市による地区計画の制定を明和側の不利益と認め、市に4億円の賠償を命じる(いわゆる藤山判決)	12月：景観侵害を認め、20mを越える部分の撤去を認容(いわゆる宮岡判決)、明和地所側は控訴	6月：東京高裁、地裁の判断を覆し「条例制定前に着工された」建築物を合法と認定(いわゆる奥山判決)、住民側は最高裁へ上告、上告申立て			8月：丸の内にいわゆる新丸ビルオープン 12月：国土交通省「景観大綱作成」を決定
		9月：東京地裁、自民党市議の請求を棄却						4月：六本木ヒルズオープン

	12月：明和地所、東京高裁による「違法建築」の認定以後も工事続行（この時点で既に20m超え）							6月：東京地裁… 部「住民側建… 分申立て」を… る満田決定） 即時抗告 12月：東京高… 止仮処分」却… 20mを越える… 建築物にあた… （いわゆる江…
2001年（平成13年）	3月：明和地所、マンションの発売看板を設置 4月：明和地所、市らを相手に4億円の損害賠償請求を提訴 9月：明和地所、市に対し水道水申込の承諾を求める仮処分の申し立て 12月17日：明和地所、都建築指導事務所に工事完了届を提出	3月：市民側、東京都に対し違法部分の取り壊しを求める請願（署名数約11万人） 3月：市民が明和地所に対し、（右記裁判Bにて）違法とされた部分（20m以上）の撤去請求の民事訴訟を提起 5月：市民が都に対し、20m以上の除去命令を求める行政訴訟を提訴 12月20日：市民、都建築指導事務所へ検査済証交付をしないよう要請	3月：定例議会にて、市長、2議員の質問に対し「違法建築」発言（後に違法行為とされる） 12月21日：市議会、都に対し「国立の大学通りの景観を守ることを求める意見書」採択	7月：都へ違法建築部分の電気・ガス供給の保留を要請 12月10日：（右記裁判Gの判決を受け）上原市長、都建築指導事務所に是正命令を出すよう要請 12月20日：上原市長も市民と同時に、都建築指導事務所へ検査済証交付をしないよう要請		7月：都建築指導事務所、左記の市からの要請を拒否 8月：水道局も7月の市の要請を拒否 12月20日：都建築指導事務所、明和マンションに関して建築竣工検査済証を交付	12月10日：東京地裁八王子支部、原告・市民側の訴えを棄却・全面敗訴。「良好な景観は（略）財産権などとは性質を異にする」、「市民の意見などを都市計画の内容にいかに反映させるかなども都や市が自主的に判断すべきこと」	
2002年（平成14年）	2月：明和地所、マンションの分譲を開始		2月：（右記裁判Dの）結果を受け、損害賠償判決を不服として控訴を議決					
2003年（平成15年）				1月：国立市長、扇千景国土交通大臣宛てに「まちづくりに関する意見書」を提出 4月：市長選で上原氏2選を果たす	投票率 55.64% 上原公子　17,259 菊池トオル　8,473 くたら得三郎　4,823		2月：東京高裁、住民からの控訴を棄却	

				10月：東京高裁、景観利益等の民事上の権利を否定、「個々の住民に景観権や景観利益は認めらず、また良好な景観は主観的なものであり、裁判所が判断するのは適切ではない」（いわゆる大藤判決） 11月：市民側、上告・上告受理申立て				6月：景観法制定
			12月：東京高裁、マンションの販売阻止、妨害をしようとした市の行為は社会通念上許容される限度を逸脱した行為があるとし、国立市の国会賠償責任を認める（賠償額2,500万円）。一方、地区計画及び条例制定自体を不法行為とは認めず。（いわゆる根本判決）		6月：最高裁、上告棄却、上告受理申立て不受理の決定			3月：愛・地球博開幕
			1月：市と明和地所両者が上告しない中、補助参加人であった市民が上告	3月：最高裁、上告を棄却。「景観利益」は認めたものの、建物は「景観利益」を違法に侵害するものではないとして撤去は認めず。				
			3月：最高裁、上告棄却、市に対し明和地所への2,500万円の賠償を命じる。（利息分含め3,124万円）					11月：アメリカ大統領選挙でバラク・オバマ氏が勝利
						5月：裁判開始		9月：衆院選の民主党大勝により鳩山由紀夫内閣発足
						12月：東京地裁、市に対し、上原前市長に対し3,124万円を求償するよう命じる判決		
						1月：市は地裁判決を不服として東京高裁に控訴 5月：佐藤新市長が控訴取り下げ	12月：左記裁判Gの確定に伴う市から上原氏への損害賠償請求を東京地裁に提訴	3月：東日本大震災
							7月現在：東京地裁で審理中	

2004年 （平成16年）								
2005年 （平成17年）								
2006年 （平成18年）								
2007年 （平成19年）				4月：上原市長退任に伴い上原氏の後継者たる関口博氏が市長に当選 投票率 57.77% 関口博 14,707 嶋津隆文 13,701				
2008年 （平成20年）	4月：明和地所、市からの賠償金と同額の3,124万円を市に対し寄付			3月：右記裁判Dの判決を受け利息分を含め、明和地所に3,124万円を支払				
2009年 （平成21年）		3月：反上原派住民が、市が明和地所へ支払った3,124万円は上原前市長が責めを負うべきであり、市は上原氏に対し求償すべきとして監査請求 5月：住民側は市の監査請求を不服として東京地裁に住民訴訟を提訴		4月：住民からの監査請求に対し、市に判断を委ねる決定。				
2010年 （平成22年）								
2011年 （平成23年）					4月：住基ネット接続等が争点になり、現職の関口氏を破って佐藤氏（現職）が初当選 投票率 54.31% 佐藤和雄 14,937 関口博 11,404 小沢やす子 4,943			
2012年 （平成24年）								

国立市関係略図

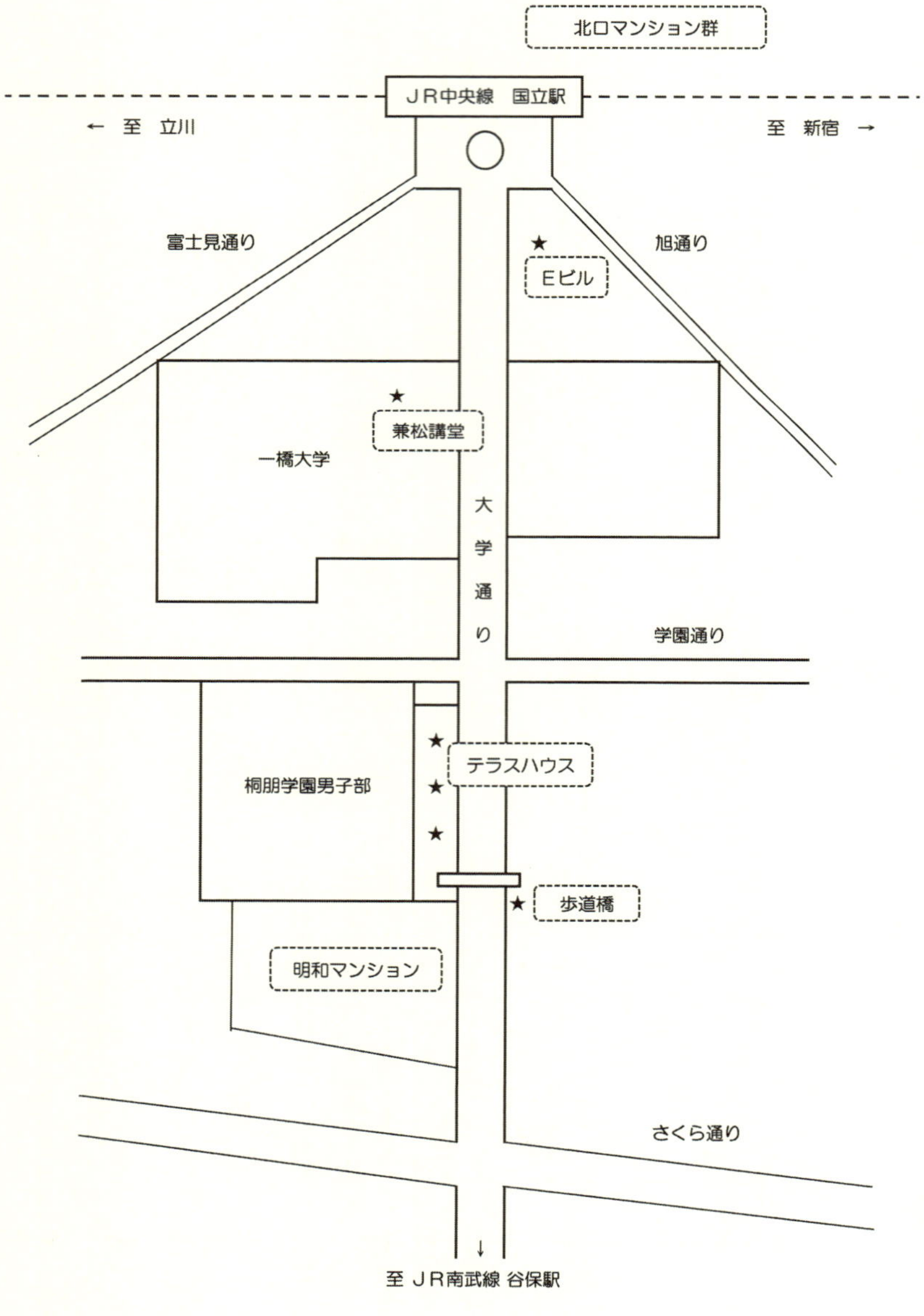
北口マンション群
ＪＲ中央線　国立駅
← 至　立川
至　新宿 →
富士見通り
旭通り
Eビル
兼松講堂
一橋大学
大学通り
学園通り
テラスハウス
桐朋学園男子部
歩道橋
明和マンション
さくら通り
至 ＪＲ南武線 谷保駅

【各論】

1　住民訴訟と議会・首長を巡る法的な問題

日置　雅晴（弁護士・早稲田大学法科大学院教授）

一　住民訴訟を巡る問題点

1　住民監査請求と住民訴訟、議会の関係

今回、元国立市長の法的責任として問題となっているのは、「新4号訴訟」といわれる訴訟である。今回の問題を理解するためには、この制度とその前提としての住民監査請求・住民訴訟を理解しておく必要がある。また、同時に地区計画（と建築制限条例の制定）についての責任が問題となるのであれば、条例を議決した議会とそれを構成する議員の責任もまた問われるべきであるが、現実的には議会が首長や職員の責任追求を放棄している事例も目立っている。最近この点に関して最高裁が判断を下したこともあり、この点についても社会の関心が高まっている。

新4号訴訟とは、地方自治法に定められた住民訴訟の一形態であり、公務員の違法行為により自治体に生じた損害を、当該公務員に請求する仕組みである。地方自治法は242条で住民監査請求制度を定め、242条の2で住民訴訟制度を定めている。

地方自治法242条の2は1項において住民訴訟で請求できる形態を1号から4号の4つを規定しており、これらはそれぞれ1号訴訟から4号訴訟と呼ばれている。

2002年（平成14年）に地方自治法の改正があり、4号訴訟の形態が大きく変更されることになった。この改正を受けた新たな4号訴訟のことを、それまでの4号訴訟と区別するために新4号訴訟と称しているのである。（以下、本稿でも2002年（平成14年）改正前の4号訴訟を旧4号訴訟、改正後のものを新4号訴訟という）

民事訴訟あるいは行政訴訟は、原則的には主観訴訟、すなわち当事者自らの法的利益についてのみ係争できるものとされている。行政訴訟において原告適格が主要な争点になるのはこの問題があるからである。原則として、自分の法的利益に関係のない訴訟は出来ないこととされている。たとえばあなたの隣の人が知人に貸したお金を返してもらえないからといって、その問題をあなたが訴えることは出来ない。公共の景観が侵害されたとしても、直接個人的な景観利益を侵害されていない人が訴えることは出来ない。訴えることが出来るのは、自らの法的利益を侵害された人に限定されるのである。

これに対して、住民訴訟とその前提となる監査請求制度は、立法により特に設けられた制度であり、地方自治体の住民であれば、直接自らの利益に関わらない問題であっても、制度の利用が可能とされている。当事者の法的利益には無関係で係争できることから、主観訴訟に対して客観訴訟ともいわれている。住民訴訟制度の位置づけについては、戦後アメリカにおける納税者訴訟を取り入れたものといわれているが、最高裁昭和53年3月30日判決**（注1）**は次のように指摘している。

「地方自治法二四二条の二の定める住民訴訟は、普通地方公共団体の執行機関又は職員による同法二四二条一項所定の財務会計上の違法な行為又は怠る事実が究極的には当該地方公共団体の構成員である住民全体の利益を害するものであるところから、これを防止するため、地方自治の本旨に基づく住民参政の一環として、住民に対しその予防又は是正を裁判所に請求する権能を与え、もつて地方財務行政の適正な運営を確保することを目的としたものであつて、執行機関又は職員の右財務会計上の行為又は怠る事実の適否ないしその是正の要否について地方公共団体の判断と住民の判断とが相反し対立する場合に、住民が自らの手により違法の防止又は是正をはかることができる点に、制度の本来の意義がある。すなわち、住民の有する右訴権は、地方公共団体の構成員である住民全体の利益を保障するために法律によつて特別に認められた参政権の一種であり、その訴訟の原告は、自己の個人的利益のためや地方公共団体そのものの利益のためにではなく、専ら原告を含む住民全体の利益のために、いわば公益の代表者として地方財務行政の適正化を主張するものであるということができる。住民訴訟の判決の効力が当事者のみにとどまらず全住民に及ぶと解されるのも、このためである。」

ここで、注意しておかないといけない点は、住民監査請求・住民訴訟はその対象が財務会計行為**（注2）**に限定されていることと、住民監査請求を先に行った上でないと住民訴訟は提訴できないことである。

住民監査請求がなされると、自治体の監査委員は、請求内容に関する監査を行い、必要に応じて「当該行為を防止し、若しくは是正し、若しくは当該怠る事実を改め、又は当該行為若しくは怠る事実によつて当該普通地方公共団体のこうむつた損害を補填するために必要な措置を講じる」ことが出来る。

実際には、監査委員の選任権限は地方自治法196条で「普通地方公共団体の長が、議会の同意を得て、人格が高潔で、普通地方公共団体の財務管理、事業の経営管理その他行政運営に関し優れた識見を有する者（以下この款において「識見を有する者」という。）及び議員のうちから、これを選任する。」とされていることから、首長の意を受けたものが任命されるのが一般的であり、職員個人の個人的な動機による違法行為などはさておき、行政の意向による行為については中立的な監査は期待しにくい。

実際の監査請求の実施状況を見ても、監査委員が何らかの勧告を行っているものは下図のように請求の5％程度にとどまっている。

そこで、地方自治法は監査委員の監査結果に不服のある場合には、住民訴訟の提訴により裁判所に判断を仰ぐことが出来ることとしている。監査請求と住民訴訟の大きな違いは、監査請求では対象行為が違法行為に限定されず不当な場合でも対象になるのに対して、住民訴訟では違法な場合に限定されること、請求形態が監査請求では柔軟に違法・不当行為の防止・是正・怠る事実を改める・団体の被った損害の塡補とされているのに対して、住民訴訟においては1号から4号の形態に限定されていることである。

表①　住民監査請求の実施状況　総務省資料

住民監査請求の実施状況

○　住民監査請求

（単位：件）

	監査請求の件数	うち取下げ	うち却下	うち棄却	うち勧告を行ったもの	うち監査結果を出さなかったもの（合議不調）
都道府県	338	13	187	125	11	2
市区	1,159	20	440	625	64	10
町村	301	4	106	173	16	2
合　計	1,798	37	733	923	91	14

※注１　住民監査請求の件数は、平成１９年４月１日から平成２１年３月３１日までの間に請求があったものの計数である。

出典：総務省調べ

2　新4号訴訟登場の背景と問題

①　旧4号訴訟と新4号訴訟の違い

4号訴訟は、職員個人等が違法な行政執行により地方自治体に損害を与えた場合に、その賠償責任を追及する訴訟であるが、旧4号訴訟は、監査請求を行った住民は、住民訴訟において当該職員個人を被告として、直接自治体の被った損害賠償を請求できるものとしていた。この点、1号から3号訴訟が機関としての職員あるいは行政庁とされ、いずれも地方自治体の職務として応訴することが可能な者を被告とする訴訟であったことと全く異なっていた。住民が職員個人に直接請求できるといっても、住民への賠償を請求できるわけではなく、いわゆる代位請求として、地方自治体に代わり、地方自治体への支払いを求める形態であり、これが認められた場合には、職員個人は自治体への賠償義務が確定することとなる。

②　新4号訴訟では、監査請求を行った住民は、いきなり職員個人に対する請求は出来なくなり、まず自治体の執行機関を被告として賠償請求を行うことを求める訴訟（賠償請求権行使の義務付訴訟）を起こすこととされた。（第1段訴訟という）

結果的には、1号から4号まですべての訴訟で地方自治体が被告としての応訴対応を担うこととなったのである。この訴訟で住民が勝訴した場合に限り、自治体執行機関は判決内容に従って職員個人に対する賠償請求を行うこととされた。（第2段訴訟という）

③　新旧4号訴訟の一番の違いは、旧4号訴訟では、いきなり職員個人が被告となり個人として応訴を強いられるのに対して、新4号訴訟ではまずは自治体の執行機関が被告となり、職員は自治体が敗訴した場合に限って、そ

135 【各論】

図①　新４号訴訟の関係図　総務省資料より

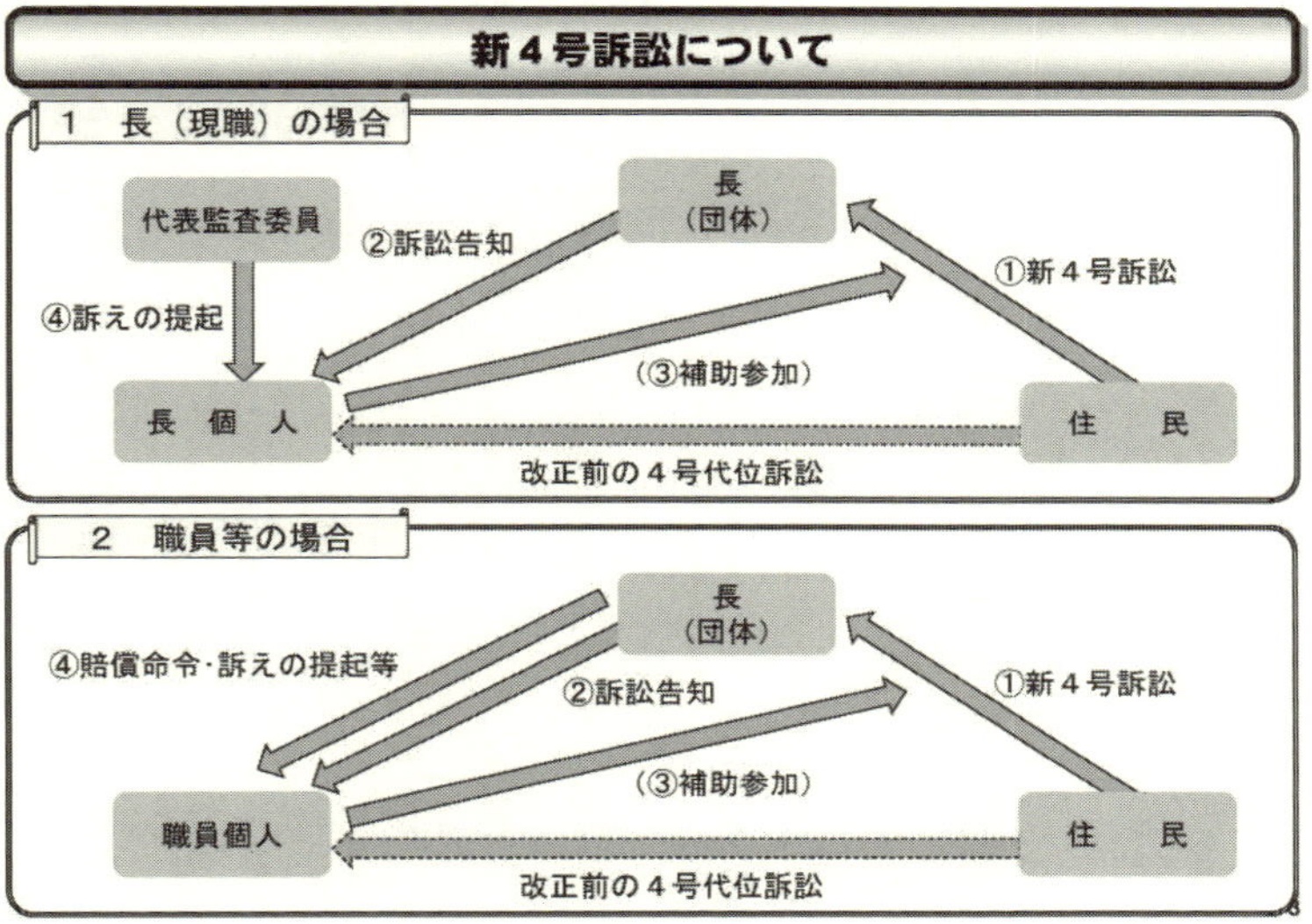

図②　新４号訴訟による住民訴訟の流れ　総務省資料より

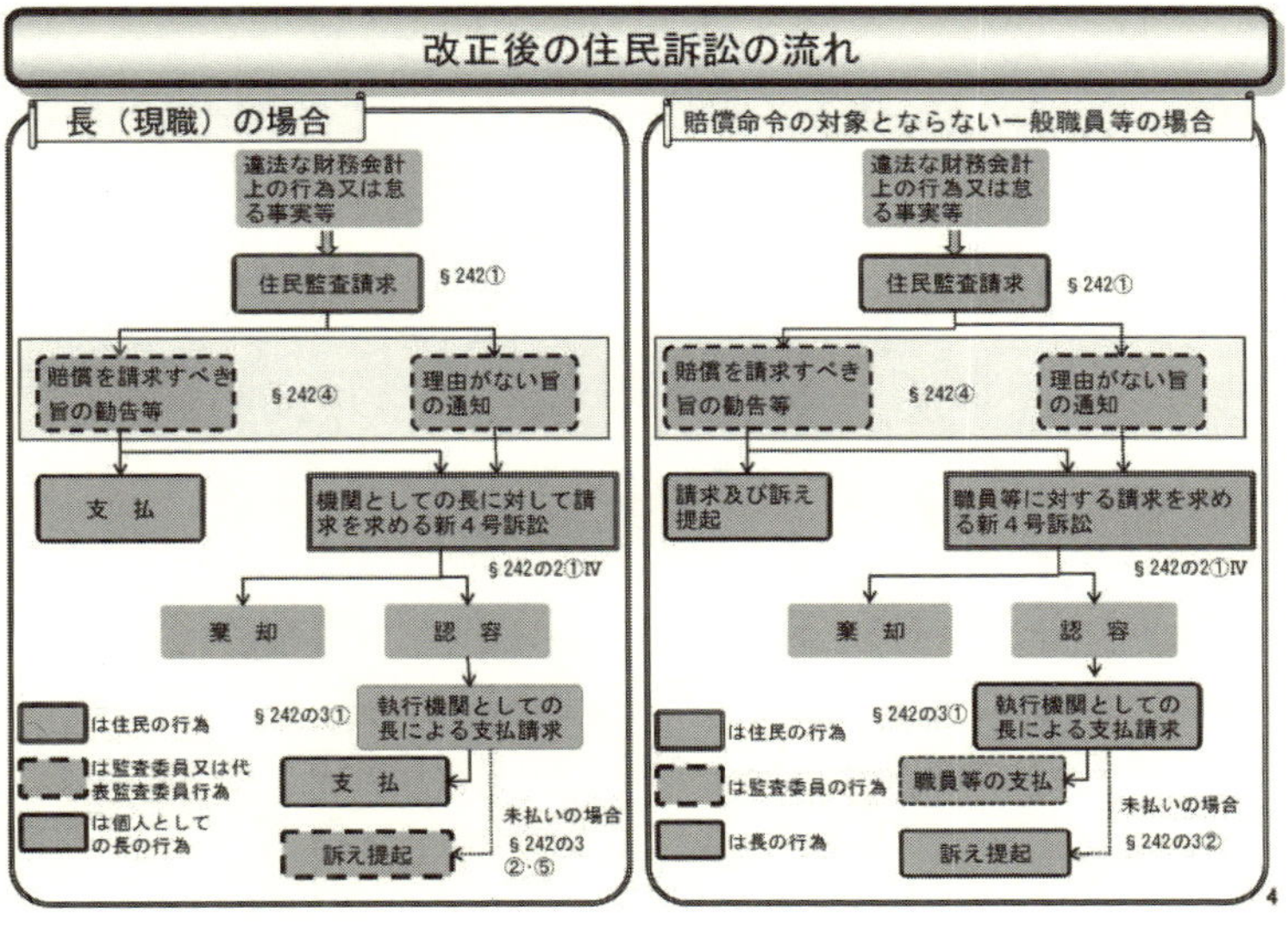

の後の対応が必要になる点である。

3　旧4号訴訟の問題点と運用実態

①　旧4号訴訟に関しては、住民訴訟の中で4号訴訟の割合は約74％であり最も利用されていた形態であるとされている。またその原因として1号ないし3号請求はかなり制限事由が多く、利用が容易でないことがあると指摘**（注3）**されており、相対的に4号請求が最も活用されてきたとみることも出来る。

他方で旧4号訴訟については、機関としての職員や自治体が被告ではなく職員個人だけが被告となることから、自治体側の組織的な対応が困難なこと、被告とされた個人が応訴の負担を負わざるを得なくなり、職員としての消極性や士気の低下を招きかねないこと等が指摘されている。**（注4）**

②　現実問題として、職員個人が被告になる場合、自治体は組織として個人を支援することは出来ず、個人が本人訴訟で応訴する（この場合公務ではないことから裁判所出廷は休暇を取って対応せざるを得ないこととなる）か、独自に弁護士を依頼する必要があり、個人で弁護士を依頼する場合、弁護士費用も個人負担となる（1994年（平成6年）改正で勝訴の場合に限り自治体負担とされた）などの問題があった。

これが自治体執行機関が被告となった場合には、その応訴はまさに自治体の職務となることから自治体の負担で弁護士を付けることも出来るし、事情をわかった自治体職員が指定代理人として訴訟行為を行うことも可能であり、職員個人の負担は大幅に減少することとなる。逆に見ると、地方自治法の改正は、このような職員個人の応訴負担を回避する点に実質的な目的があったとみることも出来る。

③　新4号訴訟における審理の問題点

新4号請求では、第一段訴訟では、住民が原告となり、地方自治体の執行機関（長）が被告となる。具体的な請求内容は「当該職員又は当該行為若しくは怠る事実に係る相手方に損害賠償又は不当利得返還の請求をすることを当該普通地方公共団体の執行機関又は職員に対して求める請求」とされており、当該職員個人等に対する損害賠償または不当利得返還請求権が訴訟物となり、その成否と金額が判断されることとなる。

しかし、本来当該職員個人等に対する損害賠償または不当利得返還請求権の成否と金額は、地方自治体と当該職員個人の間で係争されるべきものであり、住民と自治体執行機関（長）の間で審理された場合、当該職員個人の立場に立った主張が必ずしもなされるとは限らない。本来新4号請求が想定しているのは、現役の首長や幹部職員が賠償責任を負っているようなケースであり、そのような事案では事実上執行機関と職員個人の利益は一致しており、執行機関による訴訟遂行は職員個人の意を十分に踏まえたものになると考えられる。しかし、首長が交代した後における元首長の個人責任が問題とされた事案や、幹部職員と首長の行政方針が異なっていたような事案、個人的なミスによる損害賠償責任を巡る事案などにおいては、現在の執行機関の主張と職員個人の主張が一致するとは限らず、場合によっては主張が相反することもあり得る。

またたとえ利益が共通していたとしても、被告自治体側の訴訟遂行の稚拙により、職員個人にとって不利な判決となる事態も想定できる。

④　民事訴訟では、訴訟の効果は相対的であるのが原則であり、原則的には住民と自治体執行機関の間の訴訟の効果は、職員個人には及ばない。しかし、それでは住民訴訟に勝訴しても職員個人に対して再度訴訟を起こして最初から審理を行うことが必要になり、新4号請求は二度手間になるだけである。

そこで、地方自治法は4号訴訟制度を改正した法改正において、２４２条の2の7項から9項の規定を設け、新4号請求が提訴された場合に、被告となった自治体執行機関は職員個人に対して訴訟告知を行うこととされた。

訴訟告知とは、訴訟が係属した場合、訴訟当事者になっていない者に対して訴訟が係属していることを通知することにより、その訴訟の効果を及ぼす制度である。（民事訴訟法53条、地方自治法の規定はこの特則となる）
訴訟告知を受けた職員個人は図に示すように、第一段訴訟に補助参加人として訴訟参加することが出来る。
民事訴訟法では、訴訟告知を受けた者（被告知人）は、訴訟手続きに参加することが可能となるが、仮に訴訟手続きに参加しなくても参加した者と見なされ（民事訴訟法53条4項）、その裁判の効果は補助参加人に原則として及ぶこととされている。（民事訴訟法46条1項）

裁判の効力が補助参加人に及ぶという意味は、第一段訴訟で自治体側が敗訴した場合に、その後の第二段訴訟あるいは賠償命令を係争する訴訟において、裁判所は第一段訴訟と異なる判断は出来ないということである。（第一段訴訟の被告は自治体執行機関であり、第二段訴訟の原告は自治体であるが、この場合でも訴訟の効果が及ぶことは地方自治法242条の3第4項に規定が置かれている）

⑤　この結果、自治体と職員個人が事実上一体となって応訴するような通常のケースであれば、第一段訴訟で自治体側が敗訴した場合、第二段訴訟において、被告とされた個人は実質的には係争の余地がないものと考えられている。

しかし、自治体側と職員個人との関係が対立関係にある場合には、この新4号訴訟の仕組みは職員個人にとっては大きな不利益を及ぼす可能性がある。

それは、訴訟告知を受けた職員個人は第一段訴訟で補助参加人としての地位に置かれることによる。補助参加人は、訴訟当事者として独自の主張立証など一切の訴訟行為を行うことが出来るとされているが、被参加人（この場合自治体側）の訴訟行為と抵触する行為は出来ない。（民事訴訟法45条）

また補助参加人は控訴や上告を独自に行うことは可能であるが、控訴や上告の取り下げは被参加人だけが、しかも独自で行えることとされている。補助参加人は、通常の被告とされた場合に比べると、訴訟行為が制限されている部分が存在しているのである。

⑥ 現実の問題として、元国立市長を巡る賠償請求事件では、第一段訴訟が提訴された時点で、上原は市長を退職していたが、その時点での市長は上原の後継とされ、基本的に路線を同じくしていた**（注5）**ことから、一審段階においては上原と国立市長の主張は齟齬をきたすことはなかったと考えられる。一審において国立市長側が敗訴し、これに対し市側は控訴し、第一段訴訟は控訴審に係属した。ところが控訴後に行われた市長選挙においては、上原、後継市長の路線に反対する立場の候補者が当選し、当選後に市は一方的に控訴を取り下げてしまった。結果的に行政側敗訴の第一段訴訟は確定することになったが、その結果上原個人としては控訴審あるいは上告審の判断を受ける機会が失われてしまったことになる。

このような事案にまで、上原が第一段訴訟の結果を第二段訴訟で係争できないとなると、市長個人は審級の利益を奪われる不当な結果となる。民事訴訟法上も46条は、補助参加人が訴訟行為を出来なかった場合には、訴訟の効力は及ばないとしており、本件も一般論としてはこのような事例ということができよう。しかしこのような場合に、第一段訴訟と第二段訴訟の関係がどのようになるのかについて裁判所の判断の先例は存在しておらず、本件における判断が極めて重要な最初の事例ということになる。

このような事態を想定すると、そもそも新4号訴訟の第一段訴訟においては、職員個人は補助参加人として位置づけるのではなく、より独立した当事者としての訴訟行為が可能な共同訴訟的補助参加（民事訴訟法52条）とすべきだという主張もなされている。**（注6）**

新4号訴訟が様々な政治的な利害関係を背景に利用される可能性があることを考えるならば、行政と職員個人の関係は多様であり、時には厳しい対立状態になる場合や審理途中で利害関係が大きく変わることもあるということを踏まえた柔軟な訴訟運営が必要である。

⑦　なお、千葉補足意見が「国家賠償法においては、個人責任を負わせる範囲について、同法第1条2項が公権力の行使に当たる公務員が故意又は重大な過失のあった場合に限定しているのと比べ、住民訴訟においては、個人責任を負う範囲を狭めてはおらず、その点が制度の特質となっている。」と述べているように、財務会計行為の違法性を根拠として職員個人の責任を追及する場合に比べ、国賠の対象となった行為に関して職員個人に自治体が求償する場合には、公務員の故意または重過失が要件とされている。この点において、上原の事案は、前提としての国立市に対する国賠訴訟で、自治体としての市の行為は違法とされていることから（この点は一応、第一段訴訟においては既判力はないが、同種事案に対する先行判断として事実上強い影響力があることは否定できない）、新4号訴訟においては、上原個人として重過失があったか否かが最も重要な争点ということが出来る。

⑧　しかしながら、第一段訴訟においては、この点に関しては、「上原前市長が本件第1行為から本件第4行為までの各行為に及んだ動機が大学通りの景観を保持するためであったことは優に推認することができるものの、上原前市長は、建築基準法に違反しない適法建築物である本件建物の建築・販売を阻止することを目的として一連の本件違法行為が、普通地方公共団体の長として要請される中立性・公平性を逸脱し急激かつ強引な行政施策の変更又は異例かつ執拗な目的達成行為であると評価することができる基礎事実を十分に認識しながら、本件違法行為に及んで、明和地所の適法な営業活動を妨害したと認められる以上、少なくとも重大な過失があることは明らかというべきである」として、十分な検討なく上原の重過失を認定している。（第1行為から第4行為を総合して違法性を認めるという判断手法については総論でその不当性が述べられている）

そもそも、国賠訴訟における故意過失は、学校や公務中の事故などのような事実行為による場合には、通常の不法行為と同様の故意過失が問題となるが、行政権の行使の場合には、それは意図的に行われる行為そのものであり、当該事実を認識して行為を行ったからといって故意になるわけではない。判例はこのような場合には、職務行為規範説という考え方をとっている。職務行為規範説とは、当該職務を行うに際して、その行為が違法となるか否かについての注意義務を怠ったか否かを基準として過失の有無を判断するという考え方であり、その判断をするためには、当該行為を行うに際して、公務員個人がどの程度当該行為の違法性を事前に認識できる可能性があったかの検証が必要であり、特に求償の場合にはその点において重過失があったか否かが慎重に判断されなくてはいけないが、第一段訴訟においてはこの点に関して十分な審理・判断がなされていないように思われる。

⑨ たとえば、裁判所のいう第2行為(地区計画の策定)に関しては、当該事案の民事仮処分事件の控訴審決定**(注7)**では、「相手方らは、国立市が相手方明和地所の本件マンションの建築計画を知った上で、これを阻止するために、いわば狙い撃ち的に本件建築物制限条例を制定したことを理由に、また、制定の手続等の故に、同条例が無効であると主張する。しかしながら、国立市議会における条例の制定手続の当否は、優れて政治的な問題として、裁判所が判断を控えるべき性質の事柄であり、制定手続の故に条例が無効とされることはない。また、右条例は、相手方明和地所の本件マンション建築計画に対して狙い撃ち的に制定されたとしても、その故に無効となることはない。国の法律、地方自治体の条例いずれであれ、生じ得る事態を想定して制定されるものではあるが、経済活動や犯罪が従前予想しなかった態様により行われるとともに、これらを規制するための立法が後追い的にされることは、常にあることで、異とすべきことではない」と裁判所が条例が適法であるという判断を述べている。このような判断が出ている事項に関し、事前にこれを客観的に違法行為であるとの認識を持つことは困難であり、少なくとも重過失は否定されるのではないだろうか。

⑩ また、裁判所のいう第3行為(議会での違法建築との発言)は、まさに上記決定中における「本件マンションは、その高さの点において本件建築物制限条例に違反しており、建築基準法に適合しない建物に当たる。」との決定の

内容をそのまま述べている行為であり、少なくとも裁判所の判断の内容をそのまま議会で述べる行為が違法性があると事前に想定しなかったことに重過失を認定できるのか、この点についても何ら検証がなされていない。

裁判所のいう第1行為（反対運動の拡大）、第4行為（東京都等への働きかけ）などに関しても、それら行為の是非を判断すべき法的な資料について、従前の行政通達や判例等にどのようなものが存在し、それを踏まえてこれらの行為の選択が重過失と言えるのかが詳細に検証される必要がある。

少なくとも、上原の故意または重過失の点については、第一段訴訟において、市長の立場からは十分な主張立証がなされていないと思われ、第二段訴訟において審理を尽くすことが望まれる。

二　議会の役割と住民訴訟　請求権放棄と最高裁判決

1　議会の役割

地方自治において、議会はどのような役割を果たすべきであり、それに伴いどのような行為について賠償等を伴う責任を負うべきであろうか。

今回の問題を議会との関わりで見てみると、二つの側面がある。

一つは、地区計画による建築制限条例は議会の議決を経て制定されたものであり、仮に建築制限条例の制定も国立市長の不法行為責任の一部とされるのであれば、これを議決した議会の責任は問われないのか、条例を提案した市長だけが責任を問われることに問題はないのかという点である。

もう一つは、仮に市長に市に対する賠償責任があるとして、議会はこれを放棄することができるか否かという点である。

前者については、自治体が執行機関、議会と一体となってある政策を実現したときに、その責任を執行機関だけが個人として負うのか、あるいは議会は責任を負わなくてよいのかという問題であり、本書においては、総論において論じたところである。

後者については、これまで首長や自治体職員に対する賠償を命じる住民訴訟判決が出たり、あるいは審理途中において、議会により請求権を放棄するという議決がなされる事例が多数あり、その有効性が問題となっていた。この問題もまた、首長などの個人責任は本来どうあるべきかということに密接につながる問題である。

2　議会による賠償請求権放棄

地方自治体は、自己の債権について議会の議決によりこれを放棄することが可能である。（地方自治法96条1項10号、地方自治法240条3項）

この規定には何らの制限も付されていないことから、従前、住民訴訟により首長などが個人として賠償を命じられた場合に、議会において請求権を放棄することで首長の責任を回避するという事例が見られた。最近では住民訴訟が提訴されて係争中の段階で先行して放棄をするという事例も出てきている。このような住民訴訟の4号請求にかかる債権の放棄については、現実的に議会と首長が一体的に行動している自治体においては、行政の違法な行為をただすという住民訴訟の制度目的を否定する結果になることもあり、これを有効とみるか無効とみるか下級審では判断が分かれていた。

大阪高裁２００９年（平成21年）11月27日判決**（注8）**は、個別具体的な事情を考慮することなく住民訴訟にかかる債権を放棄する行為は住民訴訟制度を根底から否定するもので、議決権の濫用に当たり無効であるという判断を示した。これに対して大阪高裁２０１０年（平成22年）８月27日判決**（注9）**は住民訴訟が提起されていたとしても、議会の権限による債権放棄が妨げられることはなく、裁判所が議会の放棄議決について有効か否かを判断する余地はないという判断を示し判断が分かれていた。

なお結審前の放棄に関しては、仮に放棄を有効としてしまうと請求対象の請求権が消滅することとなり、対象となった行為が違法か否かの本案判断さえ受けられなくなるという結果になってしまう点が特に問題とされていた。ほかにも同種事案について、下級審は放棄を有効とするものと、放棄は無効であるとするものに分かれていたが、この点に関して最高裁は２０１２年（平成24年）４月20日と23日に相次いで判決を出し、最高裁としての考え方を示した。

3　債権放棄に関する最高裁判決

①　最高裁２０１２年（平成24年）４月20日判決は、神戸市の外郭団体の人件費を自治体が負担した事案について「地方自治法においては、普通地方公共団体がその債権の放棄をするに当たって、その議会の議決及び長の執行行為（条例による場合は、その公布）という手続的要件を満たしている限り、その適否の実体的判断については、住民による直接の選挙を通じて選出された議員により構成される普通地方公共団体の議決機関である議会の裁量権に基本的に委ねられているものというべきである」と、基本的に債権放棄は議会の自由裁量行為であると判断したう

えで「住民訴訟の対象とされている損害賠償請求権又は不当利得返還請求権を放棄する旨の議決がされた場合についてみると、このような請求権が認められる場合は様々であり、個々の事案ごとに、当該請求権の発生原因である財務会計行為等の性質、内容、原因、経緯及び影響、当該議決の趣旨及び経緯、当該請求権の放棄又は行使の影響、住民訴訟の係属の有無及び経緯、事後の状況その他の諸般の事情を総合考慮して、これを放棄することが普通地方公共団体の民主的かつ実効的な行政運営の確保を旨とする同法の趣旨等に照らして不合理であって上記の裁量権の範囲の逸脱又はその濫用に当たると認められるときは、その議決は違法となり、当該放棄は無効となるものと解するのが相当である。そして、当該公金の支出等の財務会計行為等の性質、内容等については、その違法事由の性格や当該職員又は当該支出等を受けた者の帰責性等が考慮の対象とされるべきものと解される。」と、一定の場合には裁量権逸脱または濫用として違法無効となる場合があること、その判断の際に違法事由の性格や当該職員等の帰責性等を考慮すべきであるという判断を示し、神戸市長等に対する請求権を放棄した議決を有効と判断した。

② 続いて出された最高裁2012年（平成24年）4月23日判決は、栃木県旧氏家町の浄水場用地購入を巡る事案であるが、20日判決と同じ考え方にたったうえで、当該事案については議決の適法性に関しては、住民訴訟の経緯や当該議決の趣旨及び経緯を含めた諸般の事情を総合考慮する上記の判断枠組みの下で、裁判所がその審査及び判断を行うべきであるとし、考慮事項についてさらに審理を尽くすべきであるとして、破棄差し戻しとしている。

③ この二つの最高裁判決は、職員個人の責任について、広範な議会による政治的考慮による放棄を認めるものであり、例外的に放棄が濫用になる場合か否かの判断根拠として違法事由の性格や職員の帰責性をあげていることから、悪意に近いような形態で個人的利益を図ったような行為などを念頭に置いているとも考えられる。

財務会計行為と職員の個人的責任については、最高裁判決の中で千葉裁判官は補足意見として、財務会計行為の複雑化による違法行為発生のリスク高度化と損害額の高額化、個人責任による職務遂行の萎縮問題などを根拠として、「錯綜する事務処理の過程で、一度ミスや法令解釈の誤りがあると、相当因果関係が認められる限り、長の給与や退職金をはるかに凌駕する損害賠償義務を負わせることとしているこの制度の意義についての説明は、通常の個人の責任論の考えからは困難であり、それとは異なる次元のものといわざるを得ない」と評価し、立法的に個人責任の範囲を相当大きく限定する必要性を指摘している。

このような考え方は、現代社会における首長の役割を考えると、妥当性を有しているのではないだろうか。なお、現在の国立市議会が上原に対する債権を放棄する決議を行うか否かは微妙な問題であるが、仮にそのような決議を行った場合には、上記最高裁判決の趣旨をふまえると、まさに市民の景観保護という付託を実現するための行為であり、市長自らが利得しているわけでもないことを踏まえると、放棄決議が有効という場合に該当すると思われる。

④　職員個人、特に首長について、上記最高裁判決および千葉補足意見のような考え方が妥当であるとするならば、本来その責任を免除すべき事案は議会議決が得られた場合に限らず、法律により一般論として、定めるべき必要があろう。なぜならば、国立の例に見られるように、首長の責任を巡っては特に政治的な対立が激化する場合があり、それ故に、元の首長とその後の首長のあるいは議会の政治路線が対立するような場合には、議会による免責決議の可能性は限りなく小さくなるのであり、そのような場合には、無限定の個人責任が課されるという不合理な事態が生じることになり、他方で政治路線を後継者が継承している場合には原則として議会議決により免除されることになることと、あまりにも極端に結果が異なるからである。

⑤　将来的には、この点は国会での議論を経て、適切な法改正が待たれるとして、現在の法制度の下では、この最高裁判決は、職員、特に首長個人の責任について議会による放棄がなされない場合においても、何らかの責任制限要素として考慮されることになるだろうか。

論理的にはこの最高裁判決は、放棄決議の有効性についての判断であり、公務員個人の責任に関する判断とは別の問題である。

しかし神戸市長個人にかかる判断では、最高裁は放棄の有効性とは別に、市長の過失の有無について再検討を行い、過失を認定した原審の判断を変更して、市長に財務会計行為が違法であると認識できるような注意義務違反はなく無過失ゆえにそもそも（放棄以前に）損害賠償義務を負わないという判断を示している。

この判断それ自体は、法的に新たな考え方を示したものではなく事例判断というべきであるが、過失判断について、市長の裁量の範囲を広く解することにより、注意義務違反を認定した原審の判断を変更して個人責任を認めないという結論を導いており、その背景に公務員の個人責任を限定的に解しようという右記のような最高裁の考え方があるとみることができよう。

元国立市長の第2段訴訟においても、そもそも上原に国賠法上の求償要件である公務員個人の故意または重過失があったかが問われ、その点が第一段訴訟では必ずしも十分に審理されていないのではないかと疑義を呈したが、この点について最高裁が今回示したような価値観を踏まえた職務行為規範説に立った上で慎重に考察するならば、その規範違反たる上原の判断が、明らかに首長なら誰であっても容易に違法と判断すべき行為をあえて行ったような場合に限定して重過失を認定すべきである。

この点において、上原のいくつかの行為を取り上げ、単独での違法性は明確に判断しないままにそれらが総合して違法行為になるとするような国賠控訴審判決あるいは第1段訴訟のような違法性認定は、行政自体の国賠責任における違法性の判断としては成り立つ余地はあるとしても、公務員個人の責任の判断としては認めるべきではない。

結果的には上原には少なくとも重過失はなく、そもそも賠償義務がないという判断を下すべきであろう。

（注）

1　最高裁第一小法廷昭和53年　３月30日判決判例時報８８４号22頁
2　地方自治法２４２条１項は住民監査請求の対象を「当該普通地方公共団体の長若しくは委員会若しくは委員又は当該普通地方公共団体の職員について、違法若しくは不当な公金の支出、財産の取得、管理若しくは処分、契約の締結若しくは履行若しくは債務その他の義務の負担がある（当該行為がなされることが相当の確実さをもつて予測される場合を含む。）と認めるとき、又は違法若しくは不当に公金の賦課若しくは徴収若しくは財産の管理を怠る事実（以下「怠る事実」という。）があると認めるとき」と限定している。
3　住民訴訟・新四号訴訟の構造と解釈　安本典夫　立命館法学２００３年６号３８３頁あるいは住民訴訟における第４号請求　皆川治廣　法律の広場　２００２、８号30頁
4　同右
5　元市長時代からの住基ネット接続拒否を巡り、市長自ら別件の住民訴訟を抱えていた。こちらも本件とほぼ同時期に市側敗訴となり、その後の市長交代により控訴取り下げにより一審判決が確定している。
http://www.city.kunitachi.tokyo.jp/dlps_data/_material_/localhost/200000/202000/pdf/sosyouteikinituite.pdf
6　前出　住民訴訟・新四号訴訟の構造と解釈
7　東京高裁平成12年６月６日決定　判時１７６７号43頁
8　大阪高裁平成21年11月27日判決　裁判所 web 掲載
9　大阪高裁平成22年８月27日判決　判タ１３６０号１２７頁

2 都市計画と建築

〜国立の景観論「景観美の誕生」〜

渡辺　勝道（法政大学大学院博士後期課程　建築家）

一　学園都市の誕生

１９２３年（大正12年）の関東大震災後に後藤新平を総裁として誕生した「帝都復興院」は第一回参与会における議案のなかで各種営造物の配置に関する件として、「災害に罹りたる庁舎、兵営、学校、寺院墓地其他公私の営造物の類にして利用上強て在来の位置に存するの必要なきものは之を郊外其他適当の地に移転せしめむる」（前後省略）として、大学等の郊外移転を進めることとなった。

震災によって校舎が壊滅的な打撃を受けた東京商科大学（現：一橋大学）も学長であった佐野善作を中心に安全でより広い新学舎の建設をめざして大学の移転を計画する。そのとき佐野の脳裏にはドイツ訪問時に訪れた大学町ゲッチンゲンが浮かんでいた。ゲッチンゲンのような学園都市を作りたいという願いがこみあげてくる。佐野は大学の移転先を当時の箱根土地株式会社社長の藤田謙一と当時専務であった堤康次郎に提案する。これを受けて、堤は当時の北多摩郡谷保村に広がる未開発地を移転先とし、東京商科大学を誘致し人口５万人の郊外住宅地の計画を開始した。

この商科大学の移転と学園都市の誕生については諸説あるが、主導権を握ったのは佐野善作と商科大学とみるのが妥当であろう。佐野と藤田謙一は当時、ともに藤田の出身校である明治大学の役員を務めており既知の間柄であった、藤田は後藤新平の四天王と呼ばれた人物であり、堤康次郎は後藤新平に紹介され藤田を箱根土地の社長に招いたという経緯もある。

当時、帝都復興院の意向もあったためか都心のいくつかの学校が郊外への移転を計画していた。明治大学も、現在の一ツ橋学園への移転を箱根土地と進めていたが、ここにも佐野の関与があったようである。このことからも佐野が大学の移転に積極的だったことがうかがえる。

また、佐野は英国留学の経験があり、２度ほどドイツを訪れている、このとき北ドイツ平原の緑に囲まれ大学都市ゲッチンゲンを目にしたと思われる。「国立大学町」という当時の名称については１９２４（大正13年）年に佐野と堤が話し合いにて決定され、ここに日本で最初となる「学園都市」が誕生することとなった。

佐野善作が学園都市の模範としたゲッチンゲンとは、ドイツ中央部にある人口12万ほどの大学を中心とした都市である。中世以前からの城郭都市であったゲッチンゲンは18世紀初頭に大学が創設され、以来この大学を中心に深い緑の中に低層住宅が平然と配される学園都市として発展していった。佐野の見たゲッチンゲンは緑多き学園都市であった、後に緑の生い茂る武蔵野の原野を目にした佐野は、脳裏にかつて訪れたゲッチンゲンの風景を重ね合わせたに違いない。

そして、佐野が国立でめざしたものは緑の中に点在する瀟洒な住宅であり大学を中心としたアカデミックな雰囲気だったと思える。

現在、ゲッチンゲンの郊外には「ヒロシマ通り」と名づけられた通りもあって市民の意識も高いという。

佐野の思いはここに結実しているのではないだろうか。

こうして「国立大学町」構想が進められることとなり、1926年（大正15年）には第一期分譲が開始された。

東京商科大学は1927年（昭和2年）竣工の兼松講堂を皮切りに施設整備を進めることとなり、現在の国立の街の原型が出来上がった。1929年（昭和4年）には、東京商科大学も全ての校舎の国立移転を果たした。

大学側は移転に際し学園都市全体の計画にも深く関与した、駅舎の建設と駅前広場の整備、現在の大学通りを中心とし富士見通りや旭通りなどの骨格と街区割りなどが覚書として締結されており、駅舎については外観を考慮して入念に建築し敷地とともに鉄道省に寄付することとされた。

この駅舎のデザインについては、学園都市の計画と関連した興味ある事実が隠されているが、これについては後述する。

また、大学通りには鉄道を敷設する計画となっていた、1926年（大正15年）に京王電気軌道（現：京王帝都電鉄）が府中～国立間の計画を申請している。この大学通りの計画には、「幹線となる街路は広幅員とし、あらかじめ鉄道敷設に備える」という帝都復興院の街路計画への追随性も指摘されているが、後藤新平～藤田謙一～堤康次郎といった国立の開発の経緯をみれば復興院の街路計画が国立にも浸透していたのかもしれない。

当初箱根土地としては分譲先を東京在住の裕福層を対象とした別荘地を想定し、さらには投資物件ともしていた。これは箱根土地が発行した宣伝用の大学町の鳥瞰図に、「都会に居住さるる方と雖も、郊外に田園趣味を基調とした簡易別荘を持たるる事は、休暇や週末から日曜にかけて家庭的楽しみとなり、また確実安全なる投資物となります」と謳っている。

もっとも、これは後に郊外型の住宅地へと変更されることとなるのであるが、この方向転換にも大学側の意向があった。

佐野は移転協議のなかの談話で「最も憂慮に堪えぬものは、土地が俄に開けるのに伴って色々の如何はしい営業者の入り込むことである。これについては経営者なる土地会社とも相談し、その筋とも連絡をとって、完全にその侵入を防御して貰うつもりである。娯楽機関は勿論結構、沢山開いてほしいが、但しこれも大学都市にふさはしい上品なものを心掛けて貰わねばならぬ。（中略）之を要するに理想的の大学都市は理想の高尚な住宅地に囲まれてこそ初めて実現されるのである。箱根土地の誠意ある経営に吾人は大きな期待をもつのである。」と述べている。

また、大学主導については、大学と箱根土地との間で交わされたた土地交換契約書にもみられる。

内容を要約すれば、（第1条から第5条）神田一ツ橋の大学敷地と国立大学町の敷地との交換に関すること、（第6条）たまらん坂から国分寺駅までの道路開削、（第7条）国立駅新設、（第8条）大学町の開発と上下水道、電気などの整備、（第9条）石神井の大学予科との連絡線の新設、（第10条）大学敷地周辺地の取り扱いとなっており、特に第10条には「箱根土地は学生訓育上大学敷地付近の土地の用途につき、常に大学の意見を徴し、これを尊重する義務を負う」としている。以上からも、大学側に大学だけではない周辺環境をも含めた学園都市実現への並々ならぬ思いがあったことが感じられる。

大学の建設に先行して堤康次郎による住宅地の建設は進められた、インフラの整備とともに警察、消防、郵便といった公益施設の整備をはじめとし、会社直営の商店なども整えられた。約２０００区画は一区画２００坪と設定され、建築される住宅は低層でかつ一定水準以上のものとされた。

堤は学園都市の景観を守るために分譲後に建築される住宅にも一定の規制をおこなった。

・大学町は学校を中心とした平和にして静かな郊外理想郷ですから工場や風儀を紊る営業は絶対にお断りする。

・建築は商店たると住宅たるとを問わず総て最初より本建築にてお願いする。トタン屋根やナマコ張りの粗雑なバラック建その他街の美観を損ずるが如き建築は一切建築しないこと。

これらのことからも、佐野善作と堤康次郎の思い描いた、閑静で緑豊かな郊外の小都市に立地する大学という理想と東京郊外の中産階層向けの高級住宅街の建設という互いの理想が、商科大学と箱根土地が協力することによって昇華し、学園都市という理想的な住環境を作り出すことに成功したといえる。そして、そこに育まれた市民によって国立の住環境と景観は現在に至るまで綿々と守られてきたのである。

二　学園都市としての国立

１９２０年代におこった社会潮流の変化の一つはサラリーマン層の増大である。彼らはある程度の資産と教養を持ち合わせており、文化的な生活を望む中産階級の代表であった。

この時期、「田園都市思潮」の輸入等を背景として、鉄道会社などが中心となって東京郊外に次々と住宅地が開発されていった。これに追い討ちをかけたのが１９２３年（大正12年）の関東大震災による都心からの人口の流出であり、これらによって多くのサラリーマン層が郊外の分譲地を購入し居を構えることとなった。

同時期の東京の郊外型住宅地としては、

・洗足住宅地（１９２２年（大正11年））

・田園調布（１９２４年（大正13年））

・大泉学園（1925年（大正14年））
・小平学園町（1925年（大正14年））
・日吉住宅地（1925年（大正14年））

などが開発されている。

これらの郊外住宅地と比較しての国立を見ると、大学を街区の中心に象徴的に配置した計画はかなり特徴的である。後に慶応義塾大学を誘致して計画された日吉の住宅地は大学を線路の反対側に配置することによって、住宅地と大学を区分するという一般的な手法をとっているために大学と街との一体感は感じられない。

この時期の東京近郊の住宅地開発を概説すると、英国のエベネザー・ハワードが提唱した「田園都市構想」（1898年）の影響を色濃くうけた渋沢栄一と五島慶太の求心性をもったヨーロッパ型の都市計画及び堤康次郎のグリッドにより街区に均質性をもたせたサンフランシスコなどにみられるアメリカ型に大別されるといえる。

この頃、東京の中心部は人口増加によるスプロール化が深刻な社会問題となっており、その解決が急務となっていた。

渋沢栄一はハワードの「田園都市」に感化され四男に英国の実情を視察させて1918年（大正7年）に田園都市株式会社を設立するが、同社の設立趣意書には、「東京市の如きは合計二千三百万余坪の面積に約二百三十万の人口を包容し、其一人当りの地積は河川溝渠道路公園をも包含して尚ほ僅かに十坪に過ぎず、其稠密の度は巴里伯林と比肩し之を倫敦に比すれば正に二倍の密度を有す」（前後省略）とある。これによって、渋沢は土地買収を進めさらに鉄道の敷設を進めるために後藤慶太を鉄道部門の社長に迎え、これを軸として東京の郊外に田園都市を開発していった。

彼らの開発手法は当然のことながら、ハワードのダイアグラムによる広場等の中心性を強調した同心円状の街路と、放射線状に延びた街路を典型とする街区計画であった。

これに対し堤が1919年（大正8年）に創設した箱根土地株式会社の計画は、「都市美運動」の起っていたアメリカの格子状の街路計画であった。これは国立のような学園都市においては、都市と共存する大学の配置に有利な方法ともいえるが、住宅地としての均質性はあるが単調となるおそれがある、この単調さを抑える手法として自然環境の重視、街区軸としての鉄道とアイストップとしての駅舎、広場の設置などの田園都市の手法を取り入れたと考えられる。このように都市計画上の街区形態の面から見れば、国立は英国、ヨーロッパ型の田園都市とアメリカの近代都市計画型が日本において融合したものと考えられる。

国立は都市計画の観点からも特徴ある稀有な事例と言えるであろう。

（注）「都市美運動」とは、18世紀後半のアメリカ合衆国では移民の増加に伴って都市部スプロール化が起っており、その都市部では建築費の安価なアパートが乱立した影響で、景観が著しく損なわれた。こうした状況の改善という考えのもと、1890代から都市美運動が展開されるようになった。

三　国立の美しさ

国立市で広義に「景観」という場合は、同市の都市景観基本計画等によれば「大学通り地域」と南部の「青柳崖線地域」の二ヵ所ある。前者は人工景観、後者は自然景観である。ここでは人工景観としての「大学通り地域」について考えていこう。

なかでも最初に目につくのは駅舎である。現在は仮の駅舎となっているが、三角屋根で有名なＪＲ中央線の国立駅から南に伸びる道路幅44ｍの「大学通り」は国立の景観シンボルとして古くから市民に親しまれ安らぎを与え続けている。道路両端の９ｍもの緑地帯には1・2ｋｍにわたって桜と銀杏が交互に植えられているが、これは市民の互助と親睦のために立ち上げられた「国立町会」が、皇太子誕生を祝って、１９３４年（昭和9年）から翌年にかけて桜を植樹したことに始まり、徐々に本数を増やして現在にいたっている。緑地帯の原型を市民自身の手によって作り上げた事実は特筆すべき点であろう。

さて都市景観の構成要素として道路（街路樹、ストリートファニチャー等を含む）・公園などの公共施設と建築物・敷地（生垣や門塀を含む）等が挙げられるが、それぞれの要素及び関係には自ずと守られるべきルールが存在する。昔から美しいといわれる都市や町並みは守るべきルールを守った上で、その範囲内において自由な表現をすることによって一層の輝きを持ってきた。

景観の美しさを判断する視点は、近景と遠景の双方があると考えられるが、都市景観、街区景観としては通常において近景に比重が置かれる。近景では、建築物の形状、大きさ、材料の統一性がもとめられ、歴史性が重視される傾向があり、これは世界的に共通である。また、工法や材料、法的制約が少なかった時期のものが評価されやすいということも事実であるが、これも自ずと守られるべきルールの範囲内の自由な表現という意味であって、無秩序を許容するものではない。また、歴史性や場所性などに関らず、規模や形態や意匠、環境が整った場所は当然評価される。

国立の場合はどうか、近景においては低層におさえられた瀟洒な住宅や、しゃれた店舗が整然と並んだ風景であり、遠景においてはランドマークである三角屋根の駅舎から延びる大学通りの並木である。国立の場合には加えて、これらの調和が素晴らしいといえる、大学通りは片側に９ｍの緑地帯と3・6ｍの歩道があり緑地帯にはところどころにポケットパークのようにベンチが設置されている。

この歩道と緑地帯にはベンチでの語らいや子供たちの声といった、生き生きとした生活規模の風景がある。この環境は国立市民が自ずから守るべきルールを意識して長年引き継いできた場所であり景観の一部として評価されるべきと考えられる。

1996年（平成8年）に市民が東京都、国立市に対して起こした、用途地域規制緩和による「景観権（良好な景観を享受する権利）」侵害を主旨とする訴訟において提出された訴状に書かれた大学通りの景観の特徴を挙げてみる。

1　広々とした緑地帯を有し、四季それぞれに彩り変化する並木道。

2　空までとどく銀杏並木。

3　人間スケールからとらえた緑と道路幅のバランスの絶妙さ。

4　銀杏並木を越えない街並み。

5　大学通りの正面に緑の森に映えてたたずむ三角屋根とレンガ色の瀟洒な駅舎。

6　広い空とひろがるスカイライン。

7　学術と教育の街の大学通り。

8　日曜画家がカンバスに向かい小さな画廊が立ち並ぶ芸術・文化を育む大学通り。

9　ベンチでくつろぎ、散策を誘う。公園のような大学通り。

これらは、市民が感じている国立の「美しさ」である。長年引き継いできた場所のルールであり、時代とともに発見されてきた共通の美の認識ともいってよい。これらのキーワードは、「客観性」のある美の基準である。

次に、客観的な評価の1つの材料として、景観工学的に大学通りを見ていくこととする。

都市デザインは空間のデザインを基盤としている。都市景観においても、つくり出された空間を私たちは感覚によってとらえ、何らかの反応をおこし、それを感情によって美的判断をする。都市景観をも含めたデザインも感情によって捉えられるものである以上、その判断は数値などによって表現されるものではない。しかし、空間と人間の知覚との関係を知覚操作といった観点から、近代都市計画において用いられている幾つかの形態要素としての景観の分析方法において、大学通りの構成を見れば、数値的客観的な一定の美的価値判断は可能である。

a. D／H 街路の幅と高さの比

ローマ時代以来の最も基本的な、街路空間の賑わいと環境の基礎的指標である。

街路の幅（D）、これに接する建物の高さ（H）として両者の比率をいう。一般にD／Hが1以下の空間とD／Hが1以上の空間では、空間の質において変節点があると考えられる。D／Hが1より小さくなると接近した感じとなり、狭苦しい感じとなり、D／H＝1のときに高さと幅との間にある種の均整が存在し、D／H＝1、2、3、・・・と大きくなるにしたがって贅沢な空間となっていくと共に近接間に欠けてくるともいわれる。

・大学通りのケース (fig.1)

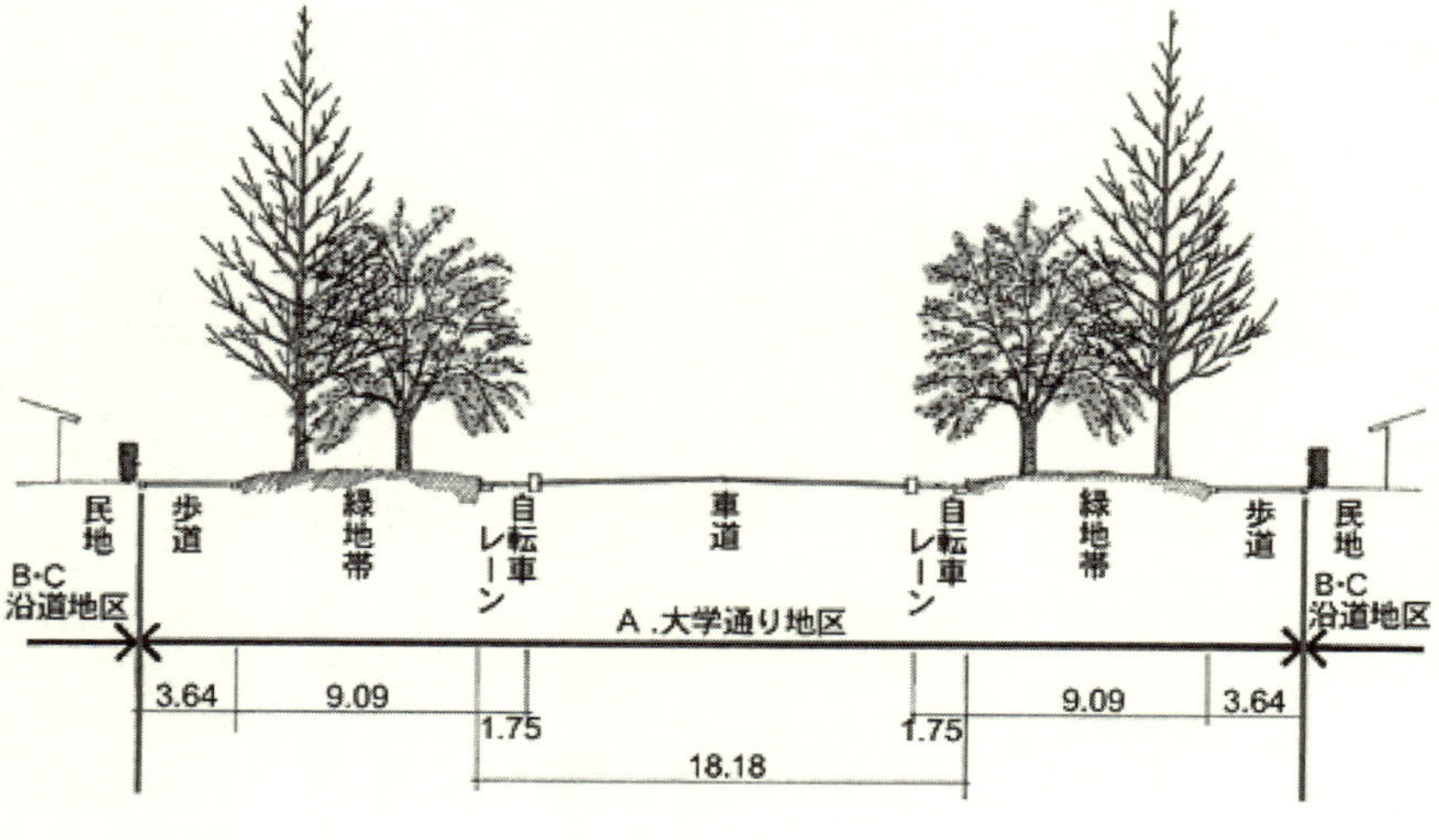

大学通りをみてみるとD（44ｍ）／H（最高20ｍ）とすればD／H＝2・2となる、実際上は20ｍ以下の建物が多く数値は高くなるが、いずれにせよ贅沢な空間と類型される。しかし、これだけでは評価という点において判断の材料とはなりにくいことも事実である。そこで、これに比較対象を設定すると興味のある評価が可能となる。

世界的に誰もが美しいと認め、魅力ある場所として人々を惹きつける、パリのシャンゼリゼ通りは高度規制があって建物は20ｍの規制を受けるため、D（70ｍ）／H（最高20ｍ）でありD／H＝3・5であり当然ながら贅沢な空間と類型されるが、近接感という点においては通りの両側においては感じられないと言える。

日本でも有数なおしゃれな街として洗練された魅力にあふれる原宿表参道は、地区計画によって建物は30ｍの規制をうけるためD（36ｍ）／H（最高30ｍ）でありD／H＝1・2となり均整のとれた空間となる、近接感もあり人々が多く集うこともなるほどと思える結果である。

これらと国立を比較するとD／Hにおいてはほぼ両者の中間的な数値となることが分かる。

贅沢感と近接感において絶妙なバランスといっても過言ではないだろう。景観が数値だけの評価によらないことは前述のとおりではあるが、このように数値上でも国立の景観の優位性が明らかになっている

・シャンゼリゼ通り (fig.2)

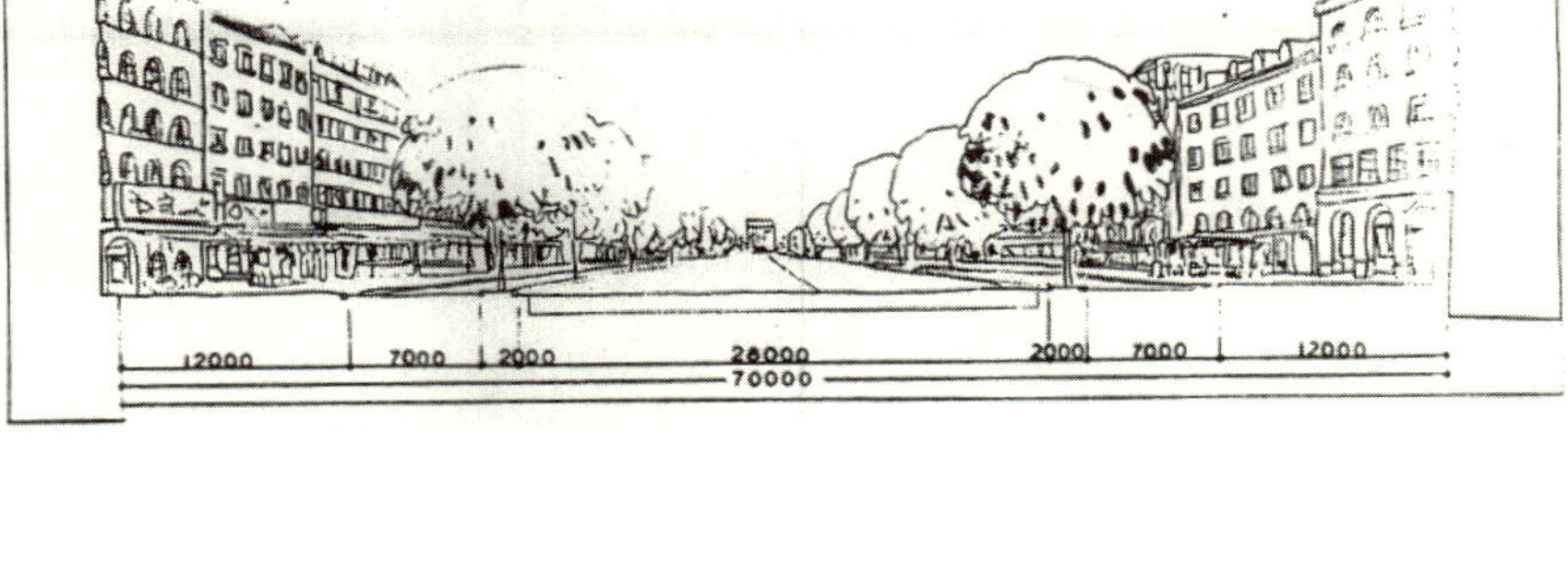

ことは興味深い。

b.「一次輪郭線」と「二次輪郭線」

D／Hが景観をマクロ的に見た指標とするならばミクロ的つまり、我々がふだんの生活をする目線に立って街区の構成を見たものが「一次輪郭線」と「二次輪郭線」である。

街並みの形成のあたっては建築物の外壁が重要なファクターであることはいうまでもない、ヨーロッパの組積造の建築などにおいては、建築の外壁こそが街並みを形成しているとも言える。それにひきかえ、日本の都市の景観においては、そで看板のような建築の外壁から突出しているものが非常に多く、これらが安定した街並みの視覚構造をつくることを困難にしている。

仮に、そで看板が1m道路側に突出しているとすれば、道路から1mの場所から看板に平行に街路を見ればそで看板によって建物の外壁は見えなくなってしまう。日本においては都市景観を規定するはずの建築の外壁はなんの影響もなく、外壁から突出しているものが景観を形成していることが大勢であると言える。

ここで建築本来の外観を構成している形態を街区の「一次輪郭線」と呼び、建築の外壁以外の突出物や一時的な付加物による形態を街区の「二次輪郭線」とする指標によれば西欧の都市景観は「一次輪郭線」によっ

・原宿表参道 (fig.3)

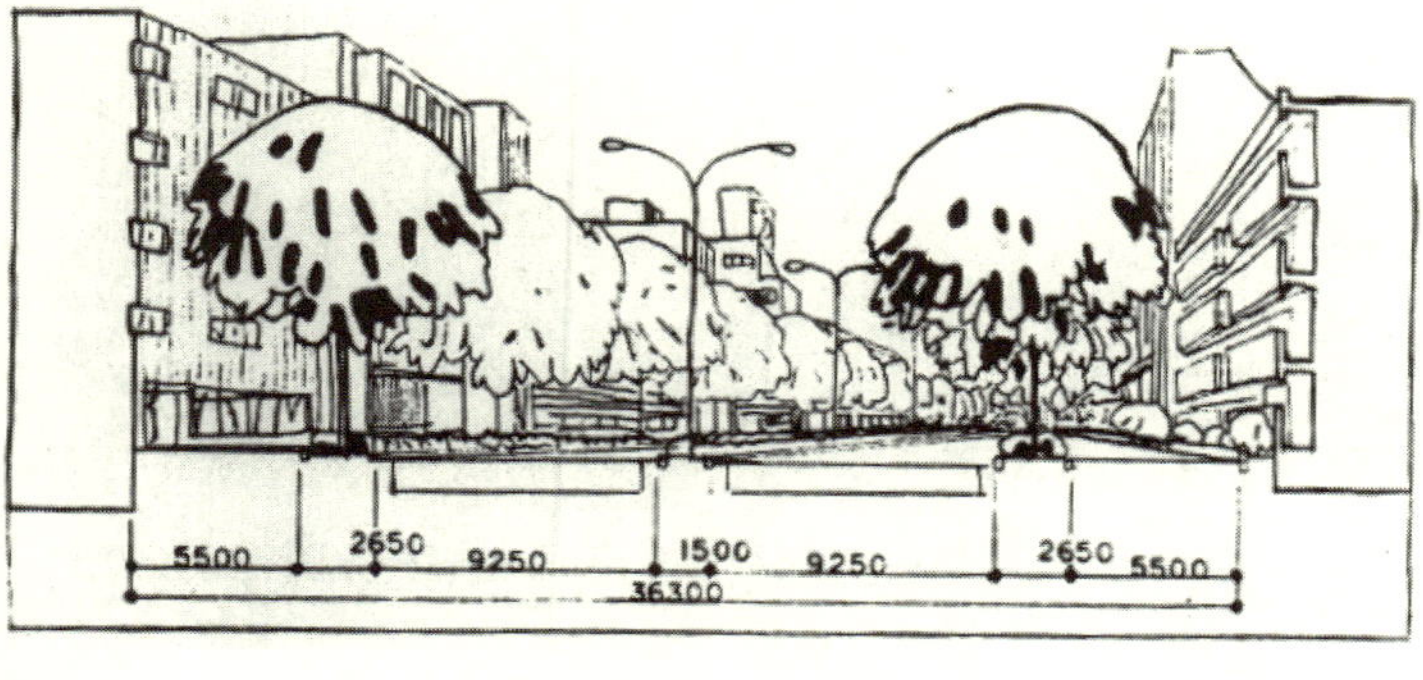

て決定されるのに対し東南アジアや日本などのアジアの都市景観は「二次輪郭線」によって決定される場合が多い。このことの根底には西欧の街並みが道路を公共物として認識しているのに対し、日本の都市がそういった認識に欠けているということではないだろうか。

日本人画家もパリを描くと絵になるが、日本の都市は絵にならないといわれている。これは「一次輪郭線」は、秩序と構造が明確で描きやすいのに対し「二次輪郭線」は無秩序で構造化されていないので絵にならないからであろう。

規制などによって、看板も同じ大きさに秩序立って並べられるようになっているところもある、看板も材質や大きさなどを上手くデザインすれば、場合によっては「一次輪郭線」に組み込まれ、本来の景観の中にとけこむことが可能となる。また、等間隔に整然と並べられた街路灯などは「一次輪郭線」にとりこまれ、都市景観に貢献することもある。

このように都市景観においては「二次輪郭線」をすこしでも少なくして、それらを「一次輪郭線」のなかに取り込む努力が必要である。これらの努力が歴史的に積み重ねられているヨーロッパの街並みを訪ねる人々が、その景観に感銘を受けるのは当然のことといえる。「二次輪郭線」をできるだけ少なくすることによって、都市景観を美しくすることができるのである。

国立においては、きわめて「二次輪郭線」が少なく、大学通りの商店、建物の景観が「一次輪郭線」によって決定されている。大学通りにはいわゆる「日曜画家」がキャンバスをひろげ創作に励む姿がよく見られる。日本にも絵になる都市はあったのである。

c. アイストップ

ただし、駅前の商店街にはそで看板はみられるが、しかし「二次輪郭線」は極力おさえられている。

アイストップとは人の視線を受け止め、注意を引くための建築、オブジェまたは樹木などのことを指す景観用語である。建築や都市計画に関わる様々なスケールで用いられ、都市の大通りなどの主要軸線上に象徴的な建築などを設けてアイストップとする他、公園などの主要動線上に噴水などで計画することもある。日本庭園においても石灯篭や石塔がアイストップの役目を持っている例は多い。景観工学的には、視線を受け止める対象を作ることによって景観に幅と奥行きを持たせる目的をもって用いられる。

大学通りには駅舎がアイストップとしての役割をみごとに果たし大学通りに奥行きをもたせていた。実際に駅側から遠望する大学通りはコンパクトに感じられるのに対し、大学通りのどこからでも駅方向をみると幅と奥行きが感じられる。このようにアイストップとして建物が建てられる場合多くはその場所の象徴として認識される、それはそこに住んでいたり、また訪れた人々の脳裏に焼き付いて、その場所の思い出や懐かしさの記憶となり、景観構成上の重要なファクターである。

このように人間の知覚操作に対する配慮による景観の演出が、国立のような計画都市にあっては重要なファクターの1つであることはいうまでも無く、これはいわばオリジナルなルールの1つ

・大学通りのケース (fig.4)

ともいえる。すぐれた都市や建築を後の世の価値観において変更することは美の均衡を崩すことにもなりかねない。

四　国立の建築

国立の象徴ともいうべき駅舎は建築当時に商科大学側から「外観を考慮して入念に建築し……」と注文がつけられ、ロマネスク調のアーチのある瀟洒な建築となった、ほぼ同時に建築が開始された商科大学の計画が伊東忠太によるロマネスク調だったことに追随したものなのか逆なのかは資料もなく知る由もない。

設計者は当時箱根土地会社の社員であった河野伝（つとう）である。河野は帝国ホテルを設計したアメリカ人の建築家フランクロイド・ライトに師事しライトの帰国後に箱根土地に入社し、アメリカ風のサンルームを設けた目白文化村の住宅が当時話題となった。

国立の駅舎の特徴はなんと言ってもアシンメトリー（左右非対称）の三角屋根にある、屋根の形状については河野のオリジナルといえる。この形状について河野がデザイン・ソースとしたものが国立の街、正確に言えば「街区」だと考えられる。国立の街区割りは駅舎を頂点として大学通りがまっすぐ南へ富士見通りと旭通りが斜めにそれぞれ南西、南東方向に延びているが、旭通りは富士見通りに対して短くなっている。その街区割りの中にアシンメトリーの三角屋根が隠し絵のように浮かんでくる。さらに見れば、駅舎のロマネスク調のアーチ部分は区画割り図では大学がある場所である。

街の全体像とともにその中心となる大学を象徴的にロマネスク様式のアーチで置き換えたと考えられる。フランクロイド・ライトに師事した河野が国立の街を駅舎に投影させたことの意味はどこにあったのか、大学校舎の設計者である伊東忠太への畏敬の念なのか、大学側からデザインとディテールについての注文があったのかは不明である。しかし、河野のアシンメトリーな三角屋根のデザインはこの後、青梅線「羽村駅」、「河辺駅」と受け継がれていくこととなる。

駅舎は、現時点においては新しい駅舎の整備のために解体保存中となっている。

様々な方法での再生が検討されているようであるが、以上のような観点からも国立の街と駅舎は切り離せないものであることを付け加えておきたい。

このように、１９２６年（大正15年）には三角屋根にロマネスク調のアーチを持った瀟洒な駅舎が竣工し、同じくして大学内の施設も次第に整備されていった。大学内の建築の設計にあたったのは、東京大学教授であり世界の建築史に精通していた伊東忠太である。

伊藤に設計を依頼したのは、建築委員長でもあった佐野善作のようである。設計について大学側が出した要望は、予算や規模以外は、商科大学の象徴である「四神像」をどこかに表現すること

・国立の計画平面 (fig.5)

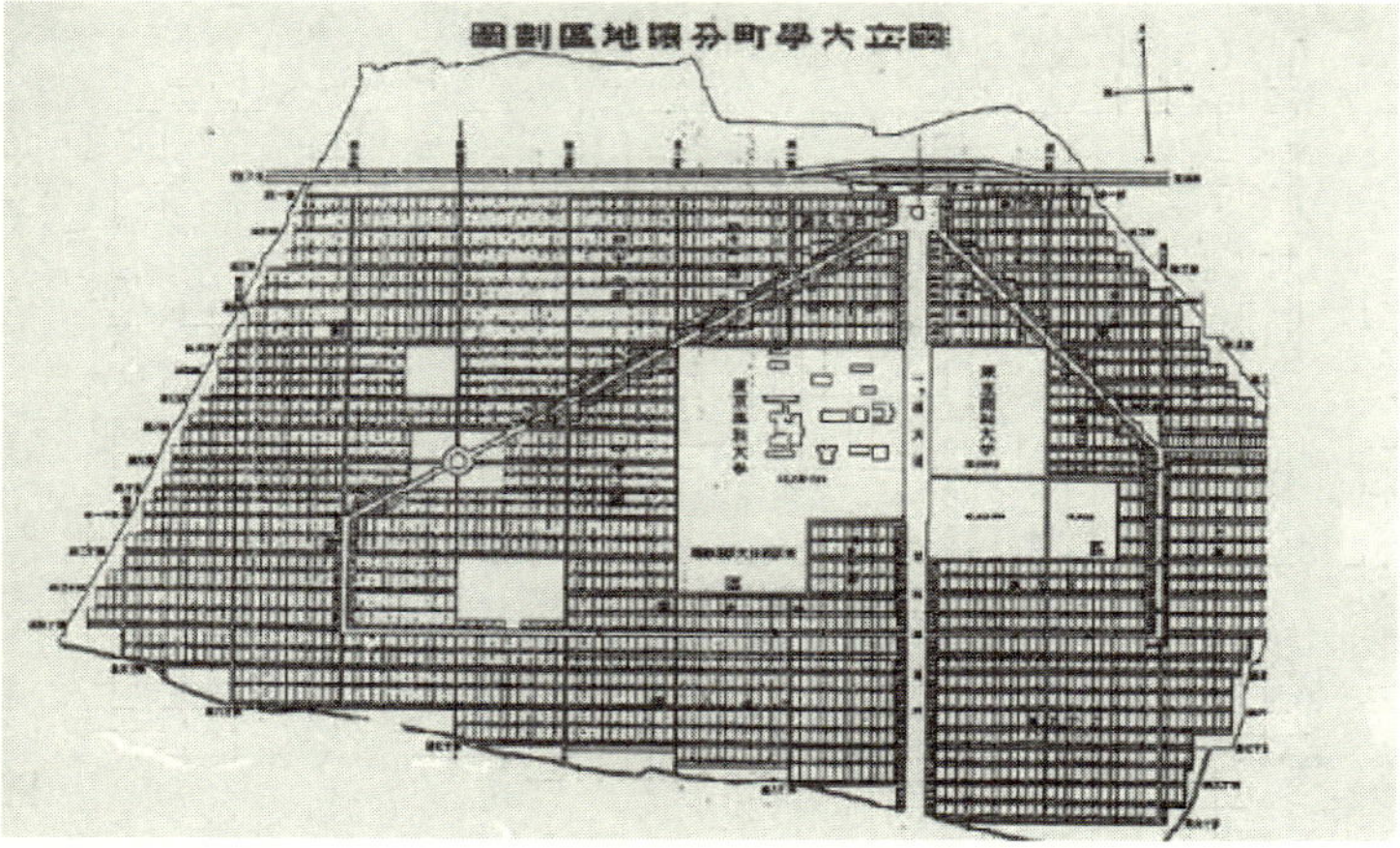

というのであった。伊藤のもとを訪れた佐野に、伊藤は設計の主旨をこのように話した。

「建築様式はロマネスクでいきましょう。が、そのままでは構造的に幼稚ですから……。それに、野暮ったくて暗い。これは前にお話ししたとおりで、講堂としては、ゴシック様式に比べて如何にも見劣りがします。ただ……、御校の四神像を生かすにはこの様式に頼るしかない。四神像を旗頭にすることが前提ですからね」

このように、伊東は当時の学校建築の主流であったゴシック様式をこの地では採用しなかった、伊東の選んだのはロマネスク様式であった。曰く「四神像」を生かすためとあるが、それだけでなく伊東にロマネスクを採用させた大きな要因はやはりこの国立の地であったのではないだろうか。緑の生い茂る武蔵野の雑木林を目前にすれば、垂直線を強調し都市的建築のイメージの強いゴシック様式ではなく農村の修道院的な柔らかいイメージのロマネスク様式の採用は当然とも思える。

大学内の建物には伊東によって装飾された妖怪とも思える不思議な動物の彫刻が付けられている、霊的なものに関心の深かった伊東がこの地のゲニウス・ロキとして感じ取ったものは、いつまでも妖怪が棲み続ける穏やかな空気だったのではないだろうか。

・国立駅舎の立面図 (fig.6)

（注）「四神像」大学の象徴。校章のマーキュリーを「玄武」として、「朱雀」、「白虎」、「青龍」をいう。兼松講堂の正面にレリーフが付けられている。

五　成長を続ける国立の景観

以上のように、国立の景観を歴史的な解釈と景観工学的な解釈を通して考察したが、ここは歴史的にも景観工学的にも美しく優れた特色をもっていると結論付けられる。そして、この景観工学的な美が市民にひきつがれて、人と自然が共存する客観的な美となった。

「大学通り」でうける生き生きとした街の息遣いや樹木に囲まれた安らぎは、まさに「美」に値すると誰もが感じる。学園都市の建設に尽力した佐野や堤の理想を受け継ぎ80年にわたってこの景観を「守り・創り・育て」地域のシンボルに仕立てたのは、絶えざる市民の運動であったと思える。

（注）

後藤新平：１８５７年岩手県奥州市出身。台湾総督府民政長官。満鉄初代総裁。逓信大臣、内務大臣、外務大臣。東京市第７代市長、ボーイスカウト日本連盟初代総長。東京放送局（のちの日本放送協会）初代総裁などを歴任。関東大震災後に内務大臣兼帝都復興院総裁として東京の復興計画を立案した。

堤康次郎：１８８９年滋賀県愛知郡愛荘町出身。西武グループ（旧コクド及び旧セゾングループ）の創業者。第44代衆議院議長。

藤田謙一：１８７３年青森県弘前市出身。日活、箱根土地（後のコクド）などの社長を歴任、日本商工会議所初代会頭、貴族院議員。

佐野善作：１８７３年静岡県出身。会計学者、東京商科大学（現：一橋大学）初代学長。
伊東忠太：１８６７年山形県米沢市出身。建築家、東京大学教授、早稲田大学教授。作品に東京商科大学兼松講堂、震災祈念堂、築地本願寺。
河野　伝：１８９６年宮崎県日向市出身。建築家、フランクロイド・ライトに師事、箱根土地社員。作品に国立駅舎、目白文化村Ｎ邸。

（参考文献）

国立市史編さん委員会「国立市史・上巻」国立市１９８８年
東京都「東京百年史第5巻」１９７９年
渡辺俊一「「都市計画」の誕生」柏書房１９８７年
木方十根「「大学町」出現」河出書房２０１０年
芦原義信「町並みの美学」岩波書店１９７９年
日本まちづくり協会「景観工学」理工図書２００１年
角橋徹也「国立マンション問題と都市再生のあり方」自治労連・地方自治問題研究機構２００２年
国立市「国立駅周辺プラン報告書」国立市２０００年
馬場哲治「国立マンション訴訟と景観法」RETIO ２００７年
大西健夫・堤清二「国立の小学校」校倉書房２００７年
長内敏之「国立駅の設計者　河野伝」長内氏のH.P ２０１０年
酒井雅子「箱根土地株式会社の設立について」一ツ橋フォーラム２００８年
藤原書店編集部「後藤新平の仕事」藤原書店２００７年
鳴海邦碩他「都市デザインの手法」学芸出版１９９０年
松葉一清「帝都復興せり！」平凡社１９８８年
中村達夫・小芝繁「私の兼松講堂」私家版２００６年（小芝氏のH.P 転載）
五十嵐敬喜他「美の条例」学芸出版１９９６年

3 「議会」～国立市議会の責任について～

黒川　滋（法政大学大学院修士課程・埼玉県朝霞市議会議員）
竹野　克己（法政大学大学院修士課程）

一　はじめに

条例は自治体内のルールを定めたものであるが、その制定のためには首長または議員の提案の後、議会における審議とその議決が必要であり、そうしてはじめて、執行が可能となる。

国立の景観問題を巡る訴訟の中でも、その中心的な問題となっているのは、国立市長が議会に提案し、様々な経過を経て議会で議決された明和マンションの建設地と、周辺の「地区計画条例」の存在であり、それを巡る一連の裁判、例えば市民から明和地所への差し止め訴訟、または明和地所から国立市への損害賠償請求は、主として20m以上の建築を認めない「地区計画条例」そのものの位置づけ、効力を中心的な争点とするものであった。

今回は、上原個人の不法行為を検討するにあたって「議会」の占める位置を法的に検討しようとするものであるが、端的にその問題点を指摘すると、首長には議案提案権しかなく、議会はその可否を決定するという意味で、まさしく議会こそが責任者ではないのか、ということである。

現在国立の景観問題を巡る訴訟は、上原個人への損害賠償訴訟でクライマックスをむかえているが、しかし、この最高裁判をふくめてこれまでの全裁判で、議会は何らしかの訴えの対象となることがなく、その点世論もあまり本件につき関心がなく、あるいは見逃されてきた。こういった問題をどう考えたらいいのか、これが本稿の主眼である。

二　国立市における景観問題

国立市における景観問題において留意すべきことは、通常の建築紛争のように、市民と開発業者が行政をはさんで対立するという構図に留まらず、その枠組みを超え、市長の景観保護の対応に賛成する市議会議員と、そうでない市長に反発する市議会議員とが大きく二派に別れて極めて深刻な対立が展開されたということである。これは今般議会の責任ということを考える場合に「議会」として「一括り」には出来ないということを意味し、その意味で議会論も相当複雑なものにならざるを得ないのであるが、とりあえず「明和マンション」問題における議会の経過をたどることとしたい。

市議会における議論

後稿の「清水・上村論文」にあるように、日本のほとんどの自治体議会では、マンション等の建築を巡る紛争について、真剣に討論がされたり、議会としての意思決定がされることは極めて少ない。例えば市民が建築紛争等を予防するためとして、各種の条例制定を陳情したとしても「そもそも条例は国を上回ることはできない」として却下されてしまう（不採択となる）のが通例である。仮に個々の議員が何らかの行動をとったとしても、それは一般質問の中での質疑応答という形で、行政の担当部署に対して事態の確認を求めて質問をするという程度に留まり、その結果「継続審理」となり、そのまま問題は放置される。何らかの対応がされることはまず皆無と言って良い傾向にある。

しかしながら国立市議会では、戦後すぐの「文教地区指定運動」に始まる、主に「大学通り」沿道を中心とした景観問題への市民の高い関心があったことから、ほぼ例外的に、明和マンションに対して反対する議員も容認する議員も、相当な議論を重ね、積極的に関わってきたことは間違いなく、これは特筆すべきことである。このような議員の熱意は、巻末「上原インタビュー」などにあるように圧倒的な市民の声が個別の議員や議会に寄せられていたということと当然無関係ではなく、マンション容認にせよ反対にせよ、議論や議会における自らの意思表示を避けて通ることはできなくなったからではと推察される。

(1) 1999年（平成11年）・統一地方選挙後における市民からの請願審査

国立市議会において、明和マンション問題に関する議論が本格的に始まったのは、当該地を所有していた東京海上火災株式会社が明和地所株式会社に転売した後、約5万人の市民の署名を付した請願を受けた1999（平成11）年第3回定例市議会（いわゆる9月議会9月3日～9月22日）からである。

その前、同年4月に行われた統一地方選挙で、国立市は市長選挙と市議会議員選挙が同時に行われたが、現職の佐伯有行氏（保守系に連合・市議会民主党系会派が相乗り）を、無党派の上原氏が破り当選**（注1）**した。

上原氏はかつては市議として、また選挙直前までは市民運動のリーダーとして国立駅前におけるマンション反対運動などに取り組んできており、明和マンション問題についても上原氏にとっては「国立の自治を脅かす問題」として切実かつ重要な政治課題であった。マンション自体の規模も、かつてなく大規模なものであったこと等から、一般市民も議会について非常に高い関心を寄せていた。

なお、市長選と同時に行われた市議会議員選挙後の初議会での会派構成を確認しておくと、上原与党が10人、野党（前市長支持派）の議員が11人。市長選では前職を支持したものの、後の景観関係では上原氏に同調したもの3人となっていた。自治体議会では与野党という概念は少ないと言われるが、あえて色分けするとすれば、ほぼ与野党伯仲状態と言ってよく、マンション問題に限定すれば、上原氏に同調する議員が過半数を超えていた。**（注2）**

1999（平成11）年9月の平成11年第3回市議会に対して「『東京海上跡地』から大学通りの環境を考える会」の石原一子代表が約5万人（委員会審議後の本会議開催時点）の署名を添付して、明和地所マンションの計画に関する「『東京海上火災保険』跡地の大規模抗争マンション建設見直しに関する陳情」**（注3）**を提出した。

この陳情に対して市議会は、建設環境常任委員会で審議し、採択した後、9月市議会最終日27日での本会議において質疑を行った。

後にマンション是認の立場をとる国立市議会自由民主党（以下とくに説明がなければ「自由民主党」とする）は、「反対ありきでは成功したことはなく、かつ議員どうしがまちづくりを議論する場を残すべき」として、継続審査を求め、所属議員は以下のように発言した。

「私は駅近くのマンションの問題（略）、建って、今考えてみますと、あれはコンクリートの城壁が、変な言葉で言いますと、まずいんですけれども、四方に囲まれたり、コンクリートのマンションが建つような、今感じでおりますので、私自身は、あそこには地域に密着したコミュニティー、あるいはフランス料理も入り、イタリア料理も入り、中に噴水位入って、前の方はセットバックして、低層のもので、地域と密着して、本当に建ててよかったと。市民に喜ばれるような構想はいくらでもあると思うんですね。だからその辺について、業者の皆さんにも御理解を願ってやっていきたい。」**（注4）**と国立における景観への愛着とその問題の重要性を指摘している。

また後に明和マンションへの高さ規制条例案策定を目指す上原氏に対し、会議での欠席という手段をとった自由民主党と行動を共にするようになった国立市議会公明党も、この時点では所属議員は以下のように答弁している。

「（略）私どもでは、景観を守るために、あそこを是非買うべきだと、大学通りのところを買うべきだというふうに申し上げたわけですけれども、その点について市長に対する細かい質疑（筆者注：本会議前に開かれた建設環境委員会において）というものがあったどうかということをお伺いしたいというふうに思います。」

「やはり市長みずからが、事業主さんにある意味では、法を飛び越えてでも、お願いしなきゃならない部分だというふうに思いますので、特に景観について、要するに、政策として掲げられて、誕生した市長でありますから、やはりさらに機会を持ちまして、事業主等については、どんどん市長の意思表示をしていくべきではないかなというふうに思いまして（略）やはり大学通りは、イチョウ並木程度の高さというのがやっぱり最適なんだと。」

「5万を超える方々、また国立市民の多くの方々が、望んでいる景観を守るということについては、もう市民の合意というのは、ある意味ではまとまっているわけです」**（注5）**と採択への賛成討論を行っている。

この時点では、議会全体として明和マンション問題が国立の景観を脅かす大きな問題として認識され、市と議会は何らかの手を打つ必要性が共有されていたとみることが出来る。

(2) 高さ規制を定めた地区計画条例の可決からの対立の激化

それまでのある種一体感のある議会が、政治的対立の様相に変化するのは、市と明和地所の交渉が膠着する中、明和マンション建設の手続がなし崩し的に本格化された１９９９年（平成11年）秋以降である。明和地所は市で定められた各種の紛争予防条例手続（要綱に基づく行政指導、説明会開催の要請）を無視する方策に出始めた。一方、市民・周辺地権者は各種の専門家の協力を得て、20メートルを超える建物を規制する地区計画案をまとめ11月に市に対し提出し、それによりマンションの高さ抑制を図る方策に出た。

市としてもこれに呼応する形で当該敷地に高さ地区計画案をまとめ、公告縦覧を開始し、２０００（平成12）年1月1日に条例案を議会に提出する。一方の明和地所は12月に東京都西部建築指導事務所に建築確認申請を提出、２０００（平成12）年1月5日には建築確認済証が交付され、即日工事に着手した。ちなみにこの建築確認申請の作業と平行して行われた国立市と市長による対抗措置、具体的には建築確認に関する事務所長、都知事への働きかけという行為が、上原氏が個人として賠償責任を問われる理由（注6）の一つとなっている。

市は、条例案審議の前提とすべく、本地区計画案を都市計画決定するために、1月16日都市計画審議会を開催し審議に付し、承認される。この都市計画審議会には、自民党所属議員の委員が欠席（注7）し市の意向に抵抗の意思表示を示していた。なおこの時点では公明党市議会議員からの委員は出席して、条例策定に対する賛成発言を行っている。

続く1月31日の国立市議会では、「国立市地区計画の区域内における建築物の制限に関する条例の一部を改正する条例案」が議題となった。ここでは議長、副議長を含む自民党、自民クラブに所属議員のほか、公明党も出席せず、11人の市議会議員が欠席する中（注8）、出席した残りの13人の市議会議員から仮議長を選出し、審査、可決するという前代未聞の展開となった。

またこれと同時期に平行して閉会中審査として開かれていた、1月13日における建設環境委員会では、市は明和地所に示す当該地の設計変更プラン（建築事務所から納品された利用計画書）をまとめ、議会での報告と承認を求めたものの、自由民主党所属議員より、そもそも市の所有でない土地について、市予算によって変更計画案を作成することの妥当性、都からの建築確認証が交付された中でのプランの位置付け、また契約と積算額の根拠、当該計画書が各種建築関連法規がクリアされた市としての正確な成果品なのかどうか、ひいては地区計画の制定を求める市民の署名の妥当性までが議論の対象として追及され、委員会は紛糾することとなった。

その後続いて開かれた2月22日、閉会中審査の建設環境委員会協議会の冒頭で、市長や担当部課長が上記プランの納品の不完全性をめぐって陳謝し、正式な成果品とされることでこの件は収拾している。

この「地区計画条例」制定の時期の前後から、当初の国立の景観維持を図ろうとしていた市議会としての総意は崩れ、特に市議会の自由民主党会派所属議員からの上原市政への反発は強くなっていく。結果、市議会の空転や、市長や幹部職員、議長も含め議場での陳謝が常態化されていくことになるのだが、留意しておくべきことは、これら反上原派にしても、例えば上記の利用計画書の扱いについて、撤回を求める訳ではなく、明和地所側へ示す代替プランとすることを最終的には認めるなど、微妙な判断内で「景観維持」の旗を降ろしていなかったことである。旗を降ろさずとも、上原市政の正当性を問う行為、つまり全うな通常の議会質問の範囲内とみるか、当時圧倒的勢いであった署名や民意に裏付けされた市長の行為に掉さす行為であるかは、人により判断が分かれるであろう。

(3) 上原氏の「違法建築」発言

「地区計画条例」の策定とは離れるが、以下は裁判において、上原氏の「違法行為」とされた部分であるため、触れておかなければならない。前年より開始されたマンション工事が既に高さ20mを越えた中で開催された2001（平成13）年第1回議会（2001年2月27日〜3月30日）における件である。3月6日の一般質問で、自由民主党のT議員は、マンションが建ちほぼ既成事実化する中、マンションの周辺道路、具体的には歩道の整備を求め、以下のように質問している。

「交通渋滞もふえるだろうという中で、そういう要望（筆者注：歩道整備のこと）も出ている中で、今の現状で、行政としてはどうするんだということを、聞いているんであって、だから、これは行政の怠慢じゃないですかと。」

「今、法律の中ではこれ以上進まないのかなと。しからば、やはり、行政のトップである上原市長が何らかの打開策を見出さないと、ただ、だめです、だめですってあの道路を、先ほども言いましたように、本当に負の遺産（筆者注：明和マンションのこと）として、そして、今、そういう公的施設（筆者注：障害者センターのこと）がある。そして、地元住民からもそういうような声がある中で、本当にそのまま見逃してよろしいんでしょうかね。」

「そういった中では、市長、反対されている住民の声ばっかり耳を傾けているように、私は思います。そういった中で、やはり、障害者、弱者、そういう住民の方々の要望にも、耳を傾けるべきだというふうに、私は思います。だから、市長、検討すると言われましたけれども、どのように、具体的に検討されるのか、その辺、もし、考えがあれば、お聞きしたいと思います。」

上原市長の答弁。

「安全確保ということでは、行政としてやらなきゃいけないことですけれども、法的にクリアできないもの（筆者注：歩道を設置した場合、マンションの敷地内にそれを求めることとなり、かつその工事が都市計画法第29条における開発行為に該当するとともに、敷地の広さから市と係争中の明和側が新たな建築確認申請を行う必要があること）を、どうできるかという、大変難しい問題を、今、抱えているわけですから、そのことについては、今後、知恵を絞っていきたいというふうに考えております。」

更にT議員は質問する。

「市長としても、このマンションに対して、端的にお答えいただきたいと思いますが、適法建築物と判断されているのか、違法建築物と認識されているのか、どちらですか、端的にお答えください。」

上原市長の答弁。

「高裁の判決の中で、建築物制限条例に適合しない、違法であるというふうに言われておりますので、司法判断のとおりだというふうに思います。」

明和地所が地区計画が無効として市と市長を訴えた裁判で、明和地所への不法行為とされた「違法であり、重大な過失」とされる部分はこの部分である。

T議員

「じゃあ、違法建築物ということですね。じゃあ市長、お聞きしますけれども、ライフラインです。」

これをきっかけに高島議員は上原市長の「マンションが違法である」という答弁と、市がライフラインを供給していることに関する矛盾点（水道は法的に義務付けられているとしても、ケーブルテレビなどはそうでないこと等）を突き、結果として上原市長の行為はマンション反対への署名者への背信行為ではないかと位置付ける。

T議員

「私は今までの市長のスタンスでいけば、勇気を持って、それに対しても許可をおろさず、やるべきだったというふうに思います。」

と述べ、その後マンションが既成事実として建ちつつあり、新たな入居者によって地区計画案が策定された場合の行政の立場を質問する。そして

「市長、早く、あれ20メートルまでに抑えてくださいよ。あなた、そういったこともできないで、私はやります、やりますと言って、法にのっとって、弁護士に相談したら、このライフラインはとめられないと。よって、法的に許可を出しましたと言いながら、言っておいて、じゃあ、20メートルであるキーポイントを、もう越えちゃったわけですよ。」と述べている。このやりとりは、マンション建設の反対を目的とした質問か、市長個人への攻撃か、意見の分かれるところだろう。

三　市議会の議論をどう見るか

このように国立市議会における経緯をたどると、上原市長は終始、行政運営上の矛盾を強く突かれるとともに答弁の一貫性を強く要求され、それを多少なりとも逸脱する度に議会が空転し、幹部ともども、陳謝させられるというような事態が続いていた。

この他、景観問題以外を扱う議会でも、開会の直後、議会の運営を調整する議会運営委員会が一部会派議員の抵抗で開催できなかったり、市側は会期延長もはかることなく、自然流会するような混乱も頻発し、この混乱は上原

氏の市長退任後、次の関口市長時代の２００９年（平成21年）まで継続する。

当然ながら、議会という政治闘争の現場で、すべてが整然と意思決定されていくと想定することは現実的でないし、例えば議会内人事をめぐっては全国の市町村議会では大なり小なり不透明かつ生々しい人間模様を伴った決定過程をたどるのが普通である。

しかし、一般論として言えば、民主主義の本来の機能、すなわち公開で議論し多数で議決するという観点から見た場合、市町村議会が、住民の期待からはるかに遊離し、不誠実な議論や対応をとり続けたとすれば、大変残念な事態といわざるを得ない。

今回、明和マンション問題に関して上原元市長が議会での発言を理由にそれが違法行為としてかつての職場である国立市から損害賠償を請求されているが、これまでの市議会の議論の経緯をたどってみると、果たして上原氏のみが責任を背負うべきなのか甚だ疑問に感じざるを得ない。

大事なことは上原氏の不法行為とされる言論や行動は、当時の状況に鑑みて市民からの圧倒的な支持と、明和地所、議会との対応や対抗関係の中でつくられていったことである。

一般論として、首長と議会との関係は、その応酬が核心を外れたり、妨害のための妨害となったり、さらには避難中傷合戦になったりした場合、答弁側もそれらに影響を受け、自らの意思とは多少遊離した応答を強いられたりすることが十分あり得るということを確認しておきたい。それぞれの発言の内容は、常に「相対的」なのである。議員もまた同じような立場にある。

また、首長からすれば重要な審議会での欠席や、議場における不規則発言等、議会における議事妨害的な行動がされた場合、それに対する対応も、臨機応変かつ手錬巧みに、あらゆる可能性を排除せず検討し、実行せざるを得ない。

先にみたような国立市における市と議会の関係を鑑みれば、こうした内情に裏打ちされた市長の議場における発言の一部を取り上げて、「不法行為」と認定するような裁判所の判断は、率直に言えば、いささか短絡的でありかつ疑問であるとは言えまいか。裁判所としては、市と事業者が、血みどろで争うという訴えの中身に鑑みて、「喧嘩両成敗」的に判断を下したのかもしれないが、政治家たる首長と議員の議会における発言の背景と経緯を見過ごしており、そのバランスを欠いた判断を行ったと言わざるを得ないように思われるのである。

市長の発言と行為が不法行為とされるならば、議員の発言と行為も同様の責任を負うべきはずと思われる。そして今回の上原市長の発言を「不法行為」とした場合、当然責任の一端は議会にも存する。その場合議会の責任とはどう考えるべきか。

四　議会の位置づけについて

議会の権能について地方自治法96条では、
条例の改廃
予算と決算
地方税の徴収契約の締結
など、15の権能（限定列挙。但しそのほかに条例で付加することができる）が与えられている。この権能を主体的な権限として分類すると

団体意思の決定　これには条例の制定や改廃、予算・決算の認定があり、条例は長による公布によって効力が発生する

機関意思の決定　意見書の提出、会議規則の制定、議員に対する懲罰

執行機関としての権限行使の前提としての意思決定　主要人事を巡る議会の同意、公の施設の独占的利用などとされている。市議会の条例可決は明らか議会の権能の中でも最大のものであり、これはまさしく議会という団体の意思とみなされてきた。

そこで国立の場合に定義を当てはめると、この議会の制定した条例によって、(今回、明和地所が述べているように)不利益を受けた場合に、特にその不利益が、まさに明和地所だけを相手にしていわば「狙い撃ち」のようにして制定されたとみなされた場合、一体責任の所在はどこにあるのだろうか。

責任の所在を大きく分類して言えば、まず①議会そのもの、次に②議会に対して条例案を提出しこれを交付した首長、あるいは③その双方ということになるであろう。

なおこの問題について明和地所は「地区計画条例無効」の裁判を市と市長あてに提起したが、裁判では議会そのものは対象とされることはなく、法的責任には触れられなかったことに注目しておきたい。

(1) 議会は損害賠償の請求対象となるか

まず、議会や議員が国家賠償法の損害賠償請求の対象になるかどうかについて検証が必要である。言うまでもなく議会は団体意思として条例の可決という措置を行ったのであるから、これにより不利益を受けた当事者は法的にこれを争うことができる。

問題はどのような場合に不利益を受けたといえるかということである。例えば国立の「地区計画条例」の可決は明和地所には不利益を与えたかもしれないが、周辺住民には景観保護という利益を付与した。しかもその利益は周辺住民だけでなく、景観保護を求めた国立市民あるいは署名者の中の他地域の住民の利益にもつながっているともいうことが出来る。更に大きくいえば２００４年（平成16年）の景観法の制定と条例の制定もまさしく同じような論理構造の下にある。

「地区計画条例」の例を待たず、条例の制定はすべてこのように、ある者への利益とある者への不利益をもたらす。それをどのように調整するかの判断は、いわゆる講学上の「きわめて高度な政治的判断」に属し、そこは裁判所といえども入ることができない、というのが一般的な考え方である。

逆に言えば、議会の責任を問えるのは、その条例の内容が憲法に違反しているのにその制定を行った、あるいは作為、不作為により憲法に定められた権利を奪っていると判断されるように、その違法であることが誰の目にも明らかな場合に限定される、というのが通説である。

では憲法違反とはどのような場合か。歩行困難者の投票権が、投票のための介助などを整備しない立法不作為の問題である、として国会議員の立法不作為を問うた損害賠償請求を求めた事件がある**（注9）**。

この判決では、「国会議員の立法行為は、立法の内容が憲法の一義的な文言に違反しているにもかかわらずあえて当該立法を行うというごとき例外的な場合でない限り、国家賠償法1条1項の適用上、違法の評価を受けるものではない」と判断した。

このようにかなり明確に差別的で不利益扱いを受けているとしている場合でも、それがすぐ憲法違反だとは言えないので賠償請求を認めることはできない、とされたのである。

これは国会の議決に関する判例であるが、地方議会も「高度に政治的な判断」をする空間という本質は変わらず、同様に解釈してよい。またこの点については、自治体議会の違法議決の責任を問われた事件として、東京都の外形標準課税制度をめぐり企業（銀行）から提訴された事件についての判例が存在する。

外形標準課税を可決した東京都議会にその損害賠償を求めた判決では、「地方公共団体が制定する条例が法律に違反するからといって、その制定に向けた一連の行為が直ちに国家賠償法上も違法となるわけではなく、それらの行為が同法上の違法性を具有するためには、個々の地域住民・法人の権利に対応した関係において、条例制定過程に関与した責任者が職務上尽くすべき法的義務に違反したものと客観的に評価できることが必要である（注10）」として原告側が敗訴している。

つまり、過去の判例から言えば、議会そのものの責任を問うことはかなり難しいことが分かる。

(2) 議員個人は損害賠償請求の対象になりうるか

では、議会への責任が問えないとして、議員個人への責任は問えるだろうか。

国会議員の質問によって名誉を毀損された家族が自殺したため、自殺者の遺族が国と議員本人に対して損害賠償請求を提訴した事件が存在する。

これは当時の衆議院議員が社会労働委員会（現厚生労働委員会）において、精神医療の現場でのセクハラ対策を質問するため、精神病院の具体名を挙げて、院長が入院者に対してセクハラしたことを指摘し「行政の中でこのような医師はチェックできないか」と質した。この質問の後、院長は「死をもって抗議する」と遺書を書き自殺し、そのことをめぐって遺族が国と当時の衆議院議員個人を相手に損害賠償請求を起こした。

判決では、「国会議員が国会の質疑演説討論等の中でした発言につき、国の損害賠償責任が肯定されるためには、虚偽であることを知りながらあえてその事実を摘示するなど、特別の事情があることを必要とする」と指摘しており、最終的には国にも、国会議員個人にも、職務に関係のない質問や明らかに虚偽である質問でない限りは、損害賠償責任はないと結論づけている（注11）。

ここでも、議会の責任を問うことの、ある種の限界が垣間見える。すなわち議員個人を訴えることは可能であっても、賠償を命じるには「特別な事情」が必要とされているということである。この特別な事情とは何かについても広狭さまざまな解釈がありうるが、最終的には先の事例と同じように「高度に政治的な判断」という袋小路にたどり着くのである。

五　賠償金の減額と立法的解決

以上のようにみると、議会も議員も特別なことがない限りは、まるで責任がなく、全く自由に（もちろん個人として犯罪行為にあたるようなことは許されず、これは法的に処罰される。その他に議員の発言や行動が政治的・道徳的責任を問われることは沢山あるが、ここで問題としているのはあくまで法的責任である）意思表示し行動できることとなってしまう。

しかしそれは適切であろうか。個人は、議会で議決されたことを執行し、それがある不利益をもたらしたとして訴えられたような場合に、その全ての責任を負わなければならないのか。議会や議員も一定の責任を有する可能性があるのではないか。

これに回答するのが、次の山口県下関市の事件である。ここでは議会の議決の責任そのものが問われた訳ではないが、市長個人の賠償責任が、「市議会の予算の支出の当否が審議され可決されたこと」等を理由として、一部免責されるという判断がなされた例である。

概要は、下関市の第3セクターである日韓高速艇事業が事業に失敗し、多額の損害を発生させた。この第3セクターに対して下関市は債務保証をしており、3億8000万円の支払いを余儀なくされた。これが違法支出であるとして、住民訴訟が起こされ、裁判所は、1審、2審の判決は、市長に損害賠償を命じた。

しかしながら、2005年（平成17年）11月10日の最高裁判決（注12）では、「市議会において、その支出の当否を審議し可決した」（注13）として日韓高速艇事業の第三セクターの整理のための解決金や借入金の返済資金を内容とする補正予算を議決したこと、また上記補助金の支出に関し、市長の行動に「裁量権の逸脱・欄用の違法」があったとはいえないとして市長の責任が一部免責されたのである。

つまりこれは議会そのものの責任はともかく、議決したという議会の責任を市長に対する賠償額の減額と言う形で、つまり議会の責任を半ば認めたものといえよう。

ではこの判決の論理は、国立の問題において、どのように適用できるのであろうか。具体的には、明和地所が「地区計画条例」の無効と市及び市長の行為の違法性の確認と損害賠償を求めた裁判において、市や市長とともに、併せて議会の責任を問う余地があるだろうか。

国立の裁判の判決では、市及び市長の行為には「社会通念上許容される限度を逸脱した違法」があるとし、国家賠償責任を認めつつ、「地区計画条例」それ自体をとらえて、市及び市長の不法行為が成立することは困難と判断している。すなわち「議会の議決も経た」条例の制定については、違法性はないとされた。これはすなわち議会の議決権を認め、議会そのものは賠償責任の対象とはならないという考え方にたっている。

一方、下関の場合は、市や市長の行った予算支出が「市議会での審議を経て可決されている」ことと、行為そのものにおいて「裁量権の逸脱や濫用」があった訳ではないという判断がされている。国立でも下関でも、どちらも議会での審議と議決があったものの、市長の行為が国立では違法とされ、下関では違法でないと認定されたという前提の違いがまずあるのである。

これを踏まえると、国立においては、議会だけ責任を問い、市や市長の行為そのものを全て免責するということは難しいであろう。しかしながら、市や市長の行為について「議会での審議と議決」を踏まえた上で、「社会通念上許容される限度を逸脱した違法」を行ったと解されるならば、「議会での審議と議決」を理由として、一部免責される余地はまだ残されていると考える余地があるのではないか。

もっとも、最高裁をはじめ、多くの判決では「社会通念上許容される限度」や「裁量権の逸脱や濫用」を理由とする場合、それについて明確に説明するものは少ない。

それならば、やはり裁判においては、個別のケースを深く掘り下げて吟味する必要があると思われる。

国立市議会の場合、「地区計画条例」の議会での議決の責任は、議会全体、賛成議員、反対議員（あるいは出席議員と欠席議員）とそれぞれ検討してみることが必要である。

ここでは反対議員（あるいは欠席議員）を中心に考えるが、国立市議会における「地区計画条例」策定の臨時会では、半数近くの議員がボイコットしたが、過半数の議員が出席して会議は成立し、出席議員全員が賛成した。またボイコットした公明党も、その原案が審議された1月21日の都市計画審議会には議員出身の委員が出席して、高さ制限についての賛成討論を行っている。

この条例について責任は負わないという考え方もありうるが、そうした状況を見れば地区計画区域内への高さ制限について懐疑的であった自由民主党は検討の余地もあるが、その自由民主党にしても本稿の最初で述べたように、「景観維持」の旗は掲げていたのであり、そこに至るまでの審議過程に対する責任は（あるいはその発言内容の詳細に鑑みれば他会派以上に）、また少なくとも他会派と同程度には負っていたと判断することもあり得るであろう。

そうしてみると、上原氏と議会の関係をみるとき、当時そもそも当該条例は圧倒的に広範な市民の要求を背景に策定手続きが発案されたこと、そして議会もその声を無視できず（それらは、何度かにわたる署名者数、議会傍聴者数、市民の活動の実態に踏み込まない限り明確な法的証拠とは成りえないが）、結果として党派性を超えて議会の議決が得られたということを踏まえれば、賛成、反対、出席、欠席の区別なく、議会一体として責任を捉えることは十分可能と思われる。それならば、仮に制定された条例が、明和地所に損害を与えたとして、その責任は議会党派によって分割できる性質のものでもなく、議会としてまとまって相応の責任は負わなければならない、という論理も又あり得るのかもしれない。

議会の法的責任の研究と検討は、今後の地方自治と議会のあり方に一石を投じるだけでなく、民意を反映させる機関であり、条例策定機能など万能の機能を有する議会が、より充実した議論を行うための重要な礎になると思われるのである。

（注）

1　東京都選挙管理委員会「平成11年4月執行地方選挙の記録」p355　上原ひろ子1万5942票、佐伯有行1万4691票。p340 当日有権者数男性2万6948人、女性2万6982人、計5万3930人、投票者数男性1万4755人、女性1万6593人、合計3万1348人

2　国立市議会「平成11年第1回臨時会会議録」p37「議席表」による。上原氏を支持したのは、日本共産党4人、生活者ネット2人、新しい風2人（無所属で当選）、社会民主党つむぎの会1人、こぶしの木1人、佐伯氏を支持したのが自由民主党6人、公明党4人、自由民主クラブ1人、佐伯氏を支持したものの景観問題では上原氏と判断を一にした民主クラブが3人。

3　陳情内容は『東京海上火災保険』跡地への大規模高層マンション建設計画を進めている『明和地所』に対し、「国立市都市景観形成条例」に即し、周辺の環境に調和した計画に変更するよう、働きかけていただきたい」。

4 国立市議会「平成11年第3回定例会議事録」p269 請願に対する高田敏夫議員の継続審査を求める討論
5 国立市議会「平成11年第3回定例会議事録」p273 請願に対する太田政男議員の賛成討論
6 平成22年12月22日判決平成21年（行ウ）第249号判決 p30「本件第4行為」に対する違法認定
7 平成12年1月21日「国立市都市計画審議会会議録」p2 冒頭に「都議会議員の三田委員、立川消防署の齋藤委員、農業委員会会長の佐伯委員、国立商工会会長の桂委員、市議会議員の佐伯委員より、都合により欠席」
8 国立市議会「平成12年第1回臨時会議事録」p1 欠席議員は青木健、吉野利春、中川喜美代、鈴木律誠、高島美秋、関文夫、太田政男、斉藤安由、志賀明、高田敏夫、佐伯茂（記載順）の11人
9 最高裁昭和60年11月21日判決・民集39巻7号1512頁
10 東京高判平15.1.30判時1814.44〈東京都外形標準課税条例事件〉
11 最高裁平成9年9月9日判決・民集第51巻8号3850頁
12 最高裁判決第一小法廷平17.11.10平成13（行ヒ）243損害賠償事件
13 最高裁判決では「事業の目的、市と本件事業とのかかわりの程度、上記連帯保証がされた経緯、本件第2補助金の趣旨、市の財政状況等に加え、上告人は本件第2補助金の支出について市議会に説明し、本件第2補助金に係る予算案は、市議会において特にその支出の当否が審議された上で可決されたものであること、本件第2補助金の支出は上告人その他の本件事業の関係者に対し本件事業の清算とはかかわりのない不正な利益をもたらすものとはうかがわれないことに照らすと、上告人が本件第2補助金を支出したことにつき公益上の必要があると判断したことは、その裁量権を逸脱し、又は濫用したものと断ずべき程度に不合理なものであるということはできないから、本件第2補助金の支出は、地方自治法232条の2に違反し違法なものであるということはできない。」

4　美しい町国立「もう一つの景観―都市農業」

齋藤　正己

はじめに

国立市は大学通りを中心として、景観保護に関する評価の高い自治体である。そのため、以前問題となったマンション建設以来、開発業者も「美しい町国立」「自然環境豊かな都市」を商品販売の中心に据えて事業をおこなうようになってきた。大学通りを構成している国立市中地区の地価公示価格をみると、バブルの最高地点から比べるとおよそ二分の一程度に価格は下落したが、他地域よりも下落率は小さい。景観が地価の下支えをしているのである。

上原公子元市長は１９９９年（平成11年）から2期8年にわたって市政を担当し、景観の保護に尽力してきたが、それだけでなく、産業振興策の一つとして市内の生産者と消費者を結ぶ農産物の「青空市」を創設したことでも知られている。これは町の風景に溶けあい、国立の生活様式のひとつになった。

国立市は、大正時代に始まった学園都市の建設以来80数年の年月をかけて大学通りがつくられてきたが、もともとは江戸時代以来の武蔵野の面影を残す街道である甲州街道（旧20号線）を中心にして発展してきた町であり、そこに暮らす様々な人々の生活の営みがあり、学校へ通うもの、都市中心部へ通勤するもの、子育てをする母親たちの姿、これらが一体となって町をつくっている。大学通りの落ち着いたヨーロッパを思わせるような町並みと、武蔵野の面影が残る農業地域の景観は共に国立市の本質である。国立の景観というと、これまで大学通りだけで論じられてきたが、本来この二つは一体として考えられるべきものであろう。そこで本稿では「青空市」を支えてきた国立市及び首都圏近郊の抱える農業の問題にスポットを当て、もう一つの景観を考えていくことにしたい。

国立市の農業

国立市は東京の郊外に広がる自治体で面積が8・15平方キロあり、2012年5月現在の人口は7万4434人、世帯数3万5401世帯で、人口は微増であるが着実に増加していて、東京中心部へは電車で約40分という、とても交通の便利な地域である。住民の大多数は東京中心部へ通うサラリーマンを中心としたベッドタウンである。5年に一度センサス調査が行われているが、これにより国立市の農家の概要（2010年）を見てみよう。現在の国立市の世帯数は3万5401世帯であるが、農業世帯は総農家戸数133戸で全世帯の1％未満であり、販売をしながら農業を継続しているのは僅か市内に76戸である。経営規模を見ると全体の半数以下が300万未満で、専業の経営はほとんどないのが実情である。また、国立市の農業でも高齢化が進んでいる。

このように国立市の農業にも、日本の農業全体にかかわる様々な問題点が集約されていて、その前途は必ずしも明るいものではない。やがて農業の衰退とともに国立のもう一つの景観も消えてしまうのではないか。なぜ農業はこのようになるのか。特に都市農業はどうなるのか、その問題点を分析した。

1　都市における農業の現代的問題

国立市の農業について考える場合、我が国が抱えている、都市に

国立市形態形態別農家数と経営耕地面積

総農家戸数	販売農家戸数	自給的農家戸数	土地持ち非農家戸数	経営耕地総面積	1経営体当たり耕地面積	土地持ち非農家所有地
133戸	76戸	57戸	23戸	48ha	57a	2ha

出所：世界農林業センサスより筆者作成

国立市販売農家農産物販売金額規模別農家数

販売なし	50万未満	50～100	100～200	200～300	300～500	500～700	700～1000
12戸	17戸	11戸	13戸	10戸	8戸	3戸	2戸

出所：世界農林業センサスより筆者作成

国立市農業従事者等の平均年齢

農業従事者			基幹的農業従事者		
男女計	男性	女性	男女計	男性	女性
60.3歳	58歳	63.2歳	67.1歳	65.1歳	71.1歳

出所：世界農林業センサスより筆者作成

おける農業の問題について触れておかなければならない。

はじめに問題を整理するために、スタート時点の問題点を明らかにしたい。１９４５年（昭和20年）の敗戦は我が国の農業にも大きな影響を与えた。敗戦から復興の過程を見ると、それはまさしく東京をはじめとした大都市への極端な人口集中と、農村の過疎化の進行として位置づけられるであろう。この間、特に１９６０年代からの高度経済成長時代は国民所得が着実に上昇し、全国の交通・通信のインフラも整備され、やがてＧＤＰが世界第二位の経済大国へ発展した。しかしこの過程で農業を見ると、それまで食料の生産基地としてはもちろん意識されてきたが、いつの間にか都市の農地は不動産としての商品となった、という点で最大の変化を見ることができる。都市、特に大都市東京に対する一極集中は、都市地域で働く者に対する住宅の供給を不可避とする。

元から我が国の農業は、耕地面積が小さいという弱点を抱えていたため、農業経営で収益を上げることが困難であった。ところがこのような住宅地不足による土地需要により「不動産売買の収益」が発生し、農業収益よりも短期的な収益を目指す農家が続出するようになった。その結果、これまでは田園風景であった町並みが住宅地となり、水田や畑の中に突如として巨大な団地や住宅街が建設されて、これまでの風景が１８０度変わってしまったのである。そして、この農業＝不動産業の陰で、特に人口の流出した地方都市から農地の不在化が始まり、現在大きな問題となっている耕作放棄地が進行していくことも見逃してはならない。もちろんこうした問題の背景としてコメをはじめとする農業収益の低下があるが、これについては今回は触れないことにする。

こうした問題がある一方で、収益を上げるための農業として大きな変革も生まれつつある。それが直売システムを利用した、新しい販売チャンネルの開拓である。我が国の農産物販売のチャンネルは、長い間農協が独占していたが、１９７０年代から生協などの販売チャンネルが目立つようになり、さらにこの数年では自分たちで立ち上げたような直売所を経由して販売するチャンネルが大きく伸び始めている。国立市の「青空市」もそれを先取りしたものであった。

このような状況の中で都市農業はどうなるか。まず都市農業の存続に決定的な影響を与えている二つの制度についてみていきたい。一つが農地の不動産商品への転換をコントロールするための転用制度と、もう一つは、農業を継続して行くためのシステムである生産緑地の制度である。

2　転用制度と生産緑地

農地は国民に対する食料供給を使命として、また現在では国民の生活に潤いを与える自然涵養や防災空間など国民生活にとって重要な空間である。そのために農地は農地法 **(注1)** によって自由な売買はできない仕組みが作られてきた。

しかし、それは一切の転換を認めないというものではない。食料供給の基盤である優良農地の確保という要請と、住宅地や工場用地等非農業的土地利用という要請との調整を図り、かつ計画的な土地利用を確保するという観点から、農地を立地条件等により区分し、開発要請を農業上の利用に支障の少ない農地に誘導するとともに、具体的な土地利用計画を伴わない資産保有目的または投機目的での農地取得は認めないという『農地転用制度』がつくられている **(注2)**。

国立市年度別農地転用申請件数

	4条申請		5条申請	
年度	件数	面積	件数	面積
2007年度	13	9,408	11	8,382
2008年度	13	5,609	12	5,584
2009年度	16	11,572	23	10,602
2010年度	7	2,767	24	15,731
2011年度	14	10,160	15	5,012

国立市農業委員会資料より作成

これは、農地を農地以外のものにするため所有権等の権利設定・移転を行う場合には、都道府県知事の許可を必要（例外として、国・都道府県が転用する場合には許可不要）とするというものである。なお、市街化区域内農地の転用については、農業委員会へ届け出すればよいとなっている（注3）

それでは、国立ではどのようになっているのであろうか。国立市で見ると、農業委員会に出される農地の転用申請は、別表（国立市年度別農地転用申請件数）のようにこの5年間で毎年30数件、約５０００坪前後に達しているということがわかる。農地法上、転用には二種類あり、法４条による申請は農家の自己転用の制度で、法5条による申請は開発業者によるものであるが、国立市でも全国的な傾向と同じように後継者不在の農家の現金収入を得るために、４条と5条の申請がほぼ同数行われてきた。４条も最終的には開発に回されるためこれらはいずれも宅地化されることになる。

この小規模な農地の開発事業は、地域の中で虫食い的に行われている。道路は狭くなったり広くなったりしている。大学通りの町並みがなぜ美しいかと言えば、バランスのとれた高さの中にすべてが覆われて、地域全体が連続した一体の町並みを形成しているところにある。農業地域の美しさも同じように連続して一体的になっているというところにあるのであるが、この虫食い的開発はこれを破壊しているのである。美しい都市景観を守るためには、まず何よりもこの転用制度の抜本的変革が必要となる。

農地法はこのように農業保護をするという法の趣旨とは反対に、農業破壊に加担しているとみられるが、都市では逆に営農継続を希望する農家を救済するための新しい制度も生まれている。それが生産緑地制度である。この制度は、１９６９年（昭和44年）に制定された「農業振興地域の整備に関する法」（農振法）によって、農業の振興を図るべき政策として、農地の税制度にたいする保護政策が、１９７２年（昭和47年）の地方税法の改正によって農地の固定資産税が宅地と同じように取り扱われるようになり、農業の存続に危機的状況をもたらすとして、特に『都市の緑』に着目して、新たに保護しようとして１９７４年（昭和49年、その後１９９１年改正）の生産緑地法が制定された。保護の対象となるのは、首都圏・中部圏・近畿圏の三大都市圏**（注４）**である。この制度は一定の条件を満たす都市内農地に対して、農家の意思に基づき、固定資産税（これは相続税の時にも大きく影響する）を免除する代わりに、この免除は、「都市の緑を保護する」という『公共目的』実現のために行うものであるから、その利用や売買については厳しい件を付けるというものである。

（1）生産緑地地区の指定

ａ　農林漁業などの生産活動が営まれ、良好な生活環境の確保に相当な効果があり、公共施設等の敷地に供する用地として適しているもの

ｂ　５００㎡以上の面積

ｃ　農林業の継続が可能な条件を備えているもの

（2）行為の制限

以下の行為については、市町村長の許可が必要。

ａ　建築物その他の工作物の新築、改築または増築

ｂ　宅地の造成、土石の採取その他の土地の形質の変更

ｃ　水面の埋め立てまたは干拓

（3）土地の買い取りの申出

農林漁業の主たる従業者が死亡等の理由により従事することができなくなった場合、または生産緑地として公示された日から30年が経過した場合には市町村長に買い取りを申し出ることができる

（4）生産緑地の取得のあっせん

市町村長は、買い取りの申出がなされた生産緑地について、買取らない旨の通知をしたときには、当該生産緑地において農林漁業に従業することを希望する者が収得できるようにあっせんすることに努めなければならない

これを首都圏で見ると、生産緑地の地区数は3万3941件で面積は8384・7haである**（注5）**。首都圏三県の総耕地面積は前回センサスでは16万473haで、その面積に占める割合は5・2％であり、現在では生産緑地の面積は横ばいになっている**（注6）**。これはどう見たらよいのであろうか。一つは本来、ほぼ絶滅しただろう農地がまあまあ良く守られたというもの。もう一つは期待に反して農家は、やはり現金収入を得るため圧倒的多くが土地を処分する方向を選んだということであろうか。生産緑地の指定を受けた農地は終生農業を続けることが要求されているため、後継者のいない農家などにとっては、受け入れがたく、また、農業からの撤退・離農を考えて自由な取り扱いを考えたい農家にとっても足枷になる、また30年経過後には市町村に買取りを申し出ることができるが、現実に買取りをされた農地は極めて稀だというようなさまざまな問題も露呈するようになった。

国立市でも農家の高齢化は進む一方であり、政策決定までの時間は限られている。国立市の出発地点である旧20号線沿いは、宅地開発によって多くの農地は消滅しているが、秋になると紅葉した街路樹の後ろに農地が点在し、街道沿いには住宅のない空間が存在している。これらは農業継続を希望している農家の存在が守っているものであるが、結局は相続を経る中で農地も景観も消滅する過程をたどっているとみてよい。

3　市民の登場

農業問題の深刻さを受けて2009年に農地法が改正された。これはそれまで農業は農地を持つ者のみによって

行われるべしという「農地耕作者主義」を大きく転換し、農地の所有と利用を分離し、これまで農業に参入できなかった様々な形態の法人も参加できるようにしようというものである。その結果国立市でも行われている「農業体験塾」などが花盛りとなった。そのモデルの一つに、練馬区の「風のがっこう」がある。これは白石好孝氏が開園している白石農園であるが、およそ30 m²を1区画として、市民に農地を貸出し、市民が自由に農業を楽しむという「貸農園」だけでなく、プロの農家である白石氏が農業指導をして、研修を兼ねて、作ることの醍醐味を味わってもらうことに中心が置こうというものである。体験型農園が農家に与えるメリットは、農地をそのままの形状で使用することができ、自ら指導者として農業に参加できるということにある。また市民に対する貸借料は一定の収入を保障する。これは将来の都市の農業に期待を与える実験であり、これを発展させる新しいスキームを構築することが求められる。

4　大学通りと連なる景観

国立市は、ＪＲ駅前から始まる大学通りをメインストリートとして、南部の谷保地区へ向けて景観が連なる。国立市全域は武蔵野台地と呼ばれる、荒川と多摩川に挟まれた台地の上にできた地域である。この地域には、発達した河岸段丘が見られ、旧20号線に沿うような形で河岸段丘が形成されていて、段差が高いところで10ｍを超え延々と大小の崖が続く地形になっている。この崖は崖線と呼ばれていて、武蔵野地域の地理的特徴となっている。これらの崖線は昔の方言で「ハケ」または「ママ」と呼ばれているが、この地域が国立市農村景観に大きな影響を与えている。

農林水産省が選定した疏水百選に選ばれた、府中用水の谷保分水の起点が国立市青柳地区から始まっている。現在の府中用水は１９００年（明治33年）に作られたもので、毎年5月になると国立市青柳の取水口では多摩川からの取水が始まり、国立・府中の市内全域の水田の灌漑用水として使用されている。現在は多くが暗渠になっているが、最後は多摩川に流れている。

国立市のハケ下には、いくつもの湧水があり、中でも源流の一つになっている矢川の「ママ下湧水群」は、都市の中の清流と言えるものである。水はほとんど透明で、生物学研究者らによって、この地域が貴重な生物多様性の宝庫になっていることが明らかになっている。

昭和初期には、この地域では湧水を利用したわさびの栽培が行われていた。これまで渇水期でも枯れることのない湧水は、現在では都内でも有数のものであり、いまでは数少なくなってきた国立の水田を潤している。これらの湧水地帯は、周辺一帯が散策コースとして整備がされていて、ハケ全体が緑に覆われ、その下を透明な湧き水が流れるという、まさに自然景観を作り出しているのである。これを市民はどう活用していくか。

市民農園とハケの保全。そして大学通りとの連関。これが国立市の農業の再生と大きく関わりあっていることは疑いの余地がない。

5　今後の農業の生き方と農地の所有と利用の在り方

これまで、地域農業における首都圏や国立市の農地転用問題について言及してきたが、市民の登場に見るように新しい潮流も確実に起きつつある。

この20年の間に大きく成長してきたのが、野菜などをはじめとした生鮮食品の直売所である。販売流通の新しいチャンネルとして注目されてきたものである。中でも筆頭は、１９９１年の試験店開始から２０１２年現在では全国に約980の拠点を有する「道の駅」であろう。道の駅は全国の主要幹線道路沿いに立地している、常時駐車できるスペースの提供、24時間対応のトイレと公衆電話の設置が義務づけられた施設であるが、最大の売り物は店舗のコアに地元産の生鮮食品、中心は野菜などである。これら産品の直売所の運営によって現在では各地域で、それぞれの地域でユニークな店舗が続々登場するようになった。

これは先進的農業をいち早く取り入れているといわれているアメリカにおける、ファーマーズマーケットと通じるものであり、中小農家の疲弊が問題となっているアメリカでも地域支援型農業というものが全国的に行われている。「道の駅」はまさしく日本版ファーマーズマーケットで、日本の多くが取り入れた直売システムの原型である。このように地域が一体となって、農業を支えるシステムへの移行が行われるようになった。この動きは国立農業の先行きについても示唆するところが大きい。

国立市では直売システムは上原市政発足直後より始められている。青空市は国立市のメインゲートであるJR国立駅前の路上ではじめられた。駅の正面にある多摩信用金庫の支店の駐車場前を借りる形で、直売所である「青空市」はスタートしている。当時は少数の農家の協力を得て行っていたため、十分な供給体制を構築することができず、売り切れ次第で終了となり、なかなか需要を満たすことができなかったのが実情である。

現在、これに加えて、国立市では発展的な施策が模索されている。国立市の産業振興課で行っている事業に、10年近く前から体験農園「農業塾」がある。事業のきっかけは、地元の農家の中で営農希望があるにもかかわらず、後継者難のため人手不足に陥る農家が出始めた。そのため営農希望のある農家を支えるために、農家を支援する市民を養成するために農業を学ぶ場として始められた。当初は無償の事業であった。2000年に自治体の事業として援助が行われ、2006年（平成18年）には自治体の事業から独立し人気の事業となった。現在は年額3万円を支払わなければ参加できないが募集と同時に定員に達するという状況である。何よりも大きいのは、この事業から、より活動的な市民の登場を可能とする機会を与えているところにある。「青空市」を支えているのは、この農業塾を卒業した人によって結成された「NPO法人地域自給くにたち」である。さらに発展的に現在では、株式会社エマリコへ事業が継承されている。事業としても明確に成立する基盤があることを示している事例と考えることができるだろう。

我が国は明治維新で近代国家の形成が行われ、地租改正が行われたのが1873年（明治6年）であり、そこで初めて税制度から土地の私的所有が開始されている。現在の日本の農地制度の歴史は、1952年（昭和27年）に制定された農地法に起源をもつ。日本は冒頭に見たように、短期間に高度経済成長を成し遂げたために、制度疲労が早く、端的にその矛盾は耕作放棄地問題に表れている。1992年にバブル経済の終焉を見た日本経済は、2000年代に入り少子化時代に突入している。これは誰もが経験したことのない未体験ゾーンと言われている。明確にいえることは拡大再生産による発展モデルが終焉したということである。これを克服する道は何か。一つが先に見たような生産から販売に至る全プロセスへの市民の農業参加である。もう一つの農民自身の営みとして長野県山ノ内町における財団法人和合会の存在を報告しておきたい。長野県北部には観光名所として有名な志賀高原があるが、志賀高原一帯847万5千㎡の土地は和合会により集団管理がなされ、そこから得る収益は集落へ還元されている。すなわちここでは農地は個別に所有するのではなく、和合会全体で管理し、それを構成員全体に配る『総有』として維持し、発展させているのである。これは少子化問題による後継者不在、経営の合理化、そして全員の参加、権利と義務の一体化といったものに大いに役立っているということができよう。都市部ではどうか。首都圏を例としてみるのならば、解決しなければならない点としてとりあえず、高額な地価の問題（固定資産税や相続税の支払い）があるが、これを生産緑地によって解決し、その中での農業の維持と管理をこの長野の財団法人和合会のように集団的管理するというのも一つの手法であろう。農家は高齢化しているが、先祖伝来の農地を手放したくないというのが一般的である。そこで農地を自ら一代限りとしないで、農業に関心をそぐ若者たちと一体になり、継続的に新しい方法で農業を維持していくのである。このシステムは農家から見れば自らも農業を指導者として継続することができ、さらに農地を和合会のような団体に賃貸することによって地代収入を得ることができるようになる。バブル経済の崩壊後、日本国民は「ゆとり」を求め始めた。農地は地上に工作物がない広い緑の空間を地域住民に提供している。市民はこのシステムのもと、安全・安心な食料を手に入れ、さらに「ゆとり」を楽しむことができる。豊かな市民は大学通りをこの農業と一体なものとしてさらに豊穣なものにしていくであろう。

（注）

1　２００９年6月の農地法改正において、これまで認められなかった企業による農地所有が認められるようになった。

2　農林水産省農地転用許可制度 www.maff.go.jp/nousin/noukei/totiriyo/t_tenyo/index.html

3　農林水産省農地転用許可制度

4　東京都23区、首都圏・近畿圏・中部圏内の政令指定都市、首都圏整備法・近畿圏整備法・中部圏開発整備法に規定する一定の区域内にある市

5　国土交通省発表の２００７年3月31日現在の面積である

6　１９９３年の新生産緑地法の制度では、生産緑地地区の指定要件が大幅に緩和される一方で、三大都市圏の特定市にある市街化区域内農地は、「保全すべき農地」として生産緑地地区の指定を受けるか、宅地並み課税負担を甘受するか、いずれかの選択を迫られた

前掲、樋口　修・８頁

5 市民にとって「署名、陳情・請願・そして議会、首長」とは

景観と住環境を考える全国ネットワーク
清水 伸子
上村千寿子

一 ある日、突然

自宅のそばに高層マンションの建設計画が持ち上がった時、子供の利用するガードレールのない通学路の交通量が気になる時、静かな住宅地に隠れ家レストランが開業し深夜まで人や車の出入りが絶えなくなった時などなど、いったいどこに相談したらよいのだろうか?地域によっては町会や商店街というようなところもあろうが、このような問題はそれらではほとんど解決不能である。

ほとんどの人がこの段階であきらめてしまうが、最近はただ手をこまねいているだけでなく、書籍やインターネットを利用して、短時間に多くの知識を身につけていく人も多い。そのような知識の中から次第に浮上してくるのが問題解決所としての『行政』（自治体）である。

一般的に言えば、これら書籍やインターネットの知識では、行政が住民の問題を解決するための公共的な観点に立ってサービスを提供したり、解決するための努力をしてくれる組織とされていて、「期待」を与えてくれる。さっそく、住民票や戸籍謄本をもらいに行く以外ほとんど縁のなかった自治体のホームページを見てみると、マンション紛争に関係ありそうな部局として、建築や都市計画などのセクションがあり、相談に行ってみる。

しかし期待は幻想であるということがすぐわかる。行政職員がみな同じように口にする言葉は、「マンションは建築基準法に合致する合法なものであり、行政にそれを止める力はない。無理に指導を行って事業者から訴訟を起され、さらにそれに負けた場合、区は多額の賠償金を支払わなければならない。その費用捻出のため住民サービスが手薄になる」というのだ。行政の中に『紛争調整』というようなセクションもあり、ここでは住民と事業者のあいだに入って、なんとか紛争を解決してくれるという。ここなら何とかなるかもしれないと思って隣近所の人を誘って出かけてみると、肝心の業者が来なかったり、来ても『合法』だからというばかり。

調停委員も行政も始めからさじを投げている、という感じだ。このマンションは合法だという壁は厚く、少なくとも窓口だけでは何ともならない。

世の中には環境保護や景観、持続可能性、省エネルギーなどという言葉が溢れかえっている。都市の内部でも空き室の増加など人口減少を表す症状がたくさん出始めた。しかしこれらの言葉や政策と全く異なり、およそ真逆とすら思われる巨大なコンクリートの塊（最終的には空室になり誰もいない廃墟になり、取り壊すこともできないまま立ち腐れる。そのとき事業者はいない）が、なぜこうも『合法』の名で大量に製造されていくのだろうか。明らかに不条理である。疑問は次第に怒りに変わっていく。

二　署名と陳情

個々の行政職員相手では埒が明かない。ではどうするか。次に思い浮かぶのは議員や首長に訴えるということである。個々の行政職員は、自分一人では何もできないが、上つまり首長から『命令・指示』されたら、あるいは議会でこのマンションは認められないというような決議でも出されたらだいぶ変わるかもしれない。つまり行政はそれ自体としては『法律を守り執行』するというところである。しかしただ今ある法律や条例を執行するだけならだれが考えても首長も議会もいらないことになる。国民が首長を選ぶのは、首長は政治家として市民に諸問題の解決の方向性を示し、それを行政に伝え、もし既存の法律だけで足りないのなら法律を変えることを訴えたり、独自の条例を作ったり、あるいは時代の要請にあわせて、予算を組み替えるというようなことをすることが期待されているからである。

議会はこの首長の政治に対してチェックしたりあるいは応援したりするほかに、市民の意見を聴いてこれを議会で審議しながら行政に注文を付けたりしなければならない。そういえば首長も議員も選挙ではみんな「安心して住み続けられる町づくり」や「少子・高齢化」あるいは「空き家対策」などを訴えていた。巨大高層マンションをどうするかは言ってみれば「町づくり」の中心問題なのである。そうはいうものの、個人的に議員を知っている、政治に関心が高く政党のサポーターなどとして活動しているといった人でもない限り、首長や議員へのアプローチは行政職員への相談とは段違いにハードルが高い。首長・議員イコール政治家というとすぐさま何やら『胡散臭い世界』に引きずり込まれる、というような危うさや心配を感じるからである。しかしとにかくマンションを止めなければならず、いてもたってもいられなくてとりあえず勇気を出して議員のところを訪ねてみる。ところが実はこの議員もはなはだ頼りにならない。

ここはどういう議員を訪ねるのかにもよる。

そもそも高層マンションは必要だという考えの議員に相談に行っても慇懃無礼に追い返されるだけである。少し問題もあると考える議員でも、これが「合法」建築だといわれると、そこで立ち止まってなすすべがない。なぜそもそもこれが合法かといえば、それは自治体が都市計画審議会の議を経て首長が都市計画決定している、つまり自分たちの政治がそれを決めているからなのだが、多くの議員はその仕組みが良くわかっていない。「良好な住環境」などをうたっている自分たちの町のマスタープランと容積率２００％と定めている都市計画が、はたして整合しているのかどうかなど、勉強してみようと考える議員もほんとに少ない。しかし、議員の中にはこういう問題を何度も経験し、議会としても何か意思表示をしなければならないと考える議員もいる。インターネットで情報を探り、いろいろなシンポジウムに出席し、全国の参考になる「条例」を収集し担当者の意見を聴き、なんとか自分たちの議会でもこのような条例を作れないか、と考える議員たちだ。このような議員と出会うことができればしめたものである。これまでの憂鬱で絶望的な気分に少し光が差してくる。そこで市住民もこのような議員らと協力して議会にマンション反対の陳情あるいは請願（これは議員の賛同もなくただ議会にお願いするだけの陳情と異なって、議員の紹介が必要であり提出されると正式に議案となる）を行おうと決意する。

政治とは数の世界でもある。議員から見れば議員活動が可能なのはもちろん議員という身分があるからであり、議員の身分を得るためには選挙で勝たなければならない。議員がこの署名活動は次の選挙に役立つかもしれないと考えるのが重要になってくる。陳情や請願を採択し、条例制定に向けて動いていくためには大きな制約がある。条例提案は議員のうち8分の1の賛同を得れば可能だが、これを実際に可決に持ち込むためには過半数の賛同を得なければならない。つまり市民は2分の1以上の議員を動かさなければならないのだ。議員はこういう意味で市民・有権者の動向に敏感である。署名はいったいどのくらい集まっているのかが気になる。少しだったら動きも鈍くなるのは必然だ。逆に言えば議員や議会を動かすためには、市民はマンションに反対する署名を多数集め、この数を議員に示す必要があるのである。さてここからは国立市の例を比較しながらみていこう。

三　国立の署名と議決

普通の住民にとって署名は頼まれるものであって、集める側に回るとは想像していないだろう。集め始めても気安く署名してくれる人ばかりではないし、反対する人々や事業者からの妨害もある。また苦労して集めた署名が本当に議会や首長から真摯に扱われるのか不安もある。

１９９９年（平成11年）、明和問題が発生した国立市では市民は同8月に署名集めを開始し、9月には5万４７８筆の署名を添えて議会に陳情を行い、同年12月には「地区計画の早期条令化を求める署名」で7万２８４筆を提出し、さらにその後最終的には11万人の署名を集めた。国立市の当時の人口は約7万人弱であり、第一回目の署名はこれとほぼ同じ、第3回目のそれは、はるかにこれを超えた。

まず何と言っても目に付くのは署名数の多さと速さである。8月に署名活動が始まり、9月には5万筆あまりの署名を集めて議会に陳情し採択されているが、国立の人口は7万人である。明和マンション事件の前から、国立の景観を阻害するマンションへの反対運動は盛ん（上原インタビュー参照）に行われていたようだが、このような問題に関心を持たない住民もいるなかで、この数字には驚くばかりだ。

7万人というのは子供や病人なども入れたもので市の人口とほぼ同じというのはよそからも沢山の応援があったということであろう。マンション反対は沢山の人々の心をつかんだのである。その結果これを受けた議会が、必ずしも当時の市長である上原の政治姿勢に賛同するわけでもない議員も含め『マンション反対の陳情』では賛成多数、『地区計画条例』では欠席者がいる中でも全会一致で議決したのは当然である。

もっとも、全国がみな国立市のように進むというわけではない。むしろ完全に正反対なのだ。1999年（平成11年）（資料1）（財）地域生活研究所編集による「都内基礎自治体データブック・2009年度版」で、まず一般的にどのような陳情や請願が提出されているか、その結果どうなったか見てみよう。同書によると、(1)で都内23区の陳情・請願件数は（図1）、最も件数の多い江東区（287件）から、最も少ない葛飾区（12件）まで10倍近い件数のばらつきがあり、地域によって大いに状況が異なっている。これは問題が少ないとみるべきか、あるいは市民の活動の活発・不活発が関係しているのであろうか。さてそこで次の提出件数に対する採択件数の割合も、品川区のように39・5％と全体の4割近い件数が採択されるところと、全く採択されない千代田区・中央区までである。おしなべて2割弱といったところだ。なぜこのような結果になるのか。署名集めを実際にやったことのある人ならすぐ理解できると思われるが、署名運動は伊達や冗談でできるものではない。何回も陳情内容を考え必死で署名を呼びかける。暑い日も寒い日も時には病人や子供をほったらかしにして署名集めに動く。陳情の中には個人的な要望で公的なものとしては採択できないとか、それを実現するのが法的に極めて困難というものももちろんある。それにしても全体の8割が不採択とは署名を集めた市民ではなく、これを審議する議会側に何か問題があるのではなか

（資料 1）23 区における陳情・請願および採択・意見書提出件数

	陳情・請願件数	陳情・請願の採択件数	意見書の提出件数	採択の割合
千代田区	32	0	12	0
中央区	13	0	6	0
港区	44	10	13	0.227
新宿区	68	11	11	0.167
文京区	54	8	17	0.148
台東区	46	12	3	0.260
墨田区	16	5	8	0.312
江東区	278	26	17	0.093
品川区	43	17	7	0.395
目黒区	41	4	7	0.097
大田区	149	14	6	0.093
世田谷区	89	12	8	0.134
渋谷区	35	3	8	0.085
中野区	32	9	12	0.281
杉並区	102	8	3	0.078
豊島区	47	10	23	0.212
北区	44	7	21	0.159
荒川区	47	10	7	0.212
板橋区	148	54	18	0.364
練馬区	167	23	6	0.137
足立区	52	9	11	0.173
葛飾区	12	2	21	0.166
江戸川区	55	8	17	0.145
国立市	15	9	14	0.6

都内基礎自治体データブック・2009 年度版より

（資料 2）福岡市のマンション紛争関連の陳情・請願

年度	件数	署名数	採択	取り下げ	継続審議
1986 年（昭和 61 年）	1	5	0	0	1
1987（昭和 62 年）	8	2063	0	3	5
1988（昭和 63 年）	13	1251	0	4	9
1989（平成 1 年）	23	23713	0	4	19
1990（平成 2 年）	24	6721	0	5	19
1991（平成 3 年）	10	6944	0	2	8
1992（平成 4 年）	9	4677	0	4	5
1993（平成 5 年）	8	13170	0	3	5
1994（平成 6 年）	18	23743	0	4	14
1995（平成 7 年）	14	11912	0	5	9
1996（平成 8 年）	17	29500	0	6	11
1997（平成 9 年）	26	23318	0	5	21
1998（平成 10 年）	14	10393	1	3	22
1999（平成 11 年）	14	8873	0	3	11
2000（平成 12 年）	11	7497	0	3	8
2001（平成 13 年）	8	8455	0	0	8
2002（平成 14 年）	8	6138	0	1	7
2003（平成 15 年）	6	20299	0	1	5
2004（平成 16 年）	15	11983	0	0	15
2005（平成 17 年）	10	6751	0	3	7
2006（平成 18 年）	13	6950	3	0	10
2007（平成 19 年）	13	9375	0	1	12
2008（平成 20 年）	3	252	0	0	3
合計	286 件	243,983 筆	4 件	60 件	222 件

ろうか。

さらにこのような一般的な陳情・請願ではなく、特に「マンションの規制」を求めたものを見ると絶望的な気分に襲われる。これは九州・福岡の市議会の結果である。

これは１９８６年から２００８年まで、福岡市議会に出されたマンション反対の陳情・請願を、件数、署名数、その結果としての採択、取り下げ、継続審議としてみたものだ。これによると、12年間で24万３９８３人の市民から合計２８６件の陳情・請願が出された。しかし採択されたのはわずか4件、あとは継続審議という名で放置されるか、取り下げ（採択の見込みがないのでという理由で事実上強制される）というのが現実である。これは正直に言えば、市民の要望はほとんど議会に無視されている、ということである。無視というより鼻から相手にされないといってよいだろう。

国立市議会と福岡市議会は、雲泥の差となっている。

四　議会とは

さてそれでは議会とはなんであろうか。議会は歴史的・抽象的に言えば何よりも市民から集めた税金を時の施政者が無駄に使わないようにチェックする（予算や決算の審議）ためのものであった。しかしそれだけでなく近代では予算と条例などの可決、人事など同意あるいは行政に対する意見の提出、さらには国内外の現象に対して議会としての意思表示を行うなど、市民の生活に直接かかわる多くの議題を審議し、可決（否決）し、意見を言う権能が与えられている。この議会の権能については、議案が通らなければ実は行政は何もできないという意味（これは議院内閣制でも大統領制でも同じ）で、行政よりもはるかに強大な力を持っているということも認識しておかなければならないということである。

現に国立でも本書別項の黒川・竹野論文に見るようなさまざまな紆余曲折の末とはいえ、地区計画条例の可決など、とにもかくにも議会は立派にその役割をはたしたのであり、議会がなければ、その後の一連の裁判所の判決さらには景観法の制定や各自治体の条例制定など、景観の大きな進展は見られなかった。その意味で国立市議会の役割は、これも歴史に残るといってよいものだ。しかし、どの議会もそうかというと実はこれとは全く逆の結果となっており、それはことごとく市民の失望をかうものとなっている。福岡市議会の様子はすでに見た。さらに私たち「景住ネット（景観と住環境を考える全国ネットワーク。景住ネットは、全国で繰り返し起きているマンション紛争などの都市問題に関係する市民運動をネットワークでつなぎ、情報を交換することで相互支援するとともに、原因となる法制度について考え見直していこうと２００８年（平成20年）に結成された市民グループ。ネットを通じた情報交換、法改正署名、国会議員へのロビー活動、条例や法制度に関するシンポジウムの開催、市民向け条例の解説パンフレットの出版など全国で活発に活動している）の資料を見てみよう。資料３は景住ネットが実際に取り組んだ運動と議会の状況である。

この表を見れば、まず行政と議会の欄がほとんど空白となっているということに驚くであろう。住民から提案があった政策を数年かかって実現した自治体もあるがごく少数である。請願・陳情で採択されたものもその内容を見るとほとんどは、「協議の継続」「誠意をもって話し合う」などの穏便なもので、「建築を止める」「半分の規模にする」「建築はもってのほか」というような内容が採択されることはない。地域の未来を決定する権限を持つ議会が、これらの問題が再び起きないように、都市計画の制度を積極的に使ったり、新たな条例による対策を考え、提案する事例はわずかなのである。

（資料3）景住ネットが取り組んだ運動と議会の状況

時期場所	問題	住民	行政	議会	備考
2004年（平成16年）渋谷区	2004年千駄ヶ谷小学校・幼稚園が34階建（127m）の超高層マンション計画で長時間の日影。	区立小学校PTA連合会長が率先し1万1530筆の署名を集め、渋谷区議会に請願。事業者との交渉で一定の譲歩を獲得。		2007年「教育施設等に日影を落とす中高層建築物の高さ制限」等の請願を採択。	検討委員会が設置されたものの答申は充分なものではなく請願の内容はいかされなかった。
2008年（平成20年）西宮市はり半跡地開発	自然渓流などが残された広大な料亭跡地のマンション計画。	自然環境保護運動、開発許可取り消し訴訟、違法性追求など、	自然渓流埋め立て、人工水路への付け替えも認め、地下壌の調査報告を開示せず。		地域の景観保存などまちづくりへの市民参加が不十分。
2004年（平成16年）（建て替え決議）千里ニュータウン桃山団地	5階程度の中層住宅を最高15階建ての高層化。容積率は67％程度から200％程度にアップ。	建て替え計画は、千里ニュータウンまちづくり指針にもとづいた変更を求めている。開発許可取り消しの仮処分。	市の指針を緩和した容積を承認した。		
2011年 京都市	京都市が出した観光優先、住民市民無視のMICEプランや観光政策	1岡崎グランドには箱物よりも広域避難所に 2京都会館を保存へ 3岡崎公園を京都らしいままに守る等を要望	閑静な住宅地をパチンコ屋等が出来る地区へと変更、にぎわい創出事業を推進		
2009年	1万7千㎡の住宅	開発事業者への損	被害発生、議会で	「雨水貯留槽問題の	「まちづくり条例」

(平成21年)向日市寺戸地区	地開発後、隣接開発地で床から地下水が噴出するなどし、雨水抑制施設の破損が発覚	害賠償請求裁判、開発許可の審査請求、議会への請願。要望書、意見書を提出して計画の修正を求めた。	開発凍結の請願が採択されたにもかかわらず向日市、京都府により開発許可。	解決なくして新しい住宅開発なし」の内容で議会請願採択	による手続きでは不十分。
2004年(平成16年)京都船岡山	国史跡、風致地区である船岡山の斜面に8層、31戸の地下室マンション計画。	2005年不服審査請求、2006年建築確認取り消し訴訟、2007年損害賠償を求めて提訴、2010年大阪高裁に控訴。係争中。	建築確認がおりたが、反対運動のもの上がりで計画を中断、変更。		8層から6層への変更、31戸から27戸への変更など。斜面地条例制定。
2010年(平成22年)滋賀県大津市「レークピア仰木の里」	UR都市再生機構が開発した住宅地の一部を売却。7万9000㎡に宗教団体の全寮制中・高一貫校の設置を計画。	署名は約3万筆以上。(世帯で約74%)、「仰木の里まちづくり連合協議会」が発足。			
2008年(平成20年)神奈川県平塚市	5階建て、357戸のマンション。巨大過密建物。建築基準法の「一敷地一建物」の原則無視で、日照や接道義務が不十分。	開発審査請求、建築確認審査請求。平成22年6月、建築確認取消を求めて東京地裁に提訴。	市条例、高度地区などの制度では、十分なコントロールができず。	計画変更を求める陳情(5000筆、地元住民の8割以上が反対)を提出	23年に、計画の半分についてのみ、ほとんど変更しない計画で竣工。
2009年(平成21年)	地域の協力により緑地を保全してき	違法車両を通行させないための対策	行政側に問題意識があっても、実質	規制強化を求めて請願	2011年につぎの500㎡未満の

川崎の多摩区	たが、開発業者が1300㎡を取得。3回の小分け開発により開発許可を取得した。	など、他の市民運動と連携し、さまざまなイベントを企画。	的には開発を止める事ができない。緑を保全する活動を継続。		「宅造」の許可をえて強行着手
2010年（平成22年）川崎市高津区	意図的盛土により規制を超える地上4階、地下3階、約21ｍのマンション計画。2高さ12ｍの機械式立体駐車場で既存マンションが終日日陰に。	意図的盛土による法規制逃れや、実態にそぐわない機械式立体駐車場の取扱など目に余る計画	川崎市の担当部署は違反がないことを理由に何も指導しない。	川崎市議会で計画の是正・変更を求めた地域住民の陳情の審査が行われ趣旨採択	
2011年（平成23年）川崎市多摩区西生田	計画敷地は商業地域と第一種低層住居地域との境界付近にあるため3階建て9・99ｍにすることで日影規制を逃れている。	北側の住宅はもっとも規制の厳しい第一種住居地域にも関わらず、計画通りなら冬はまったく日照がなくなる。		住民の請願を審査した市議会まちづくり委員 会が現地視察をし、全会派から計画に対して厳しい批判が集中。	住民側の要望や運動にもかかわらずほとんど変更なし。
2008年（平成20年）東京都神田猿楽町	都心部でも古くからの住民にとっては住宅地。12階のペンシルビルは住む人たちの想像を超える。	不服審査請求では違法性のある危険な設計を指摘、一部設計変更された。	法律の範囲内の指導にとどまる。		千代田区は全域で日影規制を採用していない。（皇居、靖国神社をのぞく）
2009年（平成21年）文京区順天堂キャ	病院の新築計画。敷地面積5156・48㎡、	中低層の居住型住宅地域と隣り合って、巨大なビル群			これらの紛争を背景に、高さ規制などの強化が市民か

ンパス	建地上21階、地下3階。総合設計制度利用。	が形成されるため、日照、風害、圧迫感など多大な影響が懸念される。			ら強く求められている。
2009年（平成21年）西浅草	東京・西浅草の稠密な下町路地裏の街区に、地上37階・133mの超高層マンション計画。「総合設計制度」で容積率500％↓800％へ割増。	周辺建物の平均階数は2・97階で突出した高さ。台東区マスタープランでは中低層（3～5階）とされている。世界的観光地浅草寺の景観を損なう。	東京都、台東区は文景観破壊的な計画を自ら立て、景観問題を浅草寺周辺にて頻発させている。		2010年、総合設計許可取り消しの裁判は敗訴。控訴中。マンションは建設中。
2010年（平成22年）文京区	国の重要文化財旧磯野家住宅（銅御殿）の直近に地下2階地上12階（高さ約40m）のマンション計画。都市景観賞を受賞した湯立坂に面している。	建築確認取り消し訴訟中（2010／5～）。工事被害について総務省公害等調整委員会に原因裁定を申し立、文化庁に対し行政訴訟提訴など。	文京区都市マスタープランでは歴史・文化財や緑・坂が文京区の魅力であると位置づけながら、実態は意味がない。	議員などへの陳情多数。	
2008年（平成20年）さいたま市	2街区、地上15階、地下1階、等で戸数333戸。周辺は5階建て集合住宅以外はほとんどが低層戸建で、風害、圧迫感、日照、プライバシーなど問題が多い。	建築前後の風環境の変化を把握するため風速風向計の設置も事業主側によって拒否された。	さいたま市の斡旋・調停では住民の意向をがまったく活かされない。		調停による風害対策が、主に植栽に限られていてしまうなど、納得しにくい内容。

2002年(平成14年)流山市	お寺、墓地、畑、低層住宅、林の第一種住居地域での7階建て、40世帯のマンション計画。	審査請求、陳情、裁判、代案コンペ、のぼり、旗、駅頭、チラシポスティング、監視カメラ、ホームページなどで反対運動を10年継続。	法制度の問題を強く感じたため、マンション紛争防止の条例制定を市長に訴え、2012年条例も成立した。	陳情は穏便な内容で採択へ。	裁判で住民側の主張は認められなかった。結果的には相手が裁判を取り下げて撤退。
2008年(平成20年)千葉市	住宅地に地上9階(高さ27m)、戸数24戸のマンション計画に。用途地域：近隣商業、第一種住居	2009年3月、住民35人を被告として看板、旗の撤去を求める仮処分。この裁判が継続中の2009年10月に事業主が倒産。同年12月に予定地が別の不動産会社に売却され計画は中止に。	2008年10月千葉市建築審査会に対し審査請求。2009年4月請求棄却。2009年5月に国土交通大臣に対し再審査請求。再審査請求継続中に計画中止となった。		現在、同地には2階建ての戸建が6戸建てられた。自治会地区内でマンション紛争が頻発したため。
2005年(平成11年)船橋市習志野台志野台	2005年、9階建て26.89m、87戸の分譲マンション計画。2階建てがほとんどの低層住宅の町並みに、隣家(2階建て)境界から92センチという計画。	2006年6月、近隣の26世帯が、千葉地裁に工事差し止めの仮処分の申立。裁判官は違法なしとして「和解」勧告。2007年3月、和解。		2005年12月に市議会に陳情し継続審議。2006年12月の市議会に建物の高さ規制などを求めて陳情、採択。	
2007年(平成19年)	地上11階、194戸のマンション計	周辺5町会が対策協議会をつくり、	市に高さ規制の実現を働きかける。		船橋市の高さ規制は和解直後の

千葉県船橋市	画。船橋市は20メートルの高さ規制の手続きを進めており施行直前の駆け込み計画。	約50名の高齢者が工事現場前に座り込み9か月継続。事業者は工事妨害禁止の仮処分裁判を申立、間接強制による家屋の差し押さえが命じられたことから和解へ。	住民組織によるシンポジウムの開催など、船橋市に高さ規制を迫った。		2009年2月、千葉県で初めて実施された。
2006年（平成18年）さいたま市	近隣地域にマンション紛争が多発しているため、低層の住宅環境維持を目的として地区計画導入を計画。しかし、市が手続きを進めない。	2008年、住民提案の地区計画として91％の同意とともに提出。繰り返し早期実現を要望。	2011年現在地区計画は都市計画審議会で審議されず、手続きは停止状態。	2010年 市議会本会議において「地区計画早期制定を求めるみな月会請願」は全会一致で採択したが、状況は変わらない。	

U字溝にフタをして、信号を付けて、道路の舗装に穴ができた、空き地や道路脇が草ぼうぼうで困る等々そんな事ならほとんどの人が自分でやるか市役所に直接相談すればよいことだが、実はこれが議員の仕事となっているのである。議員はまるで御用聞きかメッセンジャーである。逆に言えば支持者が自分で市役所に行ってしまったら存在感がなくなってしまう議員もいる。議員と議会の本来の仕事とは、一体何なのだろうか。

多くのマンション紛争では議会も、もちろん首長・行政もほとんど何の解決もできないまま、建設工事はどんどん進み、市民は追い詰められてわずかな和解金で和解せざるをえないケースが圧倒的に多い。例えば船橋市藤原町では現在の街並みを残そうと5町会が協力。70歳を越えた住民たちが9カ月も建設現場で毎日座り込みを続け、市が予定していた都市計画の変更による建物の高さ規制を待った。しかし、マンション業者に工事妨害であると訴えられ、自宅を差し押さえになるところまで追い詰められ、和解しか選択肢が無くなってしまったというようなケースもある。船橋市議会はこの高齢者の闘いをただ傍観し、住民が待ち望んだ高さ規制は和解直後に行なわれた。住民は事業者から訴えられながらも、隣近所との会話を復活させ、地域の歴史を発見し、町内のいたるところにのぼりや看板を設置し、そこら中にチラシを配布し、現場で座り込みし、工事に関係する法律を学び、自ら考えた方法で事業者と闘ってきた。多くの議会はこれらをまるで見殺しにしてきたのである。

五　首長と議会の法的責任

国立市では、おおいに民主主義が躍動したことは、ここまで見てきたとおりであるが、だからといって万々歳というわけではない。マンションが事実上建築されてしまったことは致し方ないとしても、その後、国立市や首長であった上原個人が損害賠償を求められるという事実はどう考えても合点がいかないのである。

「議会が決めてくれなければ、首長は何も出来ない」と首長は言い、「議決しても首長が執行しなければ、何も始まらない」と議会は言う。先に少しふれたが、日本の地方自治法では自治体政府は、首長と議会を別々に選挙するいわゆる大統領制を採用し、権力が一点に集中して独裁にならないように、互いを抑制し均衡させる目的で議会には議決という決定機能と執行機関の監視・評価という機能を与え、首長には予算や条例の提案権や執行機能が与え、その権能を二つに分けた。国立の市長および議会を他の自治体と比較してみると、圧倒的に高い「民主主義の質」

を保持しているということである。しかし、この双方は、明和マンション紛争に対しては、陳情や請願を採択し、地区計画条例を可決したという意味では、表面的には極めて友好的な関係にあったように見えるが、実は黒川・竹野論文に見られるように本質的には敵対関係にあった。特に地区計画条例の採決にあたっては、首長と議会多数派とは完全に敵対視するようになり、議員の一部が条例の制定無効を訴えて裁判沙汰になるというような対立状態も生じたのである。このような首長と議会の微妙なずれが、最終的に国立市と個人の損害賠償事件に結びついていってしまったのだろうか。景住ネット関係の運動でも、このような首長と議会のぎくしゃくした関係はいつでも、どこでも見られる。

①　景住ネットが取り組んだ大きな運動の一つに高層マンションの高さを規制するため、自治体に対して『高さ制限』を行うよう要請した運動がある。

この要望に応えて船橋市は都市計画法の高度地区に基づく高さ制限を実施、千葉市も検討中である。これに対し市民の一部からは、議員は高さを制限することは、憲法および建築基準法・都市計画法の建築の自由（財産権）を制限するものであるとか、すでに高さ制限を超えるマンションなどに住んでいる人たちは、将来それ以上は建築できないというような既存不適格建築物になり、これは事後的に財産権制限をするものとして憲法違反だなどという反対の声を上げた。

しかし、議会はこれを振り切り陳情を採択し、首長もこれを受けて高さ制限を実施した。その結果多くの地権者はかってのような高いマンションは建てられなくなり、すでにマンションに住んでいる人は既存不適格建築物として将来同じような建築物は建築できなくなった。国立市と同じ、事後的規制であり、構造は同じである。にもかかわらず他では全く訴訟など起こっていないのに、なぜ国立だけで訴訟が行われるのか。

② 国立市は、裁判所から市として損害賠償を支払えと命じられた。しかし先に見たように条例の制定はほぼ全市民の要望に応えたものである。だとしたら市民全部が損害賠償責任を負わなければならないということになるがそんなことはありうるのか。同じような条例の例として、環境条例、景観条例、町づくり条例などがある。これらの条例は何がしか物事を規制するもので、誰かに必ず不利益を与えている。これをいちいち損害賠償を支払わなければならないとしたら、条例など作れないのではないか

③ 今回、損害賠償はまず国立市が訴えられた。この損害について国立市は支払いを終えている。その意味では国立市は被害を受けたということになるが、この被害と同額の金は明和地所からの寄付によって回復された。にもかかわらず再びなぜ上原個人が訴えられなければならないのか。

④ そもそも、上原が個人的に賠償を命じられる「悪いこと」をしたのかどうか。

これらの疑問が解けないのである

六　これまでの実例

誤解のないように言うと、私たちは自治体や首長にどんな時でも一切責任がないといっているわけではない。むしろ私たちは市民オンブズマンによる首長や議会の不正の摘発に心から拍手喝采を送りたいとも感じている部類である。また首長だけでなく、なぜかこれまでその法的な責任を問われることのなかった議会についても場合によってはその責任を追及すべきである、と考えるものである。しかし今回の上原裁判はどうも腑に落ちない。そこで実

際にどのような場合に首長あるいはそれと関係した民間法人などに対して賠償が命じられているか調査した。

これを見ると、まず次の事がわかる。

首長・自治体への損害賠償は『視察旅行』「高額な飲食」「カラ出張・ヤミ手当」「高価買い上げ」「給与負担」であり、法人の場合は『給与負担』「談合」「暴力への屈服」などであり、首長個人の場合「視察旅行」「議員野球大会」「架空接待」「カラ出張・ヤミ手当」「高価買い上げ」「給与負担」「違法な補助金」「管理契約」「人権侵害」等である。

さてこれらの例に共通して言えることは、まず第一に常識的にみて、首長や自治体が損害賠償を命じられているのは、いかにも破廉恥なものあるいは談合のように犯罪に絡むものがほとんどだということである。これはいわば常識的に許しがたいものとして関係者にそれぞれ損害賠償が命じられるのは当然といえよう。次いで、これらの事件

（資料４）首長・自治体への賠償命令

判決	理由	判決内容	備考
２００１年（平成13年）福岡地裁	高額な飲食	北九州市長ら71名に１３４０万円の返還を命令	１人あたり５０００円を超える食糧費の支出は原則として違法
２００１年（平成13年）金沢地裁 控訴	高額な飲食	県知事らに58万円の支払を命令	誘致した企業の幹部を料亭で芸妓をあげて接待するのは公務性なし
２００１年（平成13年）福井地裁	高額な飲食	県知事らに13万円の支払を命令	欧州視察旅行の際、県の規定の上限を大幅に超える高級ホテルに宿泊
１９９９年（平成11年）東京高裁 上告 差し戻し上告	民間法人に派遣した職員の給与負担	神奈川県茅ヶ崎市長と同市商工会議所に対し、計８００万円あまりの支払を命令	商工会議所へ市の職員を派遣して給与を負担。

（資料5）『民間法人への賠償命令』

判決	理由	判決内容	備考
2001年（平成13年）津地裁控訴	談合による不当利得	東芝、富士電機、下水道事業団らに対し、三重県に5443万円、四日市市に1685万円を支払うよう命令	同県、市が事業団に委託した下水処理場電気設備工事の入札について談合
2001年（平成13年）津地裁	談合による不当利得	大手機械メーカー クボタに対し、四日市市に1307万円を支払うよう命令	同市が水道用鋳鉄管購入のために行なう入札について談合
2001年（平成13年）名古屋地裁	談合による不当利得	三菱電機と下水道事業団に対し、5692万円を名古屋市に支払うよう命令	同市が事業団に委託した下水処理場電気設備工事の入札について談合（名古屋市長に対する訴えは却下）
2001年（平成13年）松江地裁	談合による不当利得	東芝、富士電機、下水道事業団に対し、2964万円を鳥取県に支払うよう命令	同県が事業団に委託した下水処理場電気設備工事の入札について談合
2001年（平成13年）広島高裁	談合による不当利得	一審鳥取地裁判決（00.3.28）を支持（ただし損害認定は減額）して、東芝と下水道事業団に対し、830万円を鳥取県に支払うよう命令	

のほとんどは実際に『金』が絡んでいるものであり、その分だけ市民の税金が不当・無駄に使われているので、これも実額を返還させるのは当然といえよう。

そして第二に、さまざまな経緯があったにせよ、国立の場合は、選挙、署名、議会議決により強く市民から求められた政策をリーダーあるいは統治者として断固として実行した結果であると言う事だ。権力の行使の背景には有権者あるいは主権者による11万の署名という圧倒的に強い背景と根拠があった。しかるにこれまで損害賠償を命じられた事例は、このような市民のバックアップがなく、いわば市民がほとんどわからないところで行われた事案ば

（資料６）　首長個人への賠償命令

判決	理由	判決内容	備考
１９９４年（平成６年）神戸地裁	視察旅行など	兵庫県稲美町長に30万円の支払を命令	町議18名が沖縄旅行の出張命令を受けながら台湾旅行。２７０万円の旅費は3年後に返還したが、遅延損害金未払い
１９９７年（平成９年）甲府地裁 確定	視察旅行など	山梨県知事に33万円の返還を命令	東南アジアへ一緒に旅行する県議11人に対し知事が餞別として１人３万円を交付。知事と海外視察旅行に同行した県議会議員に対するせん別の支払が違法であるとして知事に損害賠償を命じた。
２０００年（平成９年）福岡高裁 上告	議員野球大会	大分県知事に対し職員分の旅費10万円の返還命令	議員野球大会への職員派遣
２００１年（平成13年）千葉地裁 控訴	架空の接待	県知事に対し75万円の返還を命令	監査事務局による懇談会の開催は架空である疑いを払拭できないと認定
１９９７年（平成13年）宇都宮地裁 確定	カラ出張・ヤミ手当その他	宇都宮市長に４１３万円の支払いを命令	夏期一時金上積みの便法として超勤を仮装 違法であることは一見して明白であるから、専決者である人事課長が財務会計上の違法行為をすることにつき、被告（市長）はこれを制止すべきを怠ったと認められる等として、請求の一部を認容した事例

１９９８年（平成10年）札幌地裁 控訴棄却	カラ出張・ヤミ手当その他	札幌市長に対し、２００万円の支払いを命令	長期欠勤による労組専従者に対し給与等６０００万円余を支払ったことは違法、ただし元本は組合から返還済みなので、遅延損害金のみ
２００１年（平成13年）控訴 ２００３・２・６判決	私有財産の高価買上げ	前京都市長に対し約４億７０００万円の賠償を命令	開発業者からゴルフ場用地を適正価格の２倍以上の価格で購入
２００１年（平成13年）大分地裁 控訴上告	違法な補助金交付	大分県挟間町の元町長に対し３００万円の返還を命令	放漫経営のため赤字が嵩積した三セク、「挟間町陣屋の村」に８００万円の補助金を交付
２００１年（平成13年）広島高裁 上告	違法な補助金交付	山口県下関市の元市長に対し３億４１００万円の返還を命令	倒産した三セク、日韓高速船（株）の銀行債務を保証義務のない市が肩代わり
１９９７年（平成９年）最高裁	人権侵害	愛媛県知事に17万円の返還を命じた松山地裁の89・３・17一審判決が確定	靖国神社への玉串料を公金から支出したのは憲法の政教分離原則に違反すると判断
１９９８年（平成10年）高知地裁 確定	人権侵害	高知県十和村長に６００万円の返還を命令	村内の２つの神社の修復費として同額の補助金を支出

かりである。市民が要求したものと市民に隠されたところで行われた物の間には、決定的な違いがある。

第三に国立市の行為は、いくつかの裁判の中で、景観権という権利定着に寄与し、景観法を制定させるに大きな影響を与えた。それは全国民の幸福・福祉に寄与するものである。しかしここに見られるさまざまな事案は、このような権利の形成や法の創造にほとんど寄与していない。というより、このような事例の『反面教師』として規制が強化されるという結果をもたらしただけである。ここにも決定的な違いがあるのである。

そして、上原に問われた責任は上原だけのものなのだろうか。これを市民の一人としてどう受け止めたらよいのだろうか。上原を評価しない市民も当然いるだろうし、選挙で選んでいないと言う人もいるだろうが、上原は故意に損害を与えた訳ではなく、多くの行政訴訟で賠償を命じられた事例のように私利私欲で行動したとも思えない。上原への損害賠償裁判は、国立市民の行動として「正義」があるのかどうか国立市民がそして全国民が考えなければならないのである。

【参考資料】

1　都内基礎自治体データブック・２００９年度版
2　「24万人の叫び」福岡・住環境を守る会
3　「紛争事例集　２０１１」景観と住環境を考える全国ネットワーク
4～6　全国市民オンブズマン連絡会議２００１年度資料

（注） 市議会議決の無効確認訴訟　地区計画条例制定時の臨時議会を議長、副議長がボイコットしたため、臨時議長を立てて可決した。これに対して議長と一部の議員が市長と出席議員に対して議決無効と損害賠償を求める訴訟を起こしたが、東京地裁は却下し確定。

上原公子・インタビュー

わたしの市民自治

五十嵐敬喜（法政大学教授）
佐藤　弘弥（フリージャーナリスト）

はじめに

国立市は大学通りを中心とした美しい街並みで知られるが、国立ではこれまでその美しい街並みを守るため、市民による様々な取り組みや戦いが繰り広げられてきた。

その中で、いわゆる「明和マンション問題」裁判は、よくも悪しくもエポックメイキングな事件であった。その当時、国立市の市長としてこの「景観騒動」の渦中にあった上原公子に対して、これまで大学院での指導教授として相談を受けてきた五十嵐と、平泉を拠点として美しき都市を探求してきた佐藤が、上原の戦いの舞台であった国立駅から明和マンションまでをいっしょに歩きながら、上原に国立への熱き思いを語ってもらった。

正直なところ、私たちはインタビュー前には、上原から、国立の美しい景観を守るためにとった政治家としての正当な行為のために、結果として国立市から損害賠償裁判を起こされるという不条理極まりない事態に対する不満やとまどいの声が聞かれるのではないかと心配した。しかし上原の一言一言には自らの景観への思いや、議員あるいは首長として長い間国立のために闘ってきた自負と国立の市民自治の伝統を未来に伝えていくのだという明快な覚悟が感じられた。その覚悟にはいささかの揺らぎもなく、どうやら上原公子は、今回の損害賠償裁判にも少しも動揺していないようにみえた。

一　国立のまちを巡る

【1　国立駅南口駅前広場にて】

五十嵐：そもそも、ここはドイツのゲッチンゲン大学の大学町をまねてつくられたといわれていますが、どこをどう真似たのでしょう。

上　原：単に「学園都市」と言うところ。それでもボン大学の研究者が来て「ドイツにもこんな美しいところはない」と言って下さったんです。

五十嵐：本来ヨーロッパの都市の広場は駅が中心ではない。都市は広場を中心につくられ広場の周りにはシティホールや教会があり、ここが市民の共有空間となっていた。もちろん都市の外延部は城壁によって囲まれ、これは外敵からの防御とともに、都市と農村を区分するものとなっていた。だからこの駅を起点に大きな道路を作り、そこに大学（一橋大学）を呼び込むという発想は必ずしもヨーロッパの都市とは同じではない。

上　原：都市の構造そのものということではなかったようですね。あくまで学校を中心とした町をつくるという観点だったみたいで。

五十嵐：関東大震災によって東京の中心部が崩壊した。皇居のそばにあった一橋大学もほぼ壊滅した。そこでどこかに新しいキャンパスを作らなければならないというのがここの町づくりの動機で、当時の一橋大学の学長さんが新しい町の大学のモデルとしてこのゲッチンゲンを強く推したという話もあります。大学と堤康次郎さん(西武グループ、箱根土地株式会社創業者）がどういう経緯でコンビを組んだのかわかりませんが、堤さんもこの学長の提案にうんと心を動かされたのでしょう。ところで堤さんは実際にゲッチンゲンに行ったのですか？

上　原：いや堤さんが直接ではないらしく、重役の人を派遣させたらしいです。

堤さんの理想の学園都市は、おそらく学者も学生も街に住むことによって、ヨーロッパのように文化のある美しい街だったのではないでしょうか。だから、売り出しのチラシを見ると、美しいということにこだわってますね。建物は、長屋はいけないとか、工場はいけませんとか、二階家がいいとか、書いてあるし、西洋館のモデルハウスもいくつか作ったようですよ。しかし、学校はといえば、一橋大以外は、小さな部屋を借りながら少しずつ学生を増やし、整えていくという方法をとったようですね。もともと当時の日本の学校の始まりはそのようでしたから、当時は地域の協力も大きかったのではないでしょうか。

国立駅舎２階から大学通りを望む（2012 年５月撮影）

おもしろい話しがあります。堤さんは国立に箱根土地という会社を移し、分譲に力を入れるのですが、当時ここはかなり田舎だったので、思うように売れない。そこで国立音大に、人寄せのための音楽会を開いてくれと頼むのです。そこで、音大は、野外音楽堂を作ってくれたらというので、１５００人とか２０００人規模の野外音楽堂を作って、何回かコンサートを開くんですね。残念ですが、今はその野外音楽堂はありませんが。音大の学生も国立に住むわけですから、音大生のためのアパートは、ピアノスペースを最初から作ってあったそうです。街のいたるところから、練習する音楽が聞こえる、「音楽の街」だったようです。素敵ですよね。

五十嵐：しかし、少しわからないところもある。それは「広い通り」をつくることがなぜ「美しい」という設計思想になったかということです。当時日本にはまだ自動車というものがほとんど普及していない。今見ると歩道、緑地そして自動車道が程よくバランスしていていかにも近代都市の風景という感じですが、当時はこのような広い道路は、ただだだっ広いだけというような感じはなかったのでしょうかね。

上　原：実はそこがよくわからないんですけど、堤さんが鉄道屋さんなのでそこに軌道を敷くとか滑走路にするとかの話もあったらしいんです。戦時中に、この大学通りに中島飛行機まで繋ぐ鉄道計画書が村に出されていますからね。実際、この道に木を植え始めたのは、堤さんの後の時代のことらしい。結局道が広すぎたのか分譲がうまくいかなかったので、住民自ら景気づけのために共同作業をしようということで、今の天皇陛下の誕生を機に市民で桜を植えたものです。

五十嵐：今になってみると実はその「広い道」というのが大変貴重。さらに今の話ですと創業者が考えてもいなかったような「並木道」を市民がつくっていったというのも大変すばらしい。少し当時の状況を考えると、何しろこの町は「関東大震災」を契機に作られた。この関東大震災の復興計画を立てたのは周知のように後藤新平（岩手県出身の官僚・政治家：１８５７～１９２９）で、後藤新平は災害に強い都市を作るとして、復興計画の土台に「道路」

と「区画整理」を据えた。

これは災害の際の消防や救援物資の運搬などの機能を充実し、合わせて江戸時代以来の並み、つまり狭い曲がりくねった路地に木造の長屋が背を合わせて立ち並ぶ、あの江戸東京博物館で見られるような当時の状態を、きちんと区画割のされた近代都市に変えたいという思想や実験がどっかで伝わったのかも知れませんね**（注1）**。

（注1）　国立の都市計画については、各論の「渡辺論文」を参照のこと

【2　国立駅舎について】

五十嵐：そこでまず、国立駅舎から聞きたいのですが。旧駅舎はどうなるのですか？　現在の仮駅舎は薄っぺらでどうしようもない建物だね。

上　原：この駅舎がまた、一冊の本になるくらいの「バトル物語」です。ＪＲ側は、当初から駅舎について、中央線高架事業計画の中で、解体を決めていました。旧駅舎は、国立を開発した時に堤さんが、作って寄付した当時のものです。

五十嵐：国立のシンボルのような存在だったよね。

上　原：その通りです。前の市長時代から、市はＪＲに保存を要求していました。ところがＪＲという会社の体質は、あの旧東京駅だっていったんは壊そうとしたように、歴史的建造物でもお構いなしなんです。そこが、ヨーロッパの文化と違うところです。

五十嵐：あなたが市長になって、保存を強く要求したということでしょうか？

上　原：まず、調査研究会を作りました。そうそうたる専門家に入っていただいて。この研究会から、大変おもしろい報告書が出たんです。堤は当初から、ヨーロッパの広場の発想を駅前広場として構想していたんですね。

五十嵐：ほう、それは初耳だ。

上　原：それで、駅前広場で実際に、盆踊りをしたり、野外映画会もしているんです。それで駅前ロータリーですけど、もともとが展望台だったという設計図が見つかりました。昔、ロータリーに水禽舎があって、水鳥がいた時代もあったのです。その他、実におもしろいことがたくさん分かりました。それで、散々JRと交渉して、そのまま存続し続けるように、ロータリーに一時移転させる提案をしました。工事が終わったら戻すという計画です。その予算を自民党が東京都からもらってきたんですね。これはありがたいと思いました。ところがある選挙が終わった途端どんでん返しで、移転予算が否決されました。議会では、このことをめぐって、審議が1週間ぐらいストップしたこともありました。いよいよ、JRが

駅前広場から駅舎方向を望む（2012月4月撮影）

時間切れの通告をしてきたんです。その時、自民党側は、急に解体保存なら認める、保存費用も認めると言い出しました。これは、商業地域は、木造建築は認められないことを承知でのある種の陰謀ですよね。だって商業地域ですから。いったん解体したら、同じ場所での木造建築はできなくなる。

五十嵐：商業地域でも文化財指定を受ければ、再建築可能でしょう。

上　原：そうです。だから市の教育委員会に市による文化財指定を検討してもらうようにしました。また都には、駅舎の無償譲渡を御願いしました。日本の鉄道史にとって、重要な建築物ですからね。おかげさまで、今は解体保存をしてあります。解体前に、駅舎のさよなら撮影会をしたら、２０００人くらいの人が３日間詰めかけ、中には涙を流す人もいました。国立のシンボルですからね。

佐　藤：世界遺産候補地である鎌倉の一日の乗降客がどのくらいかは知りませんが、少なくとも国立より遙かに多いはずです。それでも鎌倉駅の風が通る駅舎は立派に残っています。国立の駅舎が残せないはずはないですよね。

上　原：そうです。鎌倉が残せて、国立で無くなるなんておかしいわよ。そこで、国立には、この駅舎にまつわる「議会伝説」か「都市伝説」のようなものがあって、国立旧駅舎が残ると上原市政が永久に続く、だからこれに反対するという何かおかしなストーリーが組み立てられたんです。吹き出しちゃうでしょう。（笑）

【3　北口の高層マンション群について】

佐　藤：今の駅の周りは高層マンションだらけで、大分荒れている印象ですね・・・。かつては松林が拡がる国立らしい景観があったと記憶してますが・・・。

上　原：昔はこの辺も高度制限がちゃんとあったんですが、そのため屋根が三角に切り取られているのは不恰好だから、屋根をまっすぐにするためには高度制限を取っ払った方がいいと言われたのだそうです。その当時は「まさかこんな高い建物が立てることが出来るなんて思わなかった」と悔やんでいた、という話を聞いたことがあります。平成元年のバブルの時代に高度制限が取り払われ、ここにも「容積率」の怪物が押し寄せるようになってきた。でも実際に建っている建物はバブル崩壊の後にできたものです。不動産屋さんはバブル崩壊で都心ではマンションは売れなくなったが、国立では売れるんじゃないかと考えた。それまでは私も長年かかわってきたのですが高い建物に対しては反対運動が強く、業界もここは怖いということで遠慮していたのが、一棟建ったとたんに次々と建ってしまうことになってしまった。そこで自分が市議の時、幹事になって裁判を起こすことになったんです。

佐　藤：北口のマンションが建った事情はどうなんですか？　上原さんが市長の時だと思いますが？

上　原：あれは私の前の市長の時代のものです。北口東側のマンションが先に出来て、私の時代にすぐに西側も出来てしまった。でも私も会社に何回も足を運び、ずいぶん交渉し、

桐朋学園の校庭に明和マンションが侵入したようだ？（2012年5月、渡辺勝道・撮影）

何とか一階分は下げてもらえました。元々駅北口は林で、緑をなくさないでという条件で市が自転車置き場としてお借りしていたものだったんです。でも所有者の方がお亡くなりになって相続の問題が起きて売られてしまいました。今の生産緑地制による都市の緑の確保や、民間所有の山林のあり方は問題だらけで、都市の緑被率は下がるばかり。税制上の抜本的工夫も含めて考え直さないと緑は維持できない。一橋大の先生なんかはあのマンション群を見て、「駅の裏に石棺が建ったようだ」と言いますよ。

五十嵐：全くもって、これは確かに「憧れの国立」らしくないなあ。この間、大阪にある古墳に行って石棺を見てきたのですが、石棺はもっと美しい（笑）。最近の国立駅前を見ていたらあまりに乱雑で国立とはわからない。それに風が通る国立駅舎が消えたのも実に寂しい。

【4　南口駅前の緑地帯のベンチにて】

上　原：ここはもちろん、商店街にくる人の憩いの場ですけども、一橋大の留学生が何人か集まると、自然に国際交流の場にもなってるんですよ。イベントもやるし、小さなコミュニティ空間ですね。それなのにかつては、駐輪場にしようとか、有効利用という案なんかも出たことがありましたね。これもバブル期。土地が全部お金に見えたのでしょうね。

五十嵐：大学通りですが、これだけ緑がたっぷりとってあると、ほんとにリラックスする。緑は単に緑というだけでなく、季節、木蔭、癒し、風、歴史、鳥や昆虫、などなどいろんなイメージ、言葉と結びつき、匂い、肌触りや音など、人間の直観や体感などとも切り離せない。木漏れ日なども命を実感させられる。

上　原：国立は街を歩くだけで、四季を感じることができるんです。ここを通学路にしている、桐朋の子ども達は幸せですよ。道草を楽しみながら通えるのですから。緑が多いから、夜霧がよく出るのですが、シャンゼリゼ通り直輸入のガスライトのような街灯が、霧に包まれるオレンジにボウッとオレンジ色に輝くと、なんとも幸せな気分になります。霧の歌でも作りたくなりますよね。やはり文化が生まれるために、町は幸せな気分にさせてくれなければいけないと思いますね。

佐　藤：実は、今年（２０１２年）４月の桜が満開の頃、このベンチの前で、素敵な光景を目にしました。それはとても素敵な光景でした。このベンチで小学生４、５年生位の女の子と３０歳位の男性が、赤の他人と思われるのに、同じような格好で「うたた寝」をしていたんです。それを目にした時、これはクリストファー・アレクザンダー（アメリカの建築家・都市計画家：１９３６〜）のパタン・ランゲージ（都市環境デザインのための共通言語）だと思いました。五十嵐先生パタン・ランゲージの中に「人前の居眠り」というのがありますね。

五十嵐：あります。国立には、パタン・ランゲージに該当する景色が、そこら中に見つかる。「禅窓」とか、「自転車路と置場」や「路上カフェ」などね・・・。

一橋大学前の鋪道は美しい（2012 年 5 月撮影）

佐　藤：「人前の居眠り」の光景を創り出してしまう雰囲気が国立という町には確かにある。それがこのベンチでの「うたた寝」を誘うのだと思います。五十嵐先生が言うように、国立はパタン・ランゲージの宝庫のような町だと思います。それが今、危機に曝されている・・・。

【5 「Eビル」前にて】

上　原：ここはいわゆる「Eビル」北側の一般のお宅だったところです。「Eビル」は、大学通りの商店街の中では珍しく、平屋の木造建築のビリヤード場でした。昔は一橋大学の学生達も通った学園都市のシンボルでした。同じ木造建築であった三角屋根の駅舎と対になって、多くの市民に愛されていました。

佐　藤：そのビリヤード場が壊されたのはいつ頃でした？

上　原：1993年（平成5年）だったと思いますが、高さ36・6m、12階のビルが駅前に建つという計画が発表され、商店街も市民も驚いたんです。それまでは、多摩信用金庫（たましん）のビル（27・6m、6階建）が、一番高いビルだったんですからね。

佐　藤：それで、上原さんたちが反対運動を起こしたのですか？

上　原：いや、そうではありません。ひとりの地主さんが、「これでは国立がダメになってしまう」というので、たった一人で猛烈な反対運動を起こされたんです。それが議会でも問題となり、あっという間に市民運動に広がっていった。

佐　藤：では、この場所が、国立の景観運動発祥の地と考えていいのですか？

上　原：その通りです。ここが、国立景観運動発祥の地と言って差し支えないと思います。地主さんは女性ですが、単に反対運動をするというのではなく、自分なりに国立の商店街には、こんなデザインがふさわしいと言われて、敷地内にあった白木蓮を残すようにしてパティオ風（スペイン風の中庭）の建物を商店街の中に建てたんです。どうですか、この場所の印象は？

佐　藤：確かに、内庭というのは居心地のいいものですね。理屈を付ければ、C・アレクザンダーの「パタン・ランゲージ」に、「111　見えがくれの庭」とか「112　入口での転換」いうのがありますが、美的な空間を形成するような設計になっている印象です。

上　原：その時、Eビルの設計見直しの署名活動に加わっていたんですけど、市民から「市は、こんな無謀な計画なんか許さないでしょう」と言われました。商店会も、「近隣都市が開発される中で、国立の商店会が生き延びる途は、大学通りの自然を活かしたまちづくりしかないとして要望書も出しました。だってここは、東京百景に選ばれたほどの町並みがあるところですよ。

佐　藤：そこで上原さんは、市議会議員から市長になる決意をしたのでしたね。

国立景観問題の発端となったEビル前（2012年5月、渡辺勝道・撮影）

上　原：そうです。とにかく、Ｅビル見直しの署名が、７０００人を超えて、議会で採択されるほどでした。その後、市民側は新たな「大学通りを愛する市民の会」を立ち上げました。会では、単なるＥビル問題を越えた議論をして、本格的な景観条例制定のための学習を始めました。

佐　藤：つまり、国立市には、景観条例が必要だという認識ですね。

上　原：もっと言うと、市長に対して景観条例制定を迫ったということです。ですけどね、私は一市議会議員でしたし、しかも市民派ですから限界を感じました。それでも私たちは、１９８８年（昭和63年）に見直された「高度制限の撤廃」を元に戻すことを、「国立市用途地域等見直し案の変更に関する決議」という形で議会に提案したんですが、結局は議長採決で否決されてしまったのです。

佐　藤：その頃は、丁度五十嵐先生方が、神奈川県真鶴町で「美の条例」として名高い真鶴町のまちづくり条例の制定にこぎ着けた頃でしたね。

上　原：あのニュースには、刺激されました。真鶴町の首長の毅然とした態度があの快挙を生んだと思いました。結局ですけど、しかし、市民が「条例の直接請求」を起こして条例ができたとしても、首長である国立市長が真鶴町長のように、「景観条例」を遵守するという毅然とした意志を持っていなければ、景観条例だって絵に描いた餅になってしまいますから。

五十嵐：それはそうです。真鶴町だって指導要綱をつくってマンション業者と闘った。武蔵野市だって、市民が選んだ市長だ。市長はその市民の意志を背負って、命がけで政治を行っている。元々政治というものは、そういう職業なんですよ。マックス・ウェーバーの「職業としての政治」を読んでください。

佐　藤：私は誤解していました。五十嵐先生は、当初から国立の市民運動に関わっていたと思っていました。

五十嵐：そうではありません。あの頃は、真鶴町の条例策定に全力投球でしたから・・・。

上　原：話をEビルに戻しますよ。市は結局、早々とビルの着工を承認してしまいました。この承認と条例案の議会否決をもって、高層ビル建設は事実上解禁となってしまった。これを機に、業者側による高層マンション申請が盛んになり、町がどんどん壊れ始めたのです。国立のあちこちで高層ビル計画が持ち上がってきて、裁判に発展していく。これは何とかしなければと思いました。明和マンション問題も、こうした流れの中で起こった騒動なのです。

佐　藤：そこで、上原さんたちは、バラバラに起こしていた裁判を、統一することにして「国立景観裁判」がスタートしたのでしたね。

上　原：本当にすごい盛り上がりでした。私たちは「大学通りの景観」を何とか未来に遺したいという一心でした。そこで「文教都市のまちづくりを進める市民の会」を発足させた。8月に訴訟を起こした時には、原告312人、支援会512人という規模に膨らみました。これがさまざまなメディアで報道されることによって、全国的に注目を浴びるようになったのです。

佐　藤：裁判の準備はどのようになさいましたか?

上　原：もちろん法律的な問題は弁護士の先生方にアドバイスをいただきましたが、私たち市民は、まず国立の歴史というものを徹底的に調べ上げました。それこそ、堤康次郎の開発の記録から始まって、当時の新聞記事、議会の議事録、市民活動の記録などです。そこで分かったことがひとつあります。それは今日の国立の美しい景観は、市民が深く関わってきているということでした。私の言葉で言えば「市民自治の歴史」がそこにあったんです。だからこそ、市民が手作りで守り育んできた国立の美しい景観というものを「景観権」として未来に遺したい。そんなことを思ったのです。

五十嵐：それでも、行政の側から見れば、この町は市職員のガンバリでできたと言うかもしれない。あるいは開発業者にすれば、国立にあった設計計画を私たちが提案したからだって言うでしょう。

上　原：先生、その意見には少し異論があります。私が言いたいのは、国立の景観というものは、長い年月を掛けて、市民がこれに主体的に関わって造り上げてきたものだということを言いたいのです。だって、そうでしょう。大学通りのほとんどを占める第一種住専地域ですが、そうなると高い建物を建てられない。つまりそれは、国立に住む住民自身が、「高い建物を建てない」という権利の放棄のようなことで実現したものでしょう。それが国立市民にある「景観利益」であり、「景観権」というものではないかと思っているのです。

五十嵐：国立の景観は、住民自身の「高い建物を建てないという権利の放棄」によって実現したものであるということ。まあそういう考え方もあり得るとは思いますが、私はこの「権利の放棄」という部分には強い違和感がありますが、ここでは深入りしないでおきましょう。

上　原：私が国立市民になろうと引っ越して来た第一の理由は、美しい緑があって教育環境の整った国立で子育てをしようと思い立ったからです。それが、どんどん失われていくとしたら、それは許せない。地方自治において、決定的な役割を果たす市長の椅子に市民の代表が座らなければ政治を変えられない。そのことが、私自身が市長選に出馬することになった理由です。

佐　藤：でも、１９９９（平成11年）でしたか、３期目を目指した現役市長を破って当選するというのは大変だったのではないですか？

上　原：それはそうでしたが、市民の盛り上がりがすごかった。名もない、組織も持たない私が現役市長を退けて当選できたのは、一にも二にも国立の市民自治の伝統のお陰であったと思っています。

【6　景観利益について】

五十嵐：少し論点を変えましょう。景観は一方で美しいということですが、他方で「財産権の侵害」というように、これも何か根本的に議論がすれ違うことがある。これはどう見ていましたか。

上　原：一般的に言えば、難しいのは反対派だけでなく、賛成する人たちにも、どこかに「土地は財産」という発想が基本にあり、景観を保護するとこの財産の価値が下がるという観念が忍び込んでいるということです。それが景観保護の障害にもなっている。しかし、皮肉なことに、業者が国立でマンションを売り出す際のチラシはどれも景観を謳って普通よりも高く売っているという事実もある。事業者からいえばだから景観が良いということは土地の価値があがるということであり、これはある意味で市民よりも敏感かもしれない。

国立の景観問題が特異なのは、やはり最初は子どもの環境、学園都市の環境を守るということのために、開発のたびに闘い、並木の桜を植え大事に育ててきたという自負心があって、それが町の誇りだったんですね。その結果、他の地域では町がビル街に変貌していったが、国立市民は頑固に守ってきた。だからこそ、景観は市民のものという思いが強い。

五十嵐：日本では景観を含めた「都市計画」というのは常に「御上」から降ってくる。したがって都市計画が提起されるたびごとに市民から見ればまた「御上」が出てきて自分たちの自由が束縛される、と思うのはやむを得ない。この受け止め方にも一定の根拠がある。

しかし、国立は部分的にだが、この都市計画というものを自分たちでやってきたという自負がある。だからこれを侵犯する者に対してはそれが行政であろうと事業者であろうと激しく抵抗する。そこにこの都市計画の担い手は自分たちだという民主主義の根底がすえられている。これを勝手に景観を壊しておいて、勝手に景観を売り物にされると、怒りがこみ上げる。大きく構えて言うと今回の上原さんに対する損害賠償の裁判はこの市民の民主主義に対するさらなる挑戦ということになるかもしれません。

【7　大学通りを歩きながら】

佐　藤：大学通りの桜にかけてあるかわいい絵はなんですか？

上　原：かわいい絵がたくさんあるでしょう。「桜を守ってね」というポスターなんですよ。以前は、緑地帯の草が伸びているとか、犬の糞があったとか市民の苦情が多かったのです。そこで、昭和初期に市民が植えた桜なので、「桜守」という制度を作って市民と市の協同管理にしたら、こぞって市民が参加するようになって、市民の自慢のお花畑になりました。このポスターは、「桜の養生しています」という看板を桜守で作ったら、あまりにも素敵なんで、私が「素晴らしい！」を連発したら、幼稚園児や小学生も描いてくれて、まるで展覧会のよう。市役所の職員では、絶対つくれない看板ですよね。心が和むでしょう。桜の根本にはムラサキダイコンの花を植えたり、それが枯れたら、肥料にまでしてます。

これも全部市民との協働作業で、すっかりボランティア活動として定着してます。

五十嵐：国立という町は、歩いていると、ぽつぽつおしゃれな店がありますね。パリのカフェみたいなよい感じ。町と市民が一体になっている。

上　原：そう。喫茶店でも、昔はもっとあって、実は大分減ってしまってるんですよ。

また景観の話になりますが、府中の大国魂神社前の並木道があるでしょ。そこも容積率が問題になったけれども、ビルによる日陰が多くなって、すっかり美しさがなくなってしまった。並木道の美しさというのは、やはり木洩れ陽ですよ。

桜のボランティアにしても、「守る」と「育てる」、そしてそこから来る「美しさ」というのは全部セットで、小さい子に参加してもらう意味もそこにあると思うんですね。景観も桜も考え方はとしては一緒で、本来日本には高い「修復文化」というものがあると思うのですが、どこか引き継がれていない。

佐　藤：大学通りのプランターで仕切られた自転車道はどういう経緯で出来たんですか？

上　原：あれは私の前の前の保守市政の時です。国立の偉いところは自転車を邪魔者扱いしなかったという発想ですね。あれも都道なので都との交渉が大変だったそうですよ。歩道があれだけ広いのにあえて自転車道をつくったのはいい発想だったと思います。ヨーロッパと同じ考え方をしています。

佐　藤：確かに、国立の歩道を歩いていると、他の町の歩道を歩いていて、どっからか暴走自転車が来やしないかという危険は感じない。安心感がある。

子供たちが描いた桜のポスター（2012 年 5 月撮影）

【8　一橋大学構内】

上　原：一橋大学構内っていいでしょう。林がいいのね。建物も素敵だし。いつも子どもを連れてここに来ていました。できた当時の建物が全部そのまま遺っているんです。あそこは昔の門番の人の家ですが、ああいうのもみんな遺っているのね。登録文化財になりましたよ。

五十嵐：やっぱり緑の多いキャンパスはいいなあ。超高層ビルだけの法政大学とは大違いだ…（笑）。キャンパス内の建物も格式があり歴史を感じる。確かこの建物は伊東忠太の設計でロマネスク様式を用いて、郊外生活の豊かさを表現しようとしたものです。

一橋大学にはやたらに山林を切り開いて遠くに移転してしまったり、せっかく貴重な建物を壊してコンクリートの箱に変えてしまった他の大学と異なって、戦争中も、またバブル時代も全く動じることなくそのまま維持してきた大学当局の哲学というか思想を感じる。これもこの町の美しさを保証する大きな資産だ。このような町とキャンパスで研究できる教

大学通りの自転車の整列（2012 年 5 月撮影）

員も学べる学生もほんとに幸せだ。ここでは知識というものが書物の中にあるだけでなく、歴史を伝えていくものだということが、ひとりでにわかる。

上　原：ここに来て、わたしの娘が3歳にならないのに、「ママ！ヨーロッパがある」と叫んだんです。ヨーロッパを知らないはずなのに不思議だなと思いました。娘のために選んで移り住んだので、こんな感性を育てる町に来て、本当によかったと思いました。ここはねえ。法政大学などと違って今でも、政治的な看板などもOKなんですよ。わたしの選挙の時も、ポスターなどを置いてくれたりしたんですよ。

五十嵐：あの塔は、安田講堂にも負けない威厳がある造りだ。

上　原：そうそう。安田講堂に完全に対抗している。あっちはゴチックでしょう。一橋はロマネスクで統一されているの。この兼松講堂はほんと素敵でしょう。商社の兼松江商（現兼松株式会社）が寄付したものです。音響もすばらしいですよ。これも登録文化財になったのかな。

この建物のモチーフは「獣神と果物」なんですね。ここを借りてチャリティーコンサートをやったことがあるけどハラ

一橋大学のシンボル兼松講堂（2012年5月撮影）

ハラと銀杏の葉が舞い散る中でのコンサートなんて、涙が出るほど感動的でしたよ。国立市民の憩いの場所といった感じかな。

五十嵐：そうなるといよいよ他の大学の閉鎖性が際立ってしまう。

上　原：もうひとつ、一橋大のいい話をしましょうか。戦後、戦争に協力した教授は学長の資格なしということで、教授会に学生が押しかけたんです。そしたら3人しか有資格者は居なかったのね。それで当選したのが、上原専禄（うえはらせんろく：１８９９〜１９７５）学長だった。１９４６年（昭和21年）のことね。それから一橋では学生が投票をチェックするようになったんですって。

五十嵐：確か日本の大学で、学生が学長選挙に関わったのは、後にも先にも一橋が最初で最後だったのではないか？　まさに市民自治と同じように、学生として学生自治がここにはあったんです。

上　原：私もここに数年通い、先生方から生きた学問を学びました。それがご縁で、市長になってからもいろいろなアドバイスや援助をいただいた。国立が「文教地区」たる原点ですよ。昔は大学の運動場で、市民の運動会もさせてもらっていたらしい。大学は町で、町が大学だった。

〈MEMO①：いわゆる「文教地区」指定運動（1951年〜52年）〉

戦後直後のまだ混乱期、１９５０年の朝鮮戦争勃発後、既に米軍の接収下にあった立川基地はその兵站基地となり、その周辺は松本清張作「砂の器」で知られる通り、米軍相手の盛り場で活況を呈し、その勢いは隣町の国立にも飛び火しつつあった。国立駅前には米軍将校相手の娼婦が立ち始め、娼館や旅館、料亭等が出来るとともに、その増加が当時の町の汚物処理能力を超え、井戸水に影響を与え始めたほか、「銭湯で子供に性病がうつった」といった流言まで出始めたというのが事の発端である。

これに対し、都市計画法に依拠した１９５０年（昭和25年）に公布された「東京都文教地区建築条例」の指定を受け、いわゆる「文教地区」を目指すことを通じ、環境浄化を求める住民側の運動が広がった。そして環境浄化を求める賛成派と、指定による制約がまちの経済的発展の妨げになるのではという危惧を抱く反対派の間で論争が起こり、町を二分する激しい闘いに変貌していった。

その中で起きた「文教地区指定」運動は、町議会で賛成派と反対派が拮抗し、大議論になった。「果たして国立町は清浄な学園都市になりうるか、町の発展と称する歓楽街の町となるか、将来の町の運命が注目されるに至った。」（1951年（昭和26年）7月6日付「毎日新聞」）

まさに、文教地区指定は、国立の町の行方を決める決定的なポイントといってよく、文教派はついに国会を動かし、4人の国会議員が視察に訪れ、NHKニュースが「文教都市国立の問題は全国の問題だ」と放送するなど、その動きは全国が注目するところとなった。

町議会は二転三転しながら、わずか1票差で、文教地区指定申請を決定し、翌年1952年1月（昭和27年）建設大臣の正式指定を受けた。「文教都市くにたち」の誕生である。

子どもの教育環境を守りたいという素朴な願いから始まったこの運動は、戦後の国立の歴史を貫く「まちづくり」を「開発」より「環境」・「教育」を優先させるという方向に決定付けた、と言ってよい。

更に本件が特徴的なのは、この運動には、一橋大学と国立音楽大学の教職員、学生が参加、協力していたことである。そしてこのことが「学園都市」という「理念」の強化につながっていく。

【9　テラスハウスにて】

五十嵐：このテラスハウスは一見日本とは思えない建物だけど、それでいて国立らしいといえば国立らしい建物だ。

上　原：うまい表現です。ご存じのように、ここも住民運動の現場となった場所です。

桐朋学園は、子どもの個性を大切にすることで有名ですが、国立では、大きな運動も担ってきた。1973年（昭和48年）に学園の東側に横付けするように、大学通り沿道の用途地域の緩和を見越した7階建てのマンション計画が起こりました。

通称「軍艦マンション」というんですが、桐朋学園も市民の反対運動に関わり、３年間の運動で建設計画を撤回させたという経験を持っています。その後、マンション計画はヨーロッパ調のテラスハウスに計画変更されて、最も国立の景観にふさわしい場所となっています。そのため、色々な撮影に使われるんです。緑に白い壁が映えて、ホントに日本とは思えないでしょう。

〈MEMO②：いわゆる「軍艦マンション」構想から「テラスハウス」へ（1978年）〉

１９７３年3月、現在の明和マンション北側、そして桐朋学園東側、大学通り沿いの国立音楽大学所有の土地が、蝶理（株）に買収され、7階建て８０戸、駐車場２００台というマンション計画が桐朋学園に提示された。

当時、当該敷地は第1種住居専用地域であり、7階建ての建設は不可能であった。事業者は第2種住居専用地域へ用途変更を見越していたのかもしれないが、日照の問題等を懸念する桐朋学園側は、2階建てへの計画変更を要求し、事業者からは3階建て案が提案されたが、桐朋学園側はあくまで「軍

テラスハウスの景観は異国的だ！（2012年5月撮影）

艦の横付け反対」として2階案を譲らなかった。周辺住民と、桐朋学園のPTAが一緒になって、「大学通りを公園にする会」として都や市と交渉を続け、粘り強い運動として展開されることとなる。

当時、会は反対理由を次のように述べている。「大学通りは市民のシンボルともいえるもので、その豊かな環境を一企業によって壊されてはならない
桐朋学園小学部とわずか4メートルほどしか離れておらず、児童のノビノビとした教育環境が損なわれてしまう」

この反対の理由は、現在の明和マンション問題における市民及び桐朋学園の反対理由とほぼ一緒である。

その結果、土地は1976年に蝶理（株）から山一土地（株）へ転売され、1978年に、33戸から成るテラスハウスとして完成した。

計画されていた7階建マンションから2階建のテラスハウスへの転身は、大学通りの付加価値を向上させるようなデザイン的配慮がなされており、大学通り沿線でも最も美しい場所として、現在では映画やテレビのロケーションにも使われる程になっている。

なお、このテラスハウスは、現在の明和マンションに隣接した場所にある。

国立市民が明和マンション問題に対して、14階建て計画を当初から「論外」と考えたのは、それほど不思議なことではない。

【10　歩道橋前にて】

上　原：ここは「国立は人間を大事にしたい」という発想から、かつて環境権を争点にして裁判になった現場です。身障者向けにスロープを作ったんですが、それでもかなり使うのに不便なものです。小学校の学区も変更されましたから、今じゃほとんど使われてません。利用されるのは春の桜見物の時位で、格好の見物ポイントです。あまりに使われない歩道橋なんで、市長の時に壊そうと思ったが、都が言うには「人が使っている限りは壊せない」という事で、せめて色がブルーだったのを周辺の住民と話して、アースカラーにした。

五十嵐：この訴訟は私が弁護士のなりたての頃、起こされたもので、新聞でこの訴訟を知ったと思いますが、実はこの裁判の趣旨が理解できなかった。当時、歩道橋は広い道路の、反対側にわたるために当然必要なものであり、なぜこれに反対するのかわからないということもあったし、これを裁判所に訴えてやめさせるという発想も、全然浮かんでこなかった。あとでこの訴訟には、この間、惜しくも亡くなってしまった内田雄造君（都市計画家・社会活動家・東洋大学教授１９４２〜２０１１）が関係していたということを聴いて、「なるほど」、彼らしい発想だと合点したものです。

上　原：司法界では、この歩道橋事件は有名ですよね。国立在住の文化人まで巻き込んでの大論争があったのですが、１９７０年に住民は東京都を相手取って提訴、東京高裁で控訴棄却の判決が１９７４年に確定するまでの長い間市民の論争になりました。

この裁判での原告の主張の一つは憲法25条に基づく環境権侵害でしたが、もう一つは大学通りの景観侵害でした。大学通りの景観と環境保全が、すっかり根付いた証ですね。

加えて注目すべきは、この歩道橋の設置場所は駅前ではな

景観論議を起した歩道橋（2012 年 5 月撮影）

く、現明和マンション敷地北端の大学通りに架けられたことなんです、１９６９年当時、国立市民は、学校の集積するこの地に、歩道橋を設置することすら美観を損ねるものとして反対運動を行った。それだけ国立市民の意識が高かったということで、今ではこれも国立市民の闘いの証です。

佐　藤：国立に来て思ったのですが、他の地域では、歩道橋そのものに極端に異物感というか、景観に対して違和感を持ったことはほとんどありませんでした。ところが、国立大学通りに来て見ると、これほど似つかわしくないものはないですね。

五十嵐：国立の市民運動敗北の負のモニュメントのようにも見える・・・。

〈MEMO③：いわゆる「歩道橋事件」と環境権裁判（1969年〜70年）〉

日本が高度成長の時代に入り、モータリゼーションの時代になると、国立でも主として学校へ通う児童の交通安全に係る問題が浮上してきた。

はじめ、大学通りの東にあった市立第三小の通学区が大学通りを跨ぎ西側にまで及んでいたこと等から、１９６９年、周辺小中高校のＰＴＡにより、大学通りの都立国立高校前に歩道橋設置を求める請願が市議会に出されたのがきっかけであった。そして「歩道橋は大学通りの美観を損ねるのではないか」、「子どもの安全はどうするのか」との論争が市民間に巻き起こった。最終的には議会採決により歩道橋の設置が決定されたが、その間設置反対派によって憲法25条の「健康で文化的な生活の保障」を理由に訴訟が起こされた。これがいわゆる環境権訴訟である。

事件は１９６９年に始まり、国立在住の文化人も論争に関与し、１９７０年に住民は東京都を相手取って提訴、東京高裁で控訴棄却の判決が１９７４年にでるまでの長い間市民の論争になる。

この裁判での原告の主張の一つは憲法25条の環境権侵害であったが、もう一つは大学通りの景観侵害であった。国立市民は、学校の集積する当該地に、歩道橋を設置することすら美観を損ねると主張した。

なお、本件裁判では原告敗訴となったが、以下のような意見が付けられた。

「横断歩道橋の設置は、（略）他面住民既得の権利、利益を侵害する恐れがないとは断定し難く、侵害の性質如何によつては、公害のごとく、事後の金銭的賠償によるのでは救済の実を挙げえない場合があるのみならず、そもそも、行政庁の行なう行為であつて、しかも、地元住民の日常生活に広い係わり合いをもつものである以上、（略）行政事件訴訟法三条にいう「公権力の行使に当たる行為」と解してこれに抗告訴訟や執行停止の途を開くのが、高度に成長・複雑化した現代社会の実情に則して法治主義の要請を貫く所以であるのはもとより、同法が抗告訴訟なる特別の訴訟類型ないしは抗告訴訟を前提とする執行停止という特種の制度を設けた法意に適合するものというべきである。それ故、横断歩道橋の架設工事の施行の停止を求める本件申立ては、まず、その対象の点において、適法たるを失わないと認めることができる。（東京地裁昭和45・10・14決判例時報607号）」

つまり、歩道橋設置による「環境権保護の侵害」と「景観保護の侵害」が十分「裁判審理の対象」になることを認め、以前より一歩踏み込んだ判例となった。

また本件における議論や裁判の過程では、当時三多摩格差と言われた「みどりのおばさん」の雇用に関する都からの補助金問題、歩道橋設置にあたっての通過人数の試算方法、設置する緑地帯の所有権の問題（市か開発者か）、ひいては自動車公害への対処の哲学にまで議論は及んだ。

この裁判は、全国に大きな影響を与えた。

「車中心の大学通りではなく、あくまで景観を重視した人間環境重視の大学通りを」という市民の訴えに対して、市は1970年11月22日には大学通りを歩行者天国にして、市民に解放した。以来40年以上経た現在でも、11月開催の市民祭は大

問題の明和マンション（2012年5月撮影）

学通りを歩行者天国とすることが慣例となった。
また提訴した市民側は、新たに大学通りの公園化をめざす運動も開始する。都道である大学通りを、さらにゆるぎない景観を保持するものに仕上げようというこの公園化運動は、この後も景観問題が起こる度に繰り返し展開されていくことになる。

【11　明和マンション前にて】

上　原：文教地区指定はこの手前までとなっています。明和マンション用地はもともと工場があった土地だからです。その後東京海上の計算センターになって、その後のマンション問題に至ります。今のマンションの土盛りと木々は東京海上が植えたもので、いわば企業の良心の部分が出たといえますね。

佐　藤：このマンション横の高圧線と鉄塔は何ですか？

上　原：マンションが建つ前からあったものです。これもいざマンションが火事の際、はしご車が使えるのか心配をしていました。また、実はこの敷地に立川養護学校を移転させたいとの保護者の要望が都にあって、半分は広場にしたいと夢を描いていたんですが、企業を誘致して税収アップを図れという声が別口から入ったため都は及び腰になり、心変わりをしてしまったというような話がありました。このマンションの話は後に詳しく分析することにしましょう。

二　国立市政のこと

〈国立駅前の喫茶店にて〉

【1　市議から市長に当選するまで】

五十嵐：ここからは上原さん個人の事についてお聞きしましょうか。プライバシーに触れない範囲でできるだけ事実を隠さないで。上原さんは市民運動から出発し市議会議員をやって、その後いったん議員を辞めたでしょ。それはなぜ？

上　原：「生活者ネットワーク」出身の議員だから、3期12年は最低やると思う人が多かったんですけど、議員をやったら、今度は市民運動をとりまとめる人がいなくなったんですよ。議員として何か訴えれば票目当てと思われるし、かえって動きがとりにくくなった。自治の問題として景観問題を何とかしなければと思ったんです。

駅前のレストラン前で編著者2人（2012年5月撮影）

五十嵐：変な話で恐縮なのですが、今回損害賠償の請求もされていることもあって収入の具合も気になりますので、あえてお聞きしたいのですが、当時議員を辞めることで収入の心配はどうしたのですか？

上　原：「ネット」の議員はもともと上限20万しか手取りはもらってはいけないことになってましたし、実はお金の事はあまり考えてはいなかった…（笑）。

五十嵐：普通こんな訴訟を起こされたら、心配で心配で頭がおかしくなりそうなものだが…（笑）。上原さんはそんなことは歯牙にもかけない天性の政治家なのかな？　ちなみに今度は一転して市長に立候補したきっかけは？

上　原：市民から4年で１００件位の請願、陳情が出たのに行政や議会は殆どろくに審議も採択もしなかった。それでこんな市は変えなきゃと思ったんです。そんなときに景観問題が起こって、これはまさに「自治の問題」だと思って、市民自治をテーマに立候補しました。

五十嵐：議員と市長はどこがどう違うと考えたのですか。

上　原：議員の権限は1／28だし、議員時代は発言しても「まあ上原の言ってることだから」とろくに相手にされないでしょ。議員なら誰でも与党を構成したいし否決されたくもないから、何かと妥協してしまう。それで予算案を人質にとるようなこともするし、そういうのも嫌だった。

五十嵐：で市長選ではどれくらいで勝ったの？

上　原：第1回目は接戦でした。立候補当初は誰も勝つとは思わなかった。なのに後半から段々様子が変わってきて、マスコミも「一面をあけるかどうか」なんていう話をしだしたんです。

でも実は自分では受かると何となく思っていました。だって、それまでの市長は直接請求の運動をやったり、景観裁判をやったり、さんざん市民が大騒ぎしても、全く市民の方を向かなかったんですよ。もう怒りが爆発寸前まで来ていて、街中に怒りがふつふつと湧き上がっていたのを肌で感じていましたからね。もともとクールな国立の女性の手の振り方が違っていたしね。

最初の選挙は、まあすごいものでしたね。「組織に頼らず」というのはかっこいいけど、ミニ集会頼りの貧しい選挙で、選挙事務所もそれらしくないし、30年間市長選挙に関わっていた人が、「これで上原が勝ったら、俺の30年は何だったのか」というほどでしたからね。でも、市民一人一人の思いでやったところがよかったみたいですよ。

五十嵐：実は周辺は落ちると思っていたが、当の本人は絶対受かると思っていたという人、いずれも女性ですが、そういう人を私は二人知っています。一人はここにいる上原さんで、もう一人は滋賀県知事の嘉田由紀子さん（文化人類学者・大学教授から知事に当選：1950〜）、嘉田さんも周辺は誰も受からないと思っていたのに、後で聞いたら、本人は初めから受かるつもりだったと言っていた。このあたりがとても不思議。

上　原：何か女の勘でわかるもんなのよ・・・！（笑）。

【2　国立市長となって】

五十嵐：受かった後の市役所の対応はどうだったの？

上　原：議員だったから、ある程度市役所の様子は分かっていた。で、議員時代は実際怖い議員だと思われてた。初登庁の時はちょうど例の田中康夫さんが長野県知事に受かった後だったから、みんなすごい怖い顔をしてましたよ（笑）。

職員がどんな気持ちでいるかは分かってた。そこで、表面的には「何にも知らないですよ」という態度をとりつつ、実は本音では全部ひっくり返そうと思っていた。実際、天下りのような人事案件も、そして都市マスタープランも既に進んでいたのをひっくり返しました。自分は直接見てないけど、幹部は相当怒っていたらしい（笑）。実は私の次の次の市長、つまり現市長が2カ月間だけ最初の秘書だった。ちょっとやってもらって様子をみて、その後任命した。この人事が大正解だった。無口でまじめでとても法令に詳しい人だった。もうこの人を全面的に信頼しましたよ。職員を信頼するということが、大事ですね。

五十嵐：今回のような裁判沙汰になるとさまざまな法的知識が必要となる。弁護士にいちいち聞いていては間に合わないし、弁護士も行政法の詳しい解釈や運用などはわからない。これはとても重要な人事でしたね。

上　原：そう、重要！（笑）。

五十嵐：人事案件は市長にとっては極めて重要だし、それが決まらないと動けない。私も縁あって短期間ですが昨年政治の世界に入っていました。そこでは、この人事こそ政治そのものだということを身を以って教えられました。

上　原：審議会の委員など自分は名誉職だと思って引き受けて、かつ議会の党派から推薦を受けてやってるから、20年もやっていても交替させられなくて、誰が鈴をつけるかで大変だったようです。市役所の職員が「そろそろ辞めて頂きたいんですけれど…」と相談にも来るし、もうそれじゃということで、あくまで「ルールを変える」ことで切りにかかりました。そうするともう議員が大変な騒ぎで自分を追いかけてくる…（笑）。でもこっちにしてみれば審議会の構成は大事な行政案件、ツールなので、「ルールを変えましたっ！」の一点張りでそれを通しました。

【3　市役所職員とのこと】

五十嵐：秘書と審議会のメンバーなどはわかりました。さらにいわば市役所職員一般との関係はどうしたらよいと思いますか。私もかってダム問題を通じてですが自治体では長野県知事と職員との関係を見てきた。また政府では菅政権と官僚との関係を見てきました。同じ市という関係でいえばご承知のように今大阪市では橋下市長が主として労組かもしれませんが猛烈なバトルを繰り返している。端的に言うと、私は、日本全体をみて、現在の争点は、政治主導と官主導の対立というよりも、もうちょっと悲観的で官も政も双方とも萎えているというような感想なのですがいかがですか。

上　原：菅政権のように官僚を使わないという発想は間違ってますよ。これは絶対に。

官僚は国民のために税金使って雇っているもの。あくまで使うか使われるかの問題です。市民のために働く職員にするにはどうすればいいかを考えるべきです。

五十嵐：しかしこれがそう簡単には動かない。私の感想で言うと、この対立は官僚の利害とか政策の相違とか、あるいは不安定な政権の中に突っ込まないで様子見するとかいろいろな原因はあると思いますが、端的に言って、官僚も悪く言うとサラリーマン化してきた。つまり危険なことには触れず、官僚としての生活を安全無事に過ごすことができればよい。別な角度からいうと「天下国家」のために身を投げ出すなんていうことはさらさら思わなくなった、という現代の気質みたいなものが相当影響していると感じたのですが。

上　原：確かに国と自治体では違います。自治体では何かと見通しが利きますからね。

私は審議会の先生などの人選は、先生個人と言うより、先生の人脈を引っ張ってくるという気持ちでやってました。ある先生からある先生へといった流れをつくるために。

自分は4年後いなくなってしまうかもしれないけど、職員がその人脈をつないでくれれば、それが市の財産になる。私がその道では一流の先生を連れてきますから､職員の皆さんはその先生に学びなさいを口癖にしてきました。だから、職員も審議会の時だけでなく、よく相談していましたよ。顧問弁護士に対する対応も変わりました。弁護士さんも、事件が起きた時だけでなく、いつでも相談してくださいといってくださったので、意見書もたくさん書いてもらいました。いわゆる、よい人使いですね。

佐　藤：市役所職員の年齢構成などはどうなっていたんですか？

上　原：昔は地元の人が多かったんです。それに加え、かつて採用を減らしていた時期があり、加えて団塊の世代の大量離職が見込まれたので、どうもまずいと思って、私は採用を増やした。議会は行革すべしと批判しましたが、世代に穴が空いては、先行きバランスが悪くなりますからね。

それで、その前からですけれども次第に市外から受験する人が増えてきました。私の頃は、景観騒動で注目度が高くなり、市民自治の町ともいわれていたので、それは、驚くほど優秀な人たちが全国から受験してくれました。一橋大生が10人以上受験してくれたこともありました。一橋大生の採用は、文教地区闘争以来といわれましたからね。だから贅沢なことに取り放題、選び放題でした（笑）。これも景観効果ですね。

五十嵐：労働組合との関係はどうだったんでしょう？

上　原：組合はとても協力的でした。共産党系でしたけど、保守時代から確かに慣例で馴れ合い的なところはどこでもありましたが、一時期議会から叩かれ続けた時がありました。組合事務所が庁内にありますが、その電気代から、ゴミ収集まで追及されたのですが、組合はさかのぼって全額返金してくれました。それは、ありがたかったですね。しかし労使交渉のときは、やはり対立しました。こちらの提案は認めないというので、「対案を出してくれ」というと、「そっちが出すのが筋だろう」というのですが「一番いい提案だと思ってしているのだから、そちらから、もっといい案を出しなさい」というと、一晩考えたと対案を出してきたりしした。市長がいわゆる「市民派」ということで、組合もやりづらかったでしょうね。人事でも随分批判はされましたけど、人事権は市長にありと譲りませんでしたから。

佐　藤：任期中に職員は変わったとお思いですか？

上　原：最初は、胡散臭そうでしたけど、職員に私の地方自治の考え方を、分かってもらわなければ、仕事になりませんので、まず、新人は3日間私が研修させてもらいました。3日目は、私の宝物を見せてあげると、一緒に町歩きをして「あなたの宝を見つけなさい」が、宿題でした。それから、課長以下の職員とは、毎月2回2時間10人くらいの単位で、町づくりについてなんでもありのディスカッションを市長室で行いました。これは、私もとてもおもしろくて、8年間続けました。そこで、いい職員を見つけたりしましたしね。ある古参職員が、「30年働いているけど、直接市長と話をしたのは2回目だ」といわれたのには驚きました。

それから、普段から、職場の様子を知りたいと、用があるときには出来るだけ直接職場に私から出向きました。最初のころ、教育委員会に行ったら、教育次長がお茶をひっくり返さんばかりに驚いて「何事でしょうか。市長というのは仕事始めと、仕事納めのときの年に2回しかこないものですから」とこれまた仰天。それから、時間を見つけては、「一日一善、改善要求！」といってせっせと通ったものです。全く型破りだったでしょうね。そうそう、財政的に苦しかったから、職員を十分に研修に出してあげられなかったから、市のマイクロバスで、何度も職員と一緒に近隣の先駆的事業をやっているところを視察に行って、さあ国立ではどう組み立てるか議論をしたりもしました。

議会では、通常市長には最後にしか答弁を求めないのに、何でもかんでも「市長に問う」と質問攻めで、予算特別委員会なんか、課長答弁が主でも、「市長！」と指名され、一日中答弁していたときがありました。危ない時は、部長の上げる手を押さえて、私が答えますとやった。

2期目は、私が手を上げると「市長には聞いてない！」と逆に答弁させてもらえなくなりましたので、議場に入るとまず部長達と冗談を言い合って、リラックスタイムが取れるようになりました。市長を辞めてから、市役所に行ったときに「大変なことが多くて、あなたたちには苦労をかけたわね」といったら、「いやー、面白かった」と言ってくれたのがそれはもう本当に嬉しかったですよ。

五十嵐：政治家にとってブレーン的存在は不可欠です。しかし菅政権では多く採用しすぎると批判されました。しかし橋下政権では菅政権を上回る人材を登用しています。そして良しにつけ悪しきにつけ、この人たちは橋下さんの味方になって大いに役に立っていると評価されています。もうすぐ雲行きが怪しくなるのかもしれませんが。まあ国民はそう思っている。このブレーン政治について上原政権はどう考えましたか。

上　原：皆さんから、よくブレーンは誰ですかと聞かれましたが、私は固定のブレーンは持ってはいけないという考えでした。決断も責任も市長本人でしなければならないことばかりなのに、固定ブレーンがいると、依存型になってしまって、危機管理の責任者にはなれないと思っています。

正直、ブレーンも外からアドバイスするというだけでは実際はそれでは役に立たない。政局は毎日毎日変わりますし、困難な問題は次から次に発生する。外からたまに審議会に来て立派な意見を言うというだけではやはりあまり役に立たない。市長のそばにいないと分からないことだらけ。

だから自分には職員がとても大事だった。とにかく情報を貰わないといけないから。職員との関係をどうするかはブレーンをどうするかよりもはるかに真剣勝負です。

五十嵐：これは同感ですね。私が政権に入った途端、東日本大震災が起きた。政権では通常の業務に加えて被災者の救援から原発対応が必至となる。津波はともかく原発災害はこれまで誰も経験したことのない大事故です。しかも刻一刻事態が悪化していく。官僚その他からの情報には真実もあるがミス情報もごちゃまぜになる。

このようなときは優れた専門家がほとんど奥さんと同じように総理と一心同体で動かなければならない。審議会は後で時間をかけるものであって非常時には役に立たない。もちろん専門家のたった一言がのちの政策に決定的な影響を与えるということもありますが、それよりも身近にどれだけ優秀で信頼できる官僚・職員を置いておけるかということの方が重要なことかもしれませんね。

上　原：そういう意味では私はとても良い職員に恵まれていたと思います。８年間も市長を続けられたのも職員いればこそ。今でも一人一人に感謝したい気持ちでいっぱいです。

【4　首長としての議会対策について】

五十嵐：役所対策はわかりましたが、議会対策は本当のところどうだったのですか。明和マンションに関する条例制定の時はもめにもめ、最後は一部議員から訴訟まで出されるような大変な事態になりましたね。

上　原：地区計画の時は都市計画審議会で承認されるだけでなく、法的に有効にするためには条例にする必要があります。その早期条例化を求める署名が７万人も集まりました。ところが、直ちに臨時議会を開催するように議長に要求しても、議長は「急施に値しない」と臨時議会開催を認めないとの一点張りでした。時はどんどん過ぎていき、建設工事が始まる。仕方ないから、市長の招集権を使って、臨時議会開催を通知しました。

五十嵐：この時はマスコミも国立に集まりましたね。

上　原：1月31日のことだったと思いますが、当日、議員全員が登庁し傍聴席も満員で、マスコミも大勢押しかけていました。ところが、議長が議場に入らないのです。議長が開会宣言をしないまま5時になると、流会になってしまう。そこで、与党議員は、臨時議長を立てて開会宣言をし、仮議長の下に出席者全員の賛成で、条例が採択されたのです。この間、１日中議場で待ちくたびれた市民は、ほとんど諦めていたところに、私と部長達が議場に入ったものですから、割れんばかりの拍手が起こりましたね。こんなシーンは私はもちろん、職員も経験したことがなかった。もう、涙なくしては語れないほど、うれしかったですね。

五十嵐：しかしよく通りましたね。反対派は、上原市長に対し敵意むき出しだった。

上　原：それで、ちょっと面白い話ですが、私が後日突然の市長選不出馬を表明した時、反対派の議員の一人が「あなたは偉大だった」と議会で言ったことですね。(笑)

五十嵐：上原公子が辞めるのが、よっぽど嬉しかったんだ。

上　原：私も言いましたよ。「褒めていただいたのはありがたいけど、議場というものは、首長をいじめる場所じゃなく、議論を尽くす場ですよね」と。

五十嵐：そんなことというから、反対派に嫌われてしまうんだね。

上　原：ともかく自分が頑固で引かないのが気に食わなかったみたい。「一度くらい泣けよ」といわれていましたから(笑)。

【5　学園都市「国立」について】

五十嵐：市政全般についてもっと聞きたいんですが、これくらいにします。さて、国立は学園都市です。その象徴的な存在である一橋大学とか桐朋学園といった学校は、例えば裁判への関わりとかいったものを含めてどう動いたのでしょうか。彼らにとってもこの国立の環境問題はまさに教育環境にかかわる一大事だったと思うのですが。

上　原：一橋大にしても、桐朋にしても「学校」というのは、当然国立になくてはならない存在です。しかも桐朋はマンションの北側にあたり、日陰になって冬にはグランドの霜も溶けなくなるので、今回の運動では当事者になって2代に亘っての校長先生をはじめとして、保護者の方々に至るまで本当に奮闘して頂きました。

桐朋っていうのは面白い学校で、国会での「国家機密法」審議の際、一橋大の学生とシンポをしたんですけど、その時あまり大学生たちはピンと来てなかったのに、桐朋の中高生のほうは自ら内容を調べて発表をした。そういう学校です。

五十嵐：一橋大の先生は市政やマンション問題に関わるといったようなことはなかったのですか？

上　原：そもそも一橋大学には都市計画関連の講座がなかったのよね。「文教地区」運動時にはそれこそ教育一般にかかわるとして大学が先頭に立って運動に参加して、市と大学がタイアップしながら市政をやっていた時期もあったのだけれど、政治が安定するに従ってそういうこともなくなってきました。

その後、一橋大の町村敬志先生（社会学）が市内の商店街でアンケートをとって、学生のことを調査したところ、住民はすっかりセレブで保守的になっていたせいか「学生はうるさくて迷惑な存在」とされていたのに、非常にショックを受けたそうなの。

私も実は大学に潜り込んで授業を聞いていたものだから、以前から何とか一橋大をかつてのように町に開かれた大学にして欲しいなという印象は強く持っていました。

そこで市長になった後は、その潜り込んだ時の縁で「来て下さいっ！」っていう感じでいろんな先生に声をかけました。大学を巻き込んで、「教育の町」、「学生をサポートする町」として、正に市と学校が一体となった町にしたかったんです。

その後、市政を大学の実験の場として活用してください、と提案し、団地内の商店街をサポートするプログラムを大学で組んで頂き、空き店舗活用の案を練ってもらったりした。率直に言って、最初子供じみていて（笑）、商店街の方々が良く我慢して下さったと思うけど、段々それが大学で単位として認められたり、市内の都立五商（高校）からも参加させてほしいといわれるように良くなっていった。

佐　藤：富士見団地内の商店は木がたくさん使われていて、おしゃれですね。

上　原：これは、現在長野県知事になられた、阿部さんが副知事時代に、国立で小さい時から20年住んでいたことがあって、国立に思い入れがあり、間伐材を建築材にして旭村からただで持ち込んでくださって、店舗の改修をしたんです。それ以来、市民と旭村の交流が続いています。国立の桜も、旭村に植樹させていただきました。この空き店舗対策こそ、何十年来の、一橋大学と市民と行政協同の町づくりの結晶です。

うれしいことに、このプロジェクトに最初に参加した学生が、卒業して就職していたのに、会社を辞めて国立に戻り、この空き店舗事業に連携したNPOを作って新しい事業をどんどん展開してくれている。若者が、そんな気持ちになってくれて、一橋大にもぐりこんでいた甲斐がありました。実に素晴らしいことです。

教育環境宣言

桐朋学園は文教地区国立市のほぼ中心に位置し、武蔵野の名残をとどめる緑豊かな環境に恵まれています。

私たちが日々の教育活動を実践し、教育目標を達成していく上で最も大切なことは、その土台に恵まれた教育環境があることです。それは土のグランドであり、緑の木であり、青く大きな空です。これらは子どもたちの豊かな発達を保障するための必要不可欠の要素としてずっと大事にしてきたものです。

1999年から学校のすぐ南側に立ち上がった巨大な高層マンションは、この豊かな教育環境と子どもたちの伸び伸びと開かれた心に大きな影を落としました。

私たちは何より子どもたちが望んでいる豊かな教育環境を取り戻すために、多くの市民と協力して、さまざまな取り組みを行いました。桐朋の豊かな教育環境と近隣の方の住環境と美しい景観を守るために、周りと調和する高さに見直して下さいという切実な思いを胸にして。

残念ながら私たちの思いは通りませんでしたが、私たちの取り組みを通して、最高裁判所が大学通り周辺を良好な景観と認め、近隣住民の景観利益を認めたことは大きな意味をもっています。私たちの取り組みは時代を先取りする大事なものであったと自負しています。

私たちは、この取り組みを通して、改めて、桐朋学園は国立市の中の一部として存在しており、さまざまな人たちの理解と協力の中で豊かな教育環境を守り育ててきたこと、そして大学通りの美しい景観も長年にわたる多くの市民の尽力によって守り育てられた事を学びました。

私たちは、豊かな教育環境と大学通りの美しい景観を次の時代、次の世代へ受け渡すことができるよう、ともに協力して取り組んでいくことをここに宣言します。

2006年5月13日

桐朋学園小学校、桐朋中・高等学校

〈MEMO④：桐朋学園の「教育環境宣言」〉

明和マンション問題で当事者となった桐朋学園にはあまり他の教育機関では目にすることのできない一つの宣言文がある。それは２００６年の「教育環境宣言」である。宣言は「土のグラウンド、緑の木々、広く大きな空」を維持することの重要性を謳い、（マンションは建設されたとはいえ）学園としての運動の成果と、裁判で認められた「景観利益」を学園として守っていく固い決意が述べられている。

本件では、桐朋学園はマンション敷地の北側隣接地に所在する学校として、訴訟の当事者となったが、まずこのこと自体、教育機関としては異例なことといっていいだろう。関係者の話によると、はじめは訴訟への参加には戸惑いの声もあったというが、当時の校長の強力なリーダーシップにより、訴訟への参加が決まったという。そして学園ＯＢ、保護者も含め学園一丸となって、積極的に運動に関与していった。

本件が、単なる高層建築による日照権の問題にとどまらず、環境権、そして「景観利益」の問題にまで議論が深化、進展していった背景には、教師として、また親として、子どもの成育環境に敏感であったこのような教育機関の関与という事実があったことは明白である。

【６　国立の障害者政策について】

佐　藤：国立にある「都立障害者スポーツセンター」に関連してですが、国立の障害者政策について教えてください。

上　原：あまり知られていませんが、国立は重度障害者が人口比で日本で一番多く住む町です。そして、障害者が自立して暮らせる町です。これも、障害児をもつ親の長い闘いがあり、障害者自身の闘いもあって、国立市民は、障害者を当然のように受容れてきました。学校も普通学級に受容れています。普通、障害者は不動産屋さんに煙たがられるのに、国立にやってきた障害のある私の友人なんかは逆に不動産屋さんから3件の申し出があったそうです。不動産屋さんに聞けば、「もう慣れてる」んだそうです。そういう環境でしたから、当然のごとく、私も障害をもつ友人が国立にあるのも、そういった歴史の成果です。都内に2カ所しかない、都立障害者スポーツセンターが大勢いました。よく市長室にも「ひろこさんいる?」といって、遊びに来てくれましたよ。以前の市長時代までは、障害者にとって行政は闘うところでしたが、障害者からもいろんな形で町づくりにも、福祉の問題にも提案をしてもらうようになり、それに応えて、職員も頑張っていました。国の障害者制度が激変した時、障害者の皆さんが、これでは生きていけないと心配をしていました。「私にとって大事な市民が生きていけないという、それでも日本は福祉国家ですか」といって、彼らと厚労省に殴りこみをかけたこともありました。そんな彼らの思いが「障害者が当たり前に暮らす宣言」を作りました。これも日本初ですね。

私が、市長不出馬の噂を聞きつけた障害者の友人が、署名用紙を持ってきて、署名を集めるから辞めないでと泣かれてしまいました。その時は本当に辛かった・・・。

〈MEMO⑤：「障害者スポーツセンター」の誘致〉

テラスハウスがほぼ完成に近づいた頃、現明和マンション敷地の南側にあった国立音楽大学付属高等学校が市内他所に移転し、跡地問題が生まれ、市民から様々な提案・要求がなされた。

1967年に国立の障害児をもつ母親達が、公民館のコンクリートの床にゴザを敷くことから開始した障害児の自主保育活動は、親達の必死の働きかけにより、都内でも注目される活動になっていた。彼女らの悲願は、この音高跡地に都の福祉施設を誘致することであった。1978年その陳情を受けた国立市議会は、「国立音楽大学付属高等学校跡地を東京都施設用地として取得を要望する決議」を行う。

決議文は「国立音楽大学付属高等学校跡地は、国立市の誇る大学通りに面し、町の中心に位置している。(中略)不況下、都財政の困難な状況は十分に承知しながらも、この用地が公共用地として取得されず、民間の宅地造成等によって大学通りの環境が破壊され、市民の期待を裏切ることは許されないと考える。」としていたが無視され、翌年の1979年には、音高跡地は当時の電電公社系不動産会社に買収され、270戸の集合住宅建設が計画された。

国立市議会は、直ちに「音高跡地に集合住宅を建設することに反対し、(仮称)福祉総合センターの建設促進を求める決議」を出す。その市民と市議会の果敢な働きかけに応えて、ついに都も跡地の内の半分、大学通り沿い側を買収することとなった。現在この場所には、「東京都立障害者スポーツセンター」が設立され、パラリンピックメダリストも輩出する施設となっている。障害児をもつ親達の悲願は、市民の大きな支援を受け達成されたのである。

ちなみに、音高跡地は現明和マンション敷地と同じ第2種住居専用地域（当時）であったが、民間取得分の西側部分では、4階建てのNTT社宅が建設され、周辺に突出する建物は建設されなかった。

三　私の自治論

【1　上原公子流市民自治とは!?】

五十嵐：上原さんにとって「市民自治」は選挙の時の公約であり、市長をやめてもいわば人生の哲学、簡単に言えば生きがいになっています。私は上原さんが市長を退いた後も、全国を駆け巡りながら原発、景観などなどいろいろな運動をこの哲学によって支援していることを知っていますが、実際のところ「市民自治」は現在どういう風に見えますか。まず選挙の体験から。

上　原：選挙のあり方としては、国立市政における革新勢力は、他の自治体の例に違わず、長く政党、労組中心でやってました。でも勢力は広がらず、選挙では結局勝てなかった。

私はあくまで選挙も市民運動とその延長としてやってきた。様々な利害関係にとらわれることなく、誰ともそこそこ仲良くやって（笑）、また妙なリスクを考えることもなく、それなりの距離も置けていた。それで革新系党派の推薦を頂き、またそれ以上に市民の支援を受けて当選できたんだと思います。まあ建て前はそうですが、実際は市民が中心となった運動体を代表して組織的に裏でしっかりと動いて支えてくれた人がいたお陰だったんですけれども。それでも政党主導だったら、かえって厳しい選挙だったと思う。こまめに貧しい選挙をやってたからこそ、訴えが通じたんだと思います。つまり市民の力です。私の最大の力は発信力ですから（笑）。だから、選挙は、候補者だけが闘うのでなく、市民自身の選挙戦にするというのが信条です。選挙から市民自治が始まるのです。それとさっき五十嵐先生も言われましたけど、市長に当選して私が幸運だったのは、絶対的に信頼できる部下（官僚）が見つかったことです。やはり政治家は地方自治体でも国政でも同じだと思いますけど、優秀な官僚を見つけて、この人材を政治家として守り育てていくことだと思っています。それと、何より大切なのは、市長は組織のトップでもあるけど、市民の代表であることを忘れないということです。私が曲がりなりにも、自民党多数の市議会の中で、どうにか景観条例を通せたのも職員の協力と、私をいつも後押ししてくれた、市民が身近で支えてくれたことです。市民のエールがなかったら、私もくじけていたかもしれない。

【2　国立にある市民自治の伝統を消したくない】

佐　藤：「市民による自治」といった場合、国立はやはり全国でも特異なところですよね。最近その部分の元気がないように感じがするんですが。

上　原：そんなことはありません。むしろ、これまではずっと同じ顔ぶれが頑張ってきたので、高齢化して、かつてのような情熱では活動していないかもしれないけど、就任して最初に取り組んだ、都市計画マスタープラン作りは、徹底した市民参加をやりきろうと、あらゆることを仕掛けて素晴らしい市民力を発揮しました。ここに、若い世代の専門家達、例えば建築家とか物づくりの人とか、今まで、運動の中では見かけなかった人が、大勢参加したんですね。

その世代の人たちが、ことあるごとに政策づくりに参加をするようになりましたから、むしろ、参加市民の幅は格段に広がりました。これは、大いなる希望です。それから、市民自身が一年間、専門家に学んで、「財政白書」を作って、要求するだけの市民から脱却しようとしていることも市民力の成果だと思います。もう3冊「財政白書」を作りましたよ。職員が作ったものに見劣りしません。考えたら、市民はみんな、何らかの専門家ですから、知恵を借りない方が損でしょう。市民は、自分達を信頼して任せてくれると分かると、存分に力を発揮してくれます。そして行政に対する理解にもなっていくのです。だから「寄らしめず、知らしめず」ではなく、「情報公開、市民主導」なんです。国立はさらに言えば、市民参加というだけでなく、市民の出来ることは市民が実施する、というところまで進化しています。市は市民の活躍できる場所を提供するだけで、余計な手出し、口出しはしないほうがいいんです。

佐　藤：見ていると、市民運動ではやはり女性や子どもたちの活躍が目立ちますね。

上　原：それは本当にそう。私の後援会長は田村きみさんという今ではもう１００歳近い方がやって下さったんですが、「町の政治」という20世紀に残したい１００本の映画にも選ばれたドキュメンタリー映画に出演されているような方で、20年間も議員をつとめて、女性市長候補にもなった方です。

彼女は旦那さんが国鉄の方で、転勤で東京に来る際、「文教地区」運動に惹かれて、社宅のあった都内3か所の候補の中からあえて国立に来たという方です。まさに国立の自治の歴史を体現している方といっていいと思います。今でも大変お元気で、午前様で飲むそうですよ（笑）。

それから子どもたちだって、桜を守るポスターを自分たちであちこちに張って街路樹を保護する活動をやっている町ですからね。国立というところは・・・。だから私も今回のような不当な裁判で、もみくちゃにされたぐらいでシュンとしてはいられません。私が今回の裁判で、不思議と頑張ってこれたのは、これまでの国立市民の自治の伝統からエネルギーをもらっているせいかもしれませんね。

MEMO⑥：映画「町の政治～べんきょうするお母さん」

1957年、時枝俊江監督のもと、岩波映画製作所により製作されたドキュメンタリー映画である。これは、「文教地区」指定を勝ち得た国立に住む「お母さん」達が、子どもの通う小学校のあり方に疑問を持ち勉強会を始め、それが町の予算、議会のあり方までをも考える必要性を学習し、教育を始めとして、台風時の雨水処理の問題などまで、果敢に行動していく過程等が映し出されている。毎週火曜日に会を開くことから「火曜会」と名付けられたその会では、「サザエさん」のような雰囲気のお母さん達がグラフの張られた黒板の前でメモをとり、そろばんを傍らに夜遅くまで数字を弾き出している。この姿は現在から見てもかなり新鮮である。国立を国立ならしめている原点のようなものが、この映画に映し出されているといって良いだろう。

五十嵐：今回の上原さん個人の裁判について、支援者の人以外からなんか声を寄せられることはありますか。11万人もの署名を集めた当時の熱気を思い出すと、正直今はすっかり冷めてしまったようにも見えますが。

上　原：自分で言うのも変なので、あくまで聞いたという、でもほんとの話なんですけど…、国立は私のようにもともとすごく熱心に運動をする人が多い代わりに、それ以外の多くの市民は非常にクールです。そのクールな市民でも「いくらなんでも今回はひどい」と言って下さった、という声が直接的、間接的に結構耳に入って来ます。それから景観騒動の真っ最中の市長としての私と市民の関係ですが、支援者からもきつい苦情や不満を言われたりもしたんですよ。「上原は対応が遅い！」とか「言うことを聞かない」とか…。

自分も運動をやっていたから、その声は十二分に理解できる。しかし、一人の運動としてやっていることと、市長として全市民を代表して行うことには、立場の違いがあります。市長は市民全体に責任がありますから、思ったように何でもすぐやれるわけでもありません。同時並行に、あらゆる問題に対処していかなければいけないし。それは、職員でもビックリするくらい多忙を極める仕事ですから。

一つの欠点を指摘されると、「どうして全体の構造を見てくれないの⁉」と思うこともありました。とにかくそこは行政の長だから手続面等は、しっかりと踏まねばと苦しく考えながらやってきたつもりです。

五十嵐：そういえば、マンションについては、実力阻止という運動はなかった。私は弁護士として日照権運動を担当していたころ、私の日照権の本にも一部紹介していますが、とにかく何か月も座り込みをしていたという経験がある。最近は事業者のほうも賢くなってすぐ裁判所に訴えるということもあって、住民側もこのような形をとることが少なくなってきた。最近は「デモ」というのも原発くらいで他にはあまり見られない。かって学生の政治運動で名高かった法政大学でも最近は政治的なアピールや行動はほとんど見られなくなった。少しさびしい気もするし、官邸にいるころは、ドイツやイタリアの反原発運動と比べてどうして日本はこう盛り上がらないのだろうか、と歯ぎしりしていたものです。

上　原：イラク派兵の時は、随分デモには行きましたよ。平和的生存権の保障なくして、住民の生命財産なんか守れませんから、私も必死でした。いくつも政府に質問書や意見書を出していましたから、有事法（戦争法）が成立した時には、ショックで不眠症になり、7キロ痩せました。ただ、実力阻止の場面はなかったですね。このマンション問題にかかれる水道の保留問題のときも、首長だったので、いろいろと検討はしましたが、あまり過激な手段はとることができない。法的な裏付けがないと職員個人への訴訟といった問題も生じかねないですし。

市民運動側も、反対運動の組織は18団体から構成されていて、桐朋学園という学校法人が加わっていたというようなこともあり、いろいろ考えて、実力阻止ではなく、裁判という一番効果のある手段でしかも一番しんどい闘いに挑んだ訳です。

それとマンションについては、実は「阻止」ではないのですよ。あくまで「低くしてください」という運動だったんです。市役所で模型も作って示しましたし。

【3　国立の個性と未来について】

五十嵐：これまで話してきたいろいろな意味での「国立の良さ」はどこから来て、どこに行くのでしょうか。

上　原：国立の歴史は「市民自治の歴史」といっても言いすぎじゃないと思います。それは一般的には、国立ほど「まち」の問題に関して、住民による積極的な働きかけが行われ続けた町は他にないということですね。

その中でずーっと一貫しているのは、「自分たちの町の問題を、自分達の問題と捉えて、それらは絶対自分たちの手によって解決する。」という、その「強い」信念と姿勢です。そしてそのことが、次に発生する町の問題への解決策のあり方に少なからず影響を与えていて、それが人的、制度的、また遂には空間的な積み重ねになって、それらがもはや「伝統」といってもいい域に達したと見ています。

佐　藤：このことは、全国的にみても、あるいは比較的自治意識が高いといわれる都内の他の自治体と比較しても、突出してますよね。

上　原：そう、そもそも国立は、特に北部の学園都市の範囲は、デベロッパーとしての堤康次郎の「野心」と、教育者としての佐野善作の「理念」との幸福な巡り合わせから成立した「町」であって、問題解決のための対処の方法がここならではの歴史と個性を表していると思うんです。

何しろ、「まちづくり」という言葉は、文教地区指定運動を見ていた、後に学長になる一橋大学の増田四郎教授（一橋大学名誉教授、専門は西洋経済史、西洋都市論：1908～1997）が作った言葉だそうです。

佐　藤：そうですか。あの増田先生が関わっていらしたのですか。

五十嵐：それでも、何があっても住民が疲弊しないのが不思議なんだよなあ。

上　原：そりゃ疲弊するわよ（笑）。でもあの幸せな気持ちにしてくれる大学通りを前にしたら、先人の苦労を偲ばずにはいられない。「守るべきものは絶対に守らなきゃ！」という気にもなります。

国立は「文教地区運動」に始まり、「一種住専逆指定運動」から今に至るまで、多くのまちづくりの問題を抱えてきました。でも先人たちは国立ならではのインテリジェンスなものと、アカデミックなものとの両輪をフル回転させて、それらを解決しようとしてきました。

佐　藤：国立市民の伝統が、インテリジェンスでアカデミックなのは、やはり一橋大学をはじめとする「学校」の存在ゆえですか？　つまり“学園都市国立”というのが、市民のアイデンティティーとして定着しているといったような。

上　原：そうです。

町の成り立ちがまずそうですし、古くからの住民と新しい住民、そして学校に勤務する教育者、通学する生徒や学生、加えて保護者やＯＢに至るまで、それぞれの思想と良心に基づく行動と言うと大げさかもしれないけれど、それが、お互いに影響し合って、町のあり方にも影響を与え、いい意味での「蓄積」になってるんです。

【4　裁判への展望】

五十嵐：裁判に対する今後の展望についてはどう考えます？

上　原：今回の裁判でも、その意図は上原をくじきたいという「私へのいじめ」か、「流々とある国立の住民運動の歴史への嫌悪」としか読み取れません。

この一連の裁判では先日１０６歳でお亡くなりになった方が、99歳の時に原告になってるんですよ。99歳で原告になるのは精神的にも体力的にも相当なことですよ・・・。

ですから、何よりも次の世代にこの思いとか、闘ってきた歴史を伝えていかなければいけないと思っています。あとで先生から触れられると思いますが、控訴を取下げた新市長に、市民から、「国立市民として恥ずかしい」と抗議の電話があったそうです。そう思っている人は、けっこう多いと思いますよ。

今回の裁判傍聴には、入りきれないくらい、随分遠くからもみえています。そして圧巻なのが、38人という全国からの弁護団ですよね。

これは、この裁判が、単に国立だけのものではないという証拠だし、国立を希望の星としてみてきた人が多いということだと思います。そうしたら、市民の名誉のためにも、頑張るしかないと思っています。

〈MEMO⑦：いわゆる「1種住専への逆指定運動」（1973年）〉

「歩道橋裁判」から間もない1973年、1970年における建築基準法の全面改正に従い、都の基準に沿った形での、市による用途地域の見直しが行われることとなった。

当初、市は市民の要求に照らし、大学通り沿道に関しては「第1種住居専用地域（原則高さ10m以内）」として、1973年（昭和48年）1月都に素案を提出していた。しかし、都は都道に面した住居地域は「第2種住居専用地域（原則高さ20m以内）」が適当であるとの指導を行い、同年3月に提出された素案では、国立市民がこだわり続けた一橋大学以南の大学通りの沿道横20mの地区が、当初案の「第1種住居専用地域」から「第2種住居専用地域」に変更になっていたことから市民から素案撤回の運動が起こる。これがいわゆる「一住専への逆指定運動」である。

反対派市民の言い分は、「2種住専では高層マンションが建てられ、景観が破壊されるおそれがある。」ことであった。この件では「1種住専派」と「2種住専派」の住民同士の激しい論戦となり、「2種住専でありながらも協定締結を行う」といった折衷案も出たが、市は市民の激しい抗議を受けて同年9月急遽都に試案の変更を申し入れ、「2種住専」地域を「1種住専」地域に戻すという異例の対応を行った。

後にこの1種住専運動は「大学通りを公園にする会」として大学通りの道路公園化を目指す請願運動へと展開していく。1万1千人署名の請願は、都議会で採択され、後に100万円の調査費が予算化された。広幅員道路の沿道でありながら低層住宅の並ぶ稀有な景観は、現在も残っている。

【5　結び　すべては国立の市民自治のために】

五十嵐：では最後にもう一つ裁判の話を。国立の景観裁判ではいろいろなことがありました。まず、市民側の大勝利ともいうべき建築物撤去等請求事件の一審判決（高さ20m以上撤去）を受けての感想は？

上　原：そりゃびっくり仰天で、まさに狂喜でしたよ！「歴史的判決がでたーっ！」っていう感じで。野党は皆顔が真っ青になって（笑）。

五十嵐：その反対に市民側の大敗北ともいってよい国立市に対する4億円を賠償せよとの判決を受けた時は？

上　原：もう「しゅーん」ですよ・・・（笑）。まあそれでもあまり深く考えないっていう性格上の問題もあって何とか元気にしております・・・（笑）

五十嵐：今日一日、国立を巡りながら上原さんの話を伺って、少しほっとしました。普通、降って湧いたような不条理な裁判抱えたら、精神的にも肉体的にも、そして経済的にも極限まで追い詰められる。しかし、あなたは市長時代同様、イヤその時以上に意気軒昂そうにみえる。

上　原：それはそうですよ。こんな時こそ胸を張っていないと、国立の市民自治の名折れになりますから。私は今回のことを、自分が訴えられたというよりは、国立の市民自治そのものが訴えられている、そんな風に思っています。だから、すべては国立の美しい景観と自治の伝統を未来に繋ぐ役割が私にはあると思って頑張っているだけです。

五十嵐：よく分かりました。今日一日ありがとう。

上　原：こちらこそ、久々に先生に国立の話を聞いていただいて気が晴れました。また裁判では、色々と応援くださって感謝しています。

五十嵐：これは私の直観ですが、今後の裁判は純粋に裁判官の法律適用の問題とはいうものの、あなたの情熱が流れを変えるかもしれない。またこれは半分本気だが、いっそのこと、もう一度、国立の美しい景観と市民自治の再生のために、国立市政に戻るというのは・・・⁉（笑）

「MEMO」部分における参考文献

・木方十根著「「大学町」出現」より　第一章「「国立大学町」はいかにつくられたか」
河出ブックス（2010・8刊）

・角橋徹也氏（都市プランナー）によるレポート「国立市マンション問題と都市再生のあり方」
自治労連・地方自治問題研究機構 Information Service No.33（2002・12・20）に掲載

・「地方都市再生のための人材基盤等地域力整備に関する調査」
第Ⅱ章　実践的ケーススタディ中、「1　国立市における実践的ケーススタディ
一般財団法人日本地域開発センター　平成15年度（2003年度）調査

・「景観形成とまちづくり～「国立市」を事例にして～」
監修：首都大学東京都市教養学部都市政策コース（2008・3刊）

・「子どもたちに豊かな教育環境を～隣地高層マンション問題報告集～」
桐朋学園男子部環境対策委員会（2006・7刊・非売品）

【国立の景観の変遷】

学園都市国立の出現

昭和 2 年 (1927) の国立駅前の鳥瞰図（くにたち郷土文化館所蔵）

2012 年 6 月の大学通り (駅舎二階から谷保方向を遠望)

大学通りの景観

昭和 30 年代 (1955 －) の大学通り（くにたち郷土文化館所蔵）

2012 年 5 月の大学通り (国立駅舎方向を遠望)

国立駅舎について

昭和 42 年 (1967) 頃の駅舎（くにたち郷土文化館所蔵）

2012 年 4 月の駅前。旧駅舎は解体保存されている。 それにしても高層マンションが目立ち過ぎ。

歩道の景観

昭和 42 年 (1967) の大学通りの歩道（くにたち郷土文化館所蔵）

2012 年 6 月の大学通りの歩道 (一橋大学を左に見て駅に向かう)

国立市民と一橋大学の関係性

昭和 56 年 (1981) から市民まつりと大学祭の合同開催されることになった。写真は昭和 60 年。（くにたち郷土文化館所蔵）

2012 年 5 月一橋大学の象徴「兼松講堂」前の景観。この場所は、学生市民の憩いの場所だ。

歩道橋から国立駅舎遠望

平成 5 年 (1993) 歩道橋から見る国立駅舎（上原公子所蔵）

2012 年 6 月、歩道橋から駅舎方向を望む

自転車と大学通り

昭和 52 年 (1977) 当時国立の放置自転車は全国一の有様だった。写真は昭和 55 年市民が参加してのゴミゼロ運動を展開した様子を撮したもの。（くにたち郷土文化館所蔵）

2012 年 6 月の大学通りの駐輪場。自転車専用道路もある国立の自転車対策 (自転車安全利用促進条例) は日本における先進事例として注目を浴びている。

聖地谷保天満宮への道

大学通りをまっすぐに行くと学問の神様菅原道真を祀る谷保天満宮に行きつく。大学通りはこの古社の参道のようにも見える。道の先にこんもりとした杜がある。写真は昭和 36 年 (1961) の景観。
（くにたち郷土文化館所蔵）

2012 年 6 月の上と同じ場所からの景観。マンションが建つなど都市化が進んでいる。

国立で変わらない景観

谷保天満宮拝殿。1982年（昭和57年）同社は、大学通りとともに「新東京百景」に選ばれた。（くにたち郷土文化館所蔵）

2012年5月、「谷保天満宮」拝殿を望む

あとがき

校正を終えた２０１２年７月６日の朝日新聞朝刊１、２面に税を巡る記事が掲載された。大意は次のとおりである。

「６月の東京・国立市議会で、税の無駄づかいをめぐる議論として、改めて２００２年の上原市政による住基ネット切断が原因となって、再接続に３４００万円の費用がかかったが、これについて、これは上原氏らが離脱していなければ必要なかったお金ではないか、という議論がなされ、この費用を上原氏らに請求すべきだとの主張も、市議の中にはある。」

朝日の記事はこの点について「民主的に選ばれた政治家がみずからの政策を遂行する。当然、税金の出し入れの問題をともなうが、当否や責任については次の選挙で審判を受ける。民主主義のサイクルである。では、政治家個人の責任をそれ以上どこまで追及できるのか。そんな問いをこの議論は投げかける。」と問題を指摘している。

現実的には、仮に市がこういう発想を持ったとしても、国家賠償法による請求については民法の不法行為の時効、３年が適用されると解されており、今更２００２年の行為を問題として上原氏に賠償請求してもすでに時効が成立していると思われる。

朝日の記事も、選挙による選択を超えた政治家の責任追及に対しては当然視しているものではなく、懐疑的な見方をしているように読める。

それにもかかわらず、国立市でこのような議論が今更のように蒸し返されている時代背景は、改革を怠り失われた20年といわれてきた日本の沈滞の行き着く先と妙に符合しているように思えてしまう。

確かに政治家が無責任な行動をした場合に、何ら責任を問われず放置されているのは問題であるが、あえて政治上の難問にチャレンジした場合、結果論として、政治的にではなく、個人賠償責任としてまで責任を問われるのであれば、沈滞した日本の改革を志す政治家はますますいなくなる。

この20年、多額の無駄な公共投資や、失政が積み重ねられた。そのような政策を実行した政治家の責任は重い。しかしその失政が巨大であればあるほど、その失政による損失は政治家個人が負えるような額ではなく、特に国政の場合、国家予算的なレベルの巨額にふくれあがる。当然そのような責任追及をしても実質的な回復は不可能であるし、国政において国家がそのような請求をしたことは過去に存在していない。

地方自治体において、これまで市民側が長年の努力のうちに監査請求や住民訴訟という手段を駆使して行政首脳の違法な行為の責任追及を積み重ね、その結果一定の行政の改革につながったことは高く評価すべきである。しかしその範囲を無限に拡大することが、「角を矯めて牛を殺す」ことになるのではないか、このような請求が広範に認められたらそれは国家の長期的メリットになるのかその逆なのか、このことを今一度考えるべき時期に来ていることを今回の国立市の問題は国民に問いかけたというべきである。

議会の賠償放棄議決を巡る最高裁判決は、この問題をまさに適切なタイミングで現代的に考察したものということが出来る。

我々国民が、政治家に何を求め、何を求めないのか、政治家のあるべき責任とはどのようなものであるべきか、この点を原点に立ち返り大いに議論していただきたい。

この本を執筆したメンバーは、それぞれの立場でこのような思いに貫かれて、その思いを短期に集中した結果がこの本である、そういう思いを新たにした。

日置　雅晴

＜編著者＞

五十嵐敬喜（いがらし・たかよし）

1944 年山形生まれ 1966 年早稲田大学法学部卒業
前内閣官房参与 現在、法政大学法学部教授・弁護士
著書に『美しい都市と祈り』『美しい都市をつくる権利』（学芸出版社）『市民の憲法』（早川書房）『「都市再生」を問う』『道路をどうするか』（小川明雄氏との共著、岩波新書）『都市計画法改正－「土地総有」の提言』（共著、第一法規）ほか

上原 公子（うえはら・ひろこ）

1949 年宮崎生まれ 1976 年法政大学大学院人文科学研究科中退。
1991 年国立市議会議員（１期）を経て、1999 年より国立市長（2 期 8 年）
現在、全国35都道府県の現職・元首長70人参加の「脱原発をめざす首長会議」事務局長
著書に『しなやかな闘い－生命あふれるまちづくりの試み』（樹心社）『国民保護計画が発動される日』（共著、自治体研究社）『〈環境と開発〉の教育学』（同時代社）ほか

<執筆者略歴>

日置　雅晴（ひおき・まさはる）
1956年三重生まれ 1980年東京大学法学部卒業 1982年弁護士登録 現在、神楽坂キーストーン法律事務所弁護士 早稲田大学大学院法務研究科教授、練馬区都市計画審議会景観部会委員、墨田区環境審議会副委員長など、これまで都内の区市等で、まちづくり条例、環境基本条例の策定に関与
著書に『ケースメソッド環境法』（共著、日本評論社）『借地・借家の裁判例』（共著、有斐閣）『市民のためのまちづくりガイド』（共著、学芸出版社）ほか

渡辺　勝道（わたなべ・かつみち）
1962年栃木生まれ　建築家 1998年ロシア経済学研究所修了（都市経済学博士）
2012年現在法政大学大学院公共政策研究科博士課程に在籍中

黒川　　滋（くろかわ・しげる）
1970年東京生まれ　自治労中央本部勤務を経て、2011年より埼玉県朝霞市議会議員（無所属）、2012年現在法政大学大学院公共政策研究科修士課程に在籍中

竹野　克己（たけの・かつみ）
1971年広島生まれ　2012年現在法政大学大学院公共政策研究科修士課程に在籍中

齋藤　正己（さいとう・まさみ）
1959年千葉生まれ　法政大学大学院経済学研究科修士課程修了 (経済学修士)
2012年現在法政大学大学院公共政策研究科博士課程に在籍中、著書に『沖縄県竹富町における来訪者の意識調査 - 環境税導入に関する研究』(法政大学地域研究センター) ほか

清水　伸子（しみず・のぶこ）
1953年生まれ 1996年ニューヨーク大学教育大学院卒業、日本語教師を経て現在はインフラ・都市開発問題に係る書物等の翻訳に従事 「景観と住環境を考える全国ネットワーク」会員

上村千寿子（かみむら・ちずこ）
情報出版社勤務を経て現在グラフィックデザイナー。
都市問題に関する市民団体「景観と住環境を考える全国ネットワーク」の設立、運営にかかわる。

佐藤　弘弥（さとう・ひろや）
1952年宮城生まれ 早稲田大学中退　日本文化研究家　フォト・ジャーナリスト
1998年より、平泉文化と源義経研究のサイト「義経伝説」主宰、2000年より、「平泉景観問題HP」を開設し「平泉を世界遺産にする会」の運動と、 五十嵐敬喜氏らと平泉を廻る景観問題の活動を開始。著書に『ユネスコ憲章と平泉・中尊寺供養願文』（公人の友社）、『平泉から鎌倉へ』（同社）ほか

国立景観訴訟　自治が裁かれる

2012年7月25日　初版発行

編著者　　五十嵐敬喜・上原　公子
発行人　　武内　英晴
発行所　　公人の友社
〒112-0002　東京都文京区小石川5－26－8
TEL 03－3811－5701
FAX 03－3811－5795
Eメール info@koujinnotomo.com
http://koujinnotomo.com/
表紙カバーデザイン　上村千寿子
写　真（表記以外）佐藤　弘弥
印刷所　　倉敷印刷株式会社